부의 재편

부의 재편

Wealth shift

AI 혁명과 기술 패권 시대
새로운 억만장자들이 탄생한다

유효상 지음

클라우드나인
CLOUD 9

인공지능 시대 새로운 부의 사이클이 시작된다

기존의 '돈의 규칙'과 '성장의 법칙'이 흔들리고 있다

우리는 지금껏 경험해 보지 못한 거대한 전환의 변곡점에 서 있다. 과거의 경제학 교과서가 가르치던 자산 가치의 공식은 무너지고 있으며 당연하게 여겼던 '돈의 규칙'과 '성장의 법칙'은 인공지능이라는 거대한 파도 앞에서 그 유효성을 잃어가고 있다. 끝없이 고공행진을 할 것 같았던 비트코인 가격은 심리적 저항선을 넘나들고 고환율이 일시적 충격을 넘어 구조적 고착화로 이어지고 있다. 단순한 위기가 아니라 새로운 질서로의 이행을 알리는 신호탄이다.

이 책은 바로 이 혼돈의 시기에 우리가 무엇을 붙잡고 어디로 나아가야 할지를 선명하게 보여주는 이정표가 되고자 한다. 기술의 발전을 나열하는 수준을 넘어 인공지능이 인간, 돈, 일, 법의 규칙을 어떻게 근본적으로 뒤흔들고 있는지를 입체적으로 분석하여 생존을 넘어선 번영의 전략을 제시한다.

질문의 수준이 개인과 기업의 자본 수준이 된다

인공지능 시대에 가장 혁신적인 변화는 역량의 정의가 바뀌었다는 점이다. 이제 부의 선점권은 '답을 아는 사람'이 아니라 '올바른 질문을 던지는 사람'에게 주어진다. 이 새로운 인류를 '호모 인터로간스Homo Interrogans', 즉 '질문하는 인간'이라 한다.

방대한 지식을 암기하고 보관하는 역할은 이미 인공지능의 영역으로 넘어갔다. 생성형 인공지능이라는 강력한 엔진을 가동하는 열쇠는 바로 '질문Prompt'이다. 어떤 질문을 던지느냐에 따라 인공지능은 단순한 비서가 될 수도 있고 수조 원 가치의 비즈니스를 설계하는 파트너가 될 수도 있다. 즉 질문의 수준이 곧 개인과 기업의 자본 수준이 되는 시대가 도래한 것이다. 질문의 힘을 믿고 이를 연마하는 자만이 인공지능이 쏟아내는 지능의 산물을 온전히 자신의 부로 치환하게 될 것이다.

시장의 소음 속에서 '진짜'를 구별할 수 있어야 한다

부의 질서가 재편될 때 반드시 나타나는 현상은 '가짜' 전문가와 투기적 광풍이다. 텐배거(10배 수익) 신화에 매몰돼 판단력을 잃거나 제로데이옵션 같은 고위험 투기에 중독돼 자산의 본질을 잊는 경우가 허다하다. 특히 인공지능의 화려함 뒤에 숨어 실질적인 가치 창출 없이 시장을 선동하는 목소리가 커지고 있다.

이런 시대일수록 나심 탈레브가 강조한 '스킨 인 더 게임Skin in the Game'의 정신을 되새겨야 한다. 자신의 선택에 따른 이익뿐만 아니라 손실까지도 온전히 책임지는 태도야말로 인공지능이 대체할 수 없는 인간 고유의 윤리적 가치이자 진정한 전문가를 가려내는 척도다. 싱킹머신스랩의 미라 무라티가 거액의 인수 제안을 거절하며 투명성과 접근성을 지키려 했던 사례처럼 책임 있는 지능과 진정성을 갖춘 주체만이 재편되는 부의 지도에서 주인공이 될 수 있다.

법과 규제의 흐름을 읽고 기회를 포착해야 한다

흔히 법과 규제는 성장을 가로막는 장애물로 인식되곤 한다. 하지만 지능 정보 사회에서의 법은 새로운 시장을 창출하고 부를 재배분하는 설계도가 된다. 인공지능 기본법의 설계, 자사주 소각 강제화, 상법 개정과 지배구조의 변화 등 최근의 이슈들은 한국 자본시장의 '코리아 디스카운트'를 해결하고 기업 경영의 패러다임을 바꿀 핵심 동력이다.

또한 우리는 무조건적인 외형 성장만을 추구하던 '유니콘'의 환상에서 벗어나야 한다. 이제는 실질적인 수익성, '낙타'와 같은 강인한 생존력, 그리고 영리한 엑시트Exit를 통해 자본을 선순환시키는 전략이 필요하다. 규제의 흐름을 읽고 그 안에서 기회를 포착하는 혜안이야말로 이 격변기를 돌파할 가장 강력한 무기가 될 것이다.

인공지능 시대 새로운 부의 지도를 그릴 시간이다

책을 써 내려가며 가장 전하고 싶었던 메시지는 '두려움 너머의 기회'다. 인공지능이 부를 재편한다는 것은 기존의 기득권이 무너지고 새로운 세대에게 기회가 열린다는 뜻이기도 하다. 억만장자들의 탄생 지도는 더 이상 실리콘밸리에만 국한되지 않는다. 기술의 민주화는 질문할 줄 아는 모든 사람에게 공평한 출발선을 제공하고 있다. 하지만 이 기회는 준비된 자들에게만 허락된다. 리밸런싱을 수익 전략이 아닌 생존 전략으로 받아들이고, 디지털 패권의 변화를 읽어내고, 끊임없이 자신의 지적 자본을 갱신하는 노력이 필요하다.

이 책은 단순한 경제 전망서가 아니다. 인공지능이라는 거대한 지능 체계와 공존해야 하는 우리가 갖춰야 할 생존의 철학이자 실전 지침서이다. 책장을 덮을 즈음 새로운 시대의 부를 거머쥘 수 있는 나침반이 들려 있기를 진심으로 바란다. 이제 질문하는 인간만이 누릴 수 있는 풍요의 미래로 나아가야 할 때다. 언제나 그랬듯이 이번에도 변함없이 지원과 성원을 아끼지 않는 클라우드나인의 안현주 대표에게 감사를 표한다.

차례

1장 [인간의 규칙] 호모 인터로간스
: 질문이 자본이 되는 시대 · 13

4장 [법의 규칙] 새로운 게임 룰
: 법이 시장을 바꾼다 · 183

호모 인터로간스

: 질문이 자본이 되는 시대

1

질문하는 인간

: 답이 아닌 질문을 통해 새로운 가치를 만든다

"인공지능 시대에는 정답을 많이 아는 사람보다 올바른 질문을 던져 지식과 정보를 연결하고 새로운 가치를 만들어내는 인간이 핵심 인재가 된다."

인터넷이 보급되기 전 사람들은 알고 싶은 게 생기면 직접 책을 찾아보거나 전문가에게 물어봐야 했다. 그래서 그때 주목받은 인재는 모든 '답'을 알고 있는 '척척 박사형' 인재였다. 암기가 경쟁력의 원천이었다. 그러나 인터넷이 보편화되면서 검색만 하면 쉽게 정답을 알 수 있는 시대가 도래했다. 그러다 보니 과거와 같이 단답형 지식을 알고 있는 것이 중요한 것이 아니라 다양한 지식을 모아서 의미 있는 결과물을 도출해내는 통찰력을 지닌 '통섭형 인재'가 주목받기 시작했다. 질문과 답변이 모두 중요하게 된 것이다.

그러다 2022년 말 등장한 생성형 인공지능으로 인해 이런 상황은 또다시 급변했다. 이제는 '질문만' 잘하면 원하는 결과물을 쉽게 얻을 수 있는 세상이 된 것이다. 생성형 인공지능이 질문에 답하는 속도가 상상을 초월할 정도로 빠르고 유용성과 효과성도 매우 뛰어나기 때문이다. 인공지능이 방대한 데이터 속에서 빠르고 정확하게 답을 찾아내거나 복잡한 작업을 대신 수행해 주는 도구지만 질문을 만들고 문제를 정의하는 주체는 여전히 인간이다. 결국 인공지능 시대에서 인간의 역할은 '정답을 아는 능력'에서 '올바른 질문을 던지는 능력'으로 변화해야 하는 것이다. 인공지능은 주어진 질문인 프롬프트의 수준에 따라 결과물의 품질이 결정된다. 좋은 질문은 인공지능의 잠재력을 최대한 끌어내 원하는 정보를 얻거나 해결책을 찾는 출발점이 된다.

결국 질문 능력은 인공지능을 활용하는 사람이 될지, 아니면 인공지능에 의해 도태될 사람이 될지를 가르는 핵심 역량이 됐다. 인공지능에 단순히 답을 받는 수동적인 자세가 아니라 지시하고 통제하는 주체로서 역할을 해야 하는 이유다. 이러한 이유로 단순히 지식을 암기하는 능력보다 호기심, 다양한 관점에서의 사고, 그리고 구체적이고 명확한 질문을 만들고 개선해 나가는 능력이 더욱 중요해지고 있다.

그런 차원에서 인공지능 시대가 원하는 인재상을 '호모 인터로간스Homo interrogans'로 정의할 수 있다. 라틴어로 인간을 뜻하는 'Homo'와 질문을 뜻하는 'interrogans'의 합성어인 호모 인터로간스는 '질문하는 인간'이라는 뜻으로 정답을 외우는 능력보다는 질문을 잘하고 주어진 정보를 비판적으로 사고하며 활용하는 능력을 갖춘 인간을 의미한다. 인공지능을 단순한 도구가 아닌 지적 탐험의 파트너로 인식하고 질문을 통해 호기심을 확장하고 다양한 관점에서 문제를 바라보며 깊이 있는 사고를 할 수 있는 사람이다.

이런 분위기를 반영하듯 최근 '프롬프트 엔지니어링prompt engineering' 관련 강의가 대학가는 물론 일반인들에게도 인기가 높다.

프롬프트 엔지니어링은 인공지능에 원하는 답을 끌어내기 위해 입력하는 질문을 체계적으로 설계하고 조정하는 기법을 말한다. 즉 인공지능에 효율적으로 질문하는 방법이다. 프롬프트 엔지니어링이 주목받는 이유는 모두에게 공개된 인공지능 모델이 질문에 따라 다른 결과물을 만들어내기 때문이다. 생성형 인공지능의 가장 심각한 문제인 거짓 정보도 몇 가지 질문을 추가하면 비약적으로 그 비율을 낮출 수 있다.

프롬프트의 내용, 구조, 톤 등 미묘한 차이만으로도 인공지능이 완전히 다른 맥락의 답변을 하거나 결과물의 품질과 깊이가 달라질 수 있다. 이는 학습된 방대한 데이터를 기반으로 프롬프트에 나타난 패턴을 분석해 답변을 생성하기 때문이다. 모호한 프롬프트는 광범위하고 예측하기 어려운 답변을 유도하지만 구체적이고 명확한 지침이 담긴 프롬프트는 더 정확하고 관련성 높은 결과물을 생성하도록 돕는다.

인공지능은 더 이상 단순히 업무 효율을 높이는 도구가 아닌, 국가와 기업의 운명을 결정하는 핵심 전략 자산으로 부상했다. 2025년 7월 말 트럼프가 발표한 「미국의 인공지능 행동계획America's AI Action Plan」을 보면 인공지능을 신약 개발, 에너지 생산, 교육 등 모든 영역에 혁신을 가져올 '미래 문명의 핵심 자산'이자 '국가 경쟁력'의 근간으로 명시했다. 아울러 이 경쟁에서 미국이 반드시 승리하겠다는 의지를 보였다. 이미 전 세계적으로 인공지능 패권 확보를 위한 치열한 경쟁이 시작된 것이다.

미국은 정부의 직접적인 인재 육성보다는 민간 주도의 혁신 생태계에 전적으로 의존하는 전략을 취하고 있다. '규제 완화'와 '자유로운 기술 실험'을 국가전략의 중심으로 삼아 민간 기업이 인공지능 기술의 최전선에서 경쟁하며 인재를 끌어들이도록 하고 있다. 구글과 같은 빅테크 기업들은 인재 유치를 위해 천문학적인 보상체계를 제시하는 것은 물론이고 최신 인공지능 기술 도입과 연구 기회를 보장하고 막대한 컴퓨팅 자원에 대한 접근성을 제공하는 것을 핵심 전략으로 활용하고 있다. 정부는 '스타게이트'와 같은 초대형 인공지능 인프라 프로젝트를 통해 민간의 혁신을 간접적으로 지원하고 있다.

중국은 2030년까지 인공지능 강국으로 도약하겠다는 목표 아래 국가 주도의 인재 양성 시스템을 구축하고 있다. 초중등 교육부터 대학원까지 인공지능 교육을 필수 교과로 통합하고 '최고 인공지능 인재'를 유치하겠다며 해외에서 활동하는 중국 출신 연구자들을 고액 연봉과 전폭적인 연구 지원을 제공하는 조건으로 귀국을 유도하는 파격적인 정책을 시행하고 있다.

이스라엘은 독특한 인재 육성 모델을 통해 인구 대비 세계 최고 수준의 인공지능 인재를 배출하고 있다. 핵심은 국방과 기술 생태계가 유기적으로 연계된 선순환 구조다. 고교 졸업생 중 소수 정예 엘리트를 선발해 첨단 군사 과학 인재로 육성하는 탈피오트Talpiot 제도와 사이버 전쟁을 수행하는 8200부대가 그 중심에 있다. 이들은 군 복무 기간 실제 현장의 문제를 해결하는 연구개발 프로젝트에 참여하며 실전 역량을 쌓고 전역 후에는 창업으로 이어지는 기술 스핀오프spin-off를 통해 국가 경제에 기여한다. 엄격한 선발, 현장 중심의 실무 교육, 그리고 군 경험을 바탕으로 한 창업 지원이라는 독특한 생태계를 통해 창의적이고 실전적인 인재를 지속적으로 배출하고 있다.

한국은 '인공지능 G3' 국가로의 도약을 목표로 정부와 민간이 협력해 다층적인 인재 육성 생태계를 구축하고 있다. 정부는 「대한민국 AI G3 도약 지원」 정책을 통해 인공지능과 반도체 등 혁신 성장에 국가 가용 자원을 집중하고 있으며 기업과 대학이 공동으로 교육과정을 운영하는 '협력형 AX 대학원'을 추진하고 해외 인공지능 석학 유치를 지원하는 등 산학연 협력을 강화하고 있다. 또한 교육부는 2026년까지 디지털 전문 인재 100만 명을 양성하겠다는 목표를 세우고 초중등부터 고등 교육까지 전방위적 디지털 인재풀 확대를 모색하고 있다.

치열한 글로벌 인공지능 패권 경쟁은 '무엇을 가르칠 것인가?'라는 교육에 대한 근본적인 질문을 던진다. 인공지능이 정보 검색, 분석, 심지어 창작까지 담당하는 시대에 단순 정보와 지식을 암기하는 교육은 더 이상 적합하지 않기 때문이다. 인공지능은 학습을 개인화하고 효율을 높이는 강력한 도구이지만 인간의 창의성, 비판적 사고, 감성, 협업 능력 등을 대체할 수는 없다. 인공지능 기술 발전의 핵심은 생성Generation과 연관성 파악Correlation에 있다. 이는 기존의 정보 탐색과 단순 연관성 분석에 필요했던 인지적 노력을 극적으로 경감시킨다.

그래서 인간은 더 이상 정보의 소비자나 기억 보관자가 아니라 정보와 정보를 연결해 새로운 가치를 창출하는 창조자이자 사상가가 돼야 한다. 또한 인공지능이 발전할수록 공감 능력, 윤리적 판단력, 그리고 좌절을 딛고 일어서는 회복탄력성과 같은 인간 고유의 사회적이고 정서적인 역량의 중요성은 더 커진다. 결국 인공지능과 인간의 역할 분담과 협업이 교육의 핵심이 돼야 할 것이다.

세상의 모든 지식과 정보를 곁에 두고 상시 사용할 수 있는 '휴대 지성의 시대'가 도래한 지금 호모 인터로간스는 우리가 나아가야 할 방향을 제시하고 있다.

2

진짜의 조건
: 책임을 지지 않는 전문가는 가짜다

"예측이 번번이 빗나가는 불확실한 시대일수록 시장과 사회를
바로 세우는 기준은 결국 '스킨 인 더 게임', 즉 자신의 말과 선택
에 실제 책임을 지는 태도다."

2025년 1월 7일 비트코인 가격이 전광판에 '6자리 숫자 100,000
달러'를 찍었을 때만 해도 시장은 영원한 우상향을 노래했고 원·달
러 환율은 1,300원대에서 평온해 보였다. 하지만 1년이 지난 2026
년 2월 기준 비트코인 6만 달러대와 원·달러 환율 1,450~1,480원
이라는 기묘한 조합 앞에 서 있다. 한 해를 마무리하며 돌이켜볼 때
전문가들이 내놓았던 예측과 실제 결과가 가장 크게 어긋났던 분야
는 크게 비트코인, 인공지능 산업의 구도, 그리고 글로벌 거시 경제
세 가지로 압축할 수 있다. 특히 2026년은 예상치 못한 기술적 돌
파구와 정치적 변수가 결합하면서 많은 분석가를 당혹스럽게 만들
었다.

2025년 초만 해도 비트코인 가격이 이른바 심리적 저항선인 10
만 달러를 돌파하며 강력한 상승장을 연출하자 많은 자산운용사와
분석가들은 2025년 말 비트코인이 20만 달러를 돌파할 것이라는

장밋빛 전망을 쏟아냈다. 비트코인 현물 ETF의 안착과 트럼프 행정부의 친 암호화폐 정책이 시너지를 낼 것으로 기대했기 때문이다. 그러나 예상과는 달리 폭발적인 성장보다는 박스권에 갇히거나 완만한 흐름을 보이다가 2026년 2월에는 1년 전보다 30% 이상 떨어진 6만 달러대에서 횡보하고 있다.

2025년 초 시장은 엔비디아와 빅테크들이 주도하는 고비용 인공지능 모델의 독주가 계속될 것으로 믿었다. 하지만 중국의 딥시크DeepSeek 같은 효율적인 저비용 모델의 등장은 시장의 전제를 뿌리째 흔들었다. 거대 자본과 고성능 그래픽처리장치GPU를 가진 기업만이 인공지능 시장을 지배할 것이라는 전망을 깨고 '비싼 모델이 항상 이긴다.'라는 믿음에 금이 간 것이다. 이에 따라 인공지능 버블론과 순환 금융Circular Funding에 대한 경고음이 예상보다 훨씬 크게 울렸다. 순환 금융은 인공지능 열풍으로 인한 하드웨어인 그래픽처리장치GPU와 데이터 센터의 소비가 폭증하면서 인공지능 인프라 투자에 천문학적인 자금이 필요하지만 이러한 투자가 기업 가치를 끌어올릴 거라는 믿음으로 금융이 돈을 계속 투자할 수 있는 구조를 만든 것이다.

많은 경제학자가 2025년을 전망하며 고금리와 보호무역주의, 즉 관세 전쟁 영향으로 글로벌 경기 침체가 본격화될 것이라고 경고했다. 미국을 비롯한 주요국 국내총생산GDP 성장률이 하락하고 소비 위축으로 인한 '우울한 2025Gloomy 2025'를 예고했다. 그러나 세계은행 등의 보고에 따르면 세계 경제는 우려와 달리 큰 성장세를 유지하며 'R(침체Recession)의 공포'를 비웃듯 대부분의 경제 지표들이 반등했다. 회복력Resilience 있는 모습을 보이며 오히려 2024

년보다 더 높은 성장률을 기록할 것으로 알려졌다.

오늘날 글로벌 금융시장을 관통하는 심각한 문제 중 하나는 바로 '스킨 인 더 게임Skin in the Game'의 부재, 즉 책임과 위험의 불일치다. 스킨 인 더 게임은 '월가의 현자'로 불리는 나심 니콜라스 탈레브Nassim Nicholas TalEB가 저서의 제목으로 사용하면서 전 세계적으로 유명해진 용어로 자기 행동과 선택에 따른 이익과 손실 모두에 책임을 지는 태도를 뜻한다. 탈레브는 현대 사회의 많은 문제가 '책임지지 않는 전문가들' 때문에 발생한다고 지적하면서 누구든 어떤 전망을 하거나, 투자를 권유하거나, 정책을 실행하거나 할 때 만약 실패하면 그에 대한 책임을 반드시 져야 한다고 강조했다. '살갗Skin이 벗겨질 정도의 고통을 함께 감수해야 한다.'라는 것이다. '스킨Skin'은 자기 살이고 '게임Game'은 자신이 참여한 상황을 의미한다. 즉 어떤 일이 잘못됐을 때 타인에게 책임을 전가하는 것이 아니라 금전적인 손실이나 평판 하락 등 자기 살이 깎여 나가는 것과 같은 책임을 지라는 것이다.

이 개념은 단순히 투자 원칙을 넘어 시스템의 근본적인 공정성과 안정성을 논하는 핵심 키워드다. 이해관계자들이 자신의 결정에 따른 결과에 실질적인 책임을 지지 않을 때 시장은 왜곡되고 위기의 위험은 증폭된다. 탈레브는 이를 '위험의 전이Transfer of Risk'라 했다. 결정을 내리는 사람과 그 결정의 피해를 보는 사람이 분리될 때 시스템은 비대칭성에 빠지게 된다. 그리고 이 비대칭은 결국 시스템 전체의 붕괴를 가져올 수 있다. 스킨 인 더 게임이 없다는 건 고위험의 수익은 본인이 챙기고 저위험의 손실은 타인에게 떠넘기는 도덕적 해이가 구조화됐다는 뜻이다. 결국 책임 없는 결정이 만드는 비대칭의 비극이다.

투자전문가이면서 『부자 아빠 가난한 아빠』의 저자로 유명한 미국의 로버트 기요사키 사례는 스킨 인 더 게임의 전형적인 논쟁거리다. 그는 비트코인 가격이 100만 달러까지 오를 것이라며 강력한 매수를 권장해 왔다. 하지만 2025년 11월 비트코인 가격이 9만 달러일 때 본인은 33억 원어치를 매도했다. "절대 팔지 않겠다."라던 발언과 배치돼 비트코인 투자자들에게 커다란 실망감을 안겨주었다. 자신은 저점에서 사서 고점에서 수익을 실현하면서 대중들에게는 가격이 계속 올라갈 거니까 "더 비싸지기 전에 사라."라고 부추긴 행태는 전형적인 '펌프 앤 덤프Pump and Dump'라는 의심을 사기에 충분했다. 기요사키는 비록 돈을 걸고 투자했지만 언행이 일치하지 않는다는 점에서 도덕적 해이에 대한 비판을 피하지 못했다.

최근 금융시장의 화두인 ESG(환경·사회·지배구조) 투자와 기후 금융 분야에서도 스킨 인 더 게임의 부재는 두드러진다. 지속가능성을 추구한다는 명분 아래 막대한 자금이 유입되고 있지만 실상은 그린 워싱Greenwashing이 만연해 있다. 많은 자산운용사가 ESG 펀드를 출시하며 친환경 기업에 투자한다고 홍보하지만 정작 포트폴리오를 들여다보면 논란의 여지가 있는 기업들이 포함된 경우가 많다. 이는 운용 수수료 수익을 올리는 데는 혈안이 돼 있으면서 실제 환경적·사회적 가치 창출이라는 본질적인 책임은 회피하는 행태다. 투자자들은 기만당하고 자금은 비효율적으로 배분된다. 만약 ESG 투자가 약속한 성과나 가치를 달성하지 못했을 때 운용사들이 입는 실질적인 불이익이 있을까.

복잡한 차트와 이론으로 무장하고 '현란한 말'로 대중을 사로잡지만 자신의 예측이 틀렸을 때 잃을 게 없는 사람들, 특히 현실보다 이론의 정합성에 집착한 가짜 전문가들이 판치는 세상이다. 우리는 보통 많이 배운 지식인들을 전문가라고 하지만 스킨 인 더 게임의 관점에서 보면 진짜 전문가는 '실제로 해본 사람'이다. 진짜 전문가는 이론은 부족할지 몰라도 현장을 잘 아는 사람이며 자신의 판단이 틀리면 즉각적인 금전적 손실이나 평판의 하락으로 생존의 위협을 느끼는 사람들이다. 현실 세계의 복잡성은 단지 이론적인 수식으로 다 담을 수 없다. 진짜 지식은 도서관이 아니라 '생존을 건 피드백 루프'에서 나온다. 학위나 자격증보다 중요한 건 자신의 주장에 얼마나 많은 '스킨Skin'을 걸었는가이다.

보통 윤리를 말할 때 "당신이 대접받고 싶은 대로 남을 대접하라."라는 '황금 룰Golden Rule'을 얘기한다. 하지만 스킨 인 더 게임은 '실버 룰Silver Rule'을 강조한다. "당신이 당하고 싶지 않은 일을 남에게 시키지 마라." 리스크의 전이를 원천 차단하는 원칙이다. 자신이 감당할 수 없는 위험을 남에게 권하지 않는 것, 자신이 먹지 않을 음식을 손님에게 내놓지 않는 것. 이것이 공정함의 최소 요건이다. 스킨 인 더 게임이 없는 조언은 무책임한 선동일 뿐이고 그런 조언을 따르는 건 남의 도박판에 내 돈을 판 돈으로 대는 꼴이 된다. 이제 현실의 역동성을 무시한 채 통계적 유의미나 논리적 매끄러움에만 매몰돼 아무런 책임도 없이 조언만 하는 '지적 사기꾼Intellectual Yet Idiot'들은 사라져야 할 것이다.

"전망은 과거의 거울이지만 미래는 늘 새로운 창이 열린다."

세상은 점점 더 복잡해지고 책임지지 않는 자들의 목소리는 커지고 있다. 스킨 인 더 게임이 없다면 그것은 지식이 아니라 단지 소음일 뿐이다. 책임지지 않는 말들의 잔치가 끝날 때 비로소 시장의 왜곡은 바로잡힐 것이다.

3

현인의 지혜
: 자본주의가 지향해야 할 리더는 누구인가

"진정한 성공 투자자는 돈을 많이 번 사람이 아니라 올바른 투자 철학과 책임 있는 삶으로 사회에 긍정적 영향을 남긴 사람이다."

워런 버핏이 이끌고 있는 투자 회사 버크셔 해서웨이는 2025년 5월 꿈의 시가총액이라 여기는 1조 달러를 훌쩍 넘기며 테슬라와 TSMC를 제치고 전 세계에서 8번째로 비싼 회사에 이름을 올렸다. 극도로 보수적이면서도 장기적인 투자로 60년간 연평균 20%의 고수익을 창출했으며 30년 동안 시가총액은 기복 없이 꾸준히 우상향하며 무려 26배 이상 올랐다.

이렇게 놀라운 실적을 기록하며 '가치투자의 달인'으로 불리는 전설적인 투자자 버핏 회장이 60년간 이끌어온 회사에서 은퇴한다고 전격으로 발표했다. 2025년 5월 초 4만여 명의 주주들이 운집한 가운데 네브래스카주 오마하에서 열린 정기 주주총회에서 그레그 에이블Greg Abel 부회장을 후계자로 지명하며 2025년 말에 은퇴하겠다고 밝힌 것이다. 버핏은 은퇴해도 주식을 1주도 팔 계획이 없다고 하면서 에이블이 회사를 더 잘 이끌 것이라는 믿음에 기반한 '경제적 결정'이라고 했다. 그러나 버핏의 은퇴 소식이 알려지자 버크셔 해서웨이 주가는 5% 이상 폭락했다.

버크셔 해서웨이는 1839년 섬유 제조회사로 설립돼 운영됐다. 1962년 버핏이 지분을 인수하면서 투자회사로 변신하기 시작했다. 장기 투자와 주주 이익을 중시하는 경영철학을 바탕으로 보험, 금융, 에너지, 제조 등 수많은 인수합병을 성사하며 세계적인 대기업으로 성장했다. 지금은 철도를 비롯해 에너지와 화학 등 189개의 자회사를 보유하고 있으며 미국 대형 보험사인 가이코, 건전지 제조업체 듀라셀, 패스트푸드 체인 데어리 퀸도 자회사 명단에 올라와 있다. 또한 애플의 2대 주주이고 코카콜라, 뱅크 오브 아메리카, 아메리칸 익스프레스, 셰브론 등에도 투자해 2025년 기준 투자 지분에 대한 주식 가치는 370조 원에 달하며 500조 원에 가까운 현금과 미국 재무부가 발행한 단기 국채의 5%까지 보유하고 있다. 몰락해 가던 섬유 회사를 인수해 경이적인 성공을 이루며 세상에서 가장 존경받는 회사로 만든 것이다.

버핏은 1930년 미국 중부에 위치한 네브래스카주 오마하에서 금융업을 하는 부유한 가정에서 태어났다. 6세 때 껌과 콜라를 팔아 돈을 버는 경험을 했고 어린 시절 용돈벌이를 위해 여러 아르바이트도 했다고 한다. 11세 되던 해 주식투자의 세계에 입문했다. 펜실베이니아대학교 와튼 스쿨에 들어갔다가 아버지의 모교인 네브래스카대학교로 전학했다. 그 후 컬럼비아대학교 MBA를 졸업했다. 버핏은 훗날 자신의 삶에서 가장 중요한 스승을 MBA에서 만났다고 회고했다. 바로 '가치투자의 대가'로 불리는 벤저민 그레이엄이었다. 그레이엄은 필립 피셔와 함께 버핏에게 큰 영향을 준 인물로 꼽힌다. 버핏은 나중에 커다란 성공을 거둔 뒤 "나는 피셔에게 15%, 그레이엄에게 85% 영향받았다."라고 했다. 또한 "주식투자 책 중 그레이엄과 피셔를 능가하는 책은 본 적이 없다."라고도 강조했간다.

버핏의 투자 전략은 크게 가치 투자, 장기 투자, 그리고 안전 마진 확보를 중심으로 구성된다. 가치 투자는 기업의 내재 가치를 자세히 분석해 '좋은 기업이지만 주가가 기업가치보다 낮을 때 투자하는 것'이다. 장기 투자는 기업의 성장 가능성을 믿고 장기적으로 보유하는 전략이다. 버핏은 "10년 이상 보유할 생각이 없으면 10분도 보유하지 마라."라는 말을 남겼다. 안전 마진은 투자 기업의 비즈니스 모델, 경쟁력, 재무 상태 등을 자세히 분석해 기업이 예상보다 좋지 않은 상황에 놓여도 손실을 보지 않고 최소 마진을 확보할 수 있도록 투자 시점과 규모를 결정한다는 것이다. 독서광으로 알려진 버핏은 "최고의 투자는 자기 자신에게 하는 투자이고 자신에게 하는 투자 중 최고는 책과 신문읽기"라고 끊임없는 학습을 강조했다.

버크셔 해서웨이의 주총에는 '오마하의 현인The Oracle of Omaha'으로 불리는 버핏의 투자 철학과 생각을 들으려는 투자자들이 매년 몰린다. 매년 5월 첫째 주 토요일부터 미국 오마하 퀘스트센터에서 무려 2박 3일간 축제 형태로 열리는데 주주들이 경영진에게 질문하고 답변을 듣는 방식으로 진행된다. '자본주의의 축제'라고 불릴 정도로 세계 각국의 투자자들이 모인다. 오마하 경제에도 엄청난 활력을 불어넣는 행사다. 버핏의 집, 버크셔 해서웨이 본사, 그리고 그가 자주 들르는 고릴라 바 같은 곳이 관광 명소로 유명하다. 특히 2025년에는 트럼프 대통령의 관세정책이 일으킨 경제 불확실성 때문에 버핏의 견해에 관심이 쏠렸고 역대 최대 인원이 참석했다.

버핏이 '오마하의 현인'이라고 불리는 이유는 그의 뛰어난 투자 실력, 통찰력, 검소한 삶의 태도, 천문학적인 기부활동, 그리고 오마하라는 지역과의 깊은 연관성 때문이다. 버핏은 장기적인 가치 투자 전략으로 전 세계에서 가장 성공한 투자자 중 한 명이다. 그는 단기적인 시장 변동에 휘둘리지 않고 기업의 본질적인 가치를 분석해 장기 보유하는 방식을 고수한다. 그의 통찰력과 인내심 덕분에 수십 년간 시장을 압도하는 성과를 냈다. 이런 투자 철학 때문에 사람들이 '현인' 또는 '예언자'처럼 그를 존경하게 됐다. "공포에 질린 시장에서는 욕심을 내고 탐욕스러운 시장은 두려워하라." 같은 투자 철학이 담긴 수많은 명언을 남겼다.

버핏은 다른 부자들과는 달리 자신의 부를 과시하기보다는 검소한 생활을 유지하는 것으로도 유명하다. 2025년 기준 개인 재산 220조 원을 훌쩍 넘기며 전 세계 6위 부자인 버핏은 매일 출근길에 맥도날드에 들러 3, 4달러짜리 맥모닝을 먹고 1958년 당시 3만 1,500달러를 주고 구매한 집에 68년째 살고 있다. 운전사나 경호원도 없고, 12달러짜리 이발소에서 머리를 깎고, 20달러가 안 되는 스테이크를 즐겨 먹고, 4만 5,000달러 정도의 2014년형 캐딜락을 타고 다닌다. 20달러짜리 삼성 폴더폰을 10년 가까이 사용하다가 팀 쿡 애플 CEO가 몇 년 전에 보내준 아이폰11을 쓰고 있다. 중부의 작은 도시 오마하 본사에는 25명만이 근무하며 임대 사무실을 쓰고 있다.

버핏은 검소한 태도만이 아니라 '많은 돈은 자식을 망친다.'라는 확고한 신념을 갖고 있다. 그래서 99% 이상의 재산을 사회에 환원하겠다고 약속했고 빌 게이츠 부부와 함께 '더 기빙 플레지The Giving Pledge' 운동을 시작하면서 다른 억만장자들도 재산 대부분을 기부하도록 독려하고 있다. 버핏의 '현인'으로서의 진짜 면모는 자기 재산을 내놓는 것을 넘어 일부 부유층을 중심으로 일고 있는 '상속세 폐지' 시도에 대한 강한 질타에서 확인됐다. 상속세 폐지로 가장 큰 혜택을 볼 수 있는 부자들이 앞장서서 "상속세 폐지를 주장하는 것은 혐오스러운 일"이라고 앞장서서 외치며 '상속세 폐지'를 시도했던 조지 W. 부시 대통령을 강하게 비난했다.

모건스탠리의 임원으로 있는 앨리스 슈뢰더가 버핏의 의뢰로 쓴 버핏의 자서전 『스노볼』에 의하면 "나의 천문학적인 재산은 사회를 위해 씌어야 할 자원이다. 나는 단지 잠시 맡아두는 역할을 하고 있다. 이제는 창고의 문을 열 때가 됐다."라며 2006년부터 자신의 부를 본격적으로 사회에 환원하기 시작했다. 지금까지 55조 원 이상을 기부했으며 앞으로 180조 원 이상을 기부하겠다고 약속했다.

이처럼 버핏은 타의 추종을 불허하는 투자 성과는 물론 뉴욕의 월스트리트 대신 조용한 작은 도시에 머물며 검소한 삶을 유지하면서도 지역사회와 전 세계에 막대한 긍정적인 영향을 끼쳤기 때문에 '오마하의 현인'이라는 별명이 자연스럽게 따라붙게 된 것이다. "5만 달러나 10만 달러가 있어도 행복하지 않은 사람은 5,000만 달러나 1억 달러가 있어도 행복하지 않을 것이다. 결코 행복은 돈에 비례하지는 않는다." 주총에서 나왔던 돈과 행복에 관한 질문에 대한 버핏의 답변이다. 우리나라에서도 모든 사람의 존경을 받는 현인이 나오길 학수고대해 본다.

4

생각의 함정

: 인간은 합리적으로 선택하지 못한다

"사람은 기댓값이 더 높은 선택보다도 불확실성을 피하려는 심리 때문에 '확실한 결과'를 택하는 비합리적 의사결정을 자주 한다."

경제학에서는 전통적으로 인간은 기대효용 이론EUT, Expected Utility Theory에 따라 가장 높은 기댓값이 예상되는 선택을 하는 합리적인 행위자라고 가정해왔다. 기대효용이란 각 선택이 가져올 효용, 즉 만족도에 그 결과가 발생할 확률을 곱해 모두 더한 값이다. 예를 들어 '100% 확률로 10억 원'을 받을 수 있는 A와 '89% 확률로 10억 원, 10% 확률로 20억 원, 1% 확률로 0원'을 얻게 되는 B 중에서 선택해야 한다고 해보자. 그럼 A는 10억 원, B는 10.9억 원(10억 원x0.89+20억 원x0.1+0원x0.01)의 기댓값을 갖게 되고 사람들은 기대효용이 높은 B를 선택한다는 것이다.

그러나 노벨경제학상 수상자인 모리스 알레는 이 합리성에 의문을 던졌다. 사람들은 '손실 회피loss aversion' 성향이 강해서 B의 경우 비록 1%지만 한 푼도 받지 못할 것에 대해 과도하게 신경을 쓸 거로 생각했기 때문이다. 알레는 실험을 통해 실제로 돈이나 보상이 걸린 상황에서 사람들은 논리와 확률 대신 심리적인 요인, 특히 '확실성Certainty'을 추구하는 선택을 한다는 것을 밝혔다. 그래서 이러한 사례에서는 대부분의 사람이 설사 기대효용이 낮더라도 확실한 수익이 보장되는 A를 선호한다는 것이다. 인간의 의사결정 방식이 기대효용 이론처럼 단순하지 않다는 의미다. 바로 '알레의 역설Allais Paradox'이다.

알레의 역설의 핵심은 '확실성 효과The Certainty Effect'다. 확실성 효과는 불확실한 상황을 과도하게 회피하려는 심리가 강해서 비합리적으로 큰 비용을 치르더라도 확실한 결과를 훨씬 더 선호한다는 인지 편향이다. 이론적 개념이지만 금융, 보험, 의료 등 다양한 현실 경제와 조직 내 의사결정에서 흔하게 관찰된다.

알레의 역설과 후속 연구인 프로스펙트 이론Prospect Theory에 따르면 사람들은 이익을 보는 상황에서는 위험을 적극적으로 회피하려고 하고 손실이 예상되면 오히려 위험을 선호하는 경향이 뚜렷하게 나타난다. 그러므로 사람들은 보험도 들고 복권도 산다. 큰 손실이 날 가능성이 조금이라도 있으면 불확실성을 완벽히 제거하고 싶은 심리가 보험을 들게 하고 아무리 작은 확률이라도 큰 이득이 발생할 가능성이 있으면 비합리적으로 커지는 기대감이 로또를 사게 하는 것이다. 마찬가지로 안전한 금융기관을 찾아 원금 손실이 없을 상품에 가입도 하지만, 동시에 엄청난 위험을 무릅쓰고 가상자산이나 벤처 투자를 하는 것이다.

경영진의 가장 중요한 역할은 불확실성 속에서 가치를 창출하는 의사결정을 내리는 것이다. 알레의 역설은 대기업 경영진의 의사결정에서도 빈번하게 나타난다. 특히 손실 회피 심리와 결합할 때

더욱 강력한 비합리성을 가져온다. 예를 들어 어떤 기업에서 신규 사업을 위해 회사를 인수하려고 하는데 대상 회사를 2개로 압축해서 검토하고 있다고 가정해 보자. 한 회사는 일반 회사로 경쟁력은 낮지만 인수 후 1년 이내 100%의 확률로 10%의 수익이 보장된다. 반면 또 한 회사는 스타트업으로 기술력이 뛰어나 기대 수익률은 높지만 규제 이슈로 85% 확률로 30%의 고수익을 달성하거나 15%의 확률로 수익이 전혀 없다. 이런 상황에서 비록 기댓값은 스타트업이 높지만 경영진들은 '확실한 성공'이라는 심리적 안전지대 때문에 스타트업보다는 일반 회사를 인수하려고 한다.

확실성 효과에 매몰된 리더는 현실과 동떨어진 의사결정을 내리고 조직 내 혁신과 성장을 저해하기도 한다. 조금이라도 실패할 가능성이 있는 대담한 시도는 전혀 관심이 없고 과거의 성공 방식에만 집착한다. 결국 경직된 의사결정과 변화를 거부해 새로운 기회를 놓치고 급변하는 외부 환경에 효과적으로 대응하지 못하게 된다. 결국 작은 손실이라도 무조건 회피하려는 성향으로 '매몰 비용의 오류'에 쉽게 빠진다. 그 탓에 실패가 확실한 프로젝트나 사업에 더 큰 자원을 낭비하고 조직의 손실은 눈덩이처럼 불어난다. 확실성은 단지 환상일 뿐이며 리스크는 기업 성장의 필수 요소이다. 리더의 역할이 중요한 이유다.

5

행동의 오류

: 행동 편향은 종종 성실함으로 오인된다

"사람과 조직은 최선의 선택보다 '가만히 있었다는 비난'을 피하려
는 심리 때문에 무엇인가 행동하려는 행동 편향에 빠지기 쉽다."

마이클 바엘리 벤구리온대학교 교수는 유럽 프로축구의 자료를
바탕으로 페널티 킥 상황에서 선수들의 심리를 연구해『다르게 뛰
기Boost』를 출간했다. 데이터 분석 결과 킥하는 선수들은 어느 한
쪽에 치우치지 않고 3분의 1은 중앙, 3분의 1은 왼쪽, 나머지 3분
의 1은 오른쪽으로 공을 찼다. 그런데 그 결과를 바탕으로 보면 골
키퍼들이 페널티 킥을 막아낼 확률을 높이려면 어차피 왼쪽, 오른
쪽, 가운데가 같은 확률로 공이 오니까 좌우로 움직이지 않고 중앙
을 지키는 것이 가장 유리하다. 그런 객관적 자료가 있음에도 불구
하고 92%의 거의 모든 골키퍼는 가운데를 지키지 않고 좌우로 몸
을 움직였다. 바엘리 교수는 골키퍼들이 '가만히 있다가 골을 먹으
면 비난받을까 봐 뭐라도 해야 할 것 같은 강박관념 때문에' 움직
일 수밖에 없다고 분석했다.

스탠퍼드대학교 철학과 잭 보언Jack Bowen 교수도 멍청이처럼 그

자리에 가만히 선 채로 왼쪽이나 오른쪽으로 골을 허용하는 것보다 틀린 방향이라도 몸을 날리는 편이 훨씬 심적으로 덜 괴롭기 때문이라고 평가했다. 실패하더라도 "그래도 최소한 노력은 했잖아."라고 말하고 싶다는 것이다. 실제로 관중들은 최선의 선택이지만 가운데 서서 골을 먹은 것보다 골키퍼가 몸을 좌우로 움직여서 실점한 것에 대해 더 많은 격려를 해준다.

경제 상황이 안 좋아지면 원인과 전망을 자세히 살핀 후 정책을 펴야 한다. 그런데 정부는 설익은 대책이라도 앞으로 나타날 결과는 고려하지 못한 채 내놓게 된다. 국민의 대책 요구가 빗발치기 때문이다. 노벨경제학상 수상자인 밀턴 프리드먼은 정부가 쉽게 시장경제에 개입하는 것을 비판하며 '샤워실의 바보'에 비유했다. 샤워실에서 갑자기 물을 틀면 차가운 물이 나오게 마련이다. 그러면 바보는 기다리지 않고 빠르게 뜨거운 물을 튼다. 그러다 뜨거운 물이 나오면 너무 뜨거워서 또다시 반대 방향으로 수도꼭지를 돌리는 일을 반복한다. 결국 제대로 샤워도 못 하고 감기에 걸리며 화상을 입게 된다는 것이다. 그러나 아무런 노력도 없이 단지 가만히 있는 것으로 비치면서 욕을 먹는 것보다는 나쁜 결과가 나오더라도 그래도 노력은 했다는 인상을 심어주기 위해 기꺼이 샤워실의 바보가 되는 경우가 많다.

지금까지 대부분의 조직은 아무런 성과 없이 손해를 입히더라도 단지 열심히 한다는 것을 근면 성실이라는 이름으로 평가해 왔다. 그러나 이러한 환경은 행동 편향을 부추기는 결과를 가져온다. 비록 잘못된 것이라도 '가만히 있지 못하고 아무거나' 하려는 심리를 '행동 편향Action Bias'이라고 한다. 실제로 조직에서 행동 편향은 종종 '뭐라도 열심히 하는' 성실함으로 오인되고 어물쩍 책임을 회피하는 면피용 선택으로 꽤 유용하게 활용된다.

그래서 새로 들어선 정권, 새로 바뀐 장관, 갓 승진한 임원은 항상 뭔가 해야만 할 것 같은 강박관념 때문에 새로운 주택정책, 대입제도, 조직개편, 신규사업 등을 반복하게 된다. 그러나 상황은 더 나빠지는 경우가 많다.

2024년 글로벌 컨설팅 회사 맥킨지에서 실시한 설문조사에 따르면 생성형 인공지능을 사용하는 조직은 65%로 1년 전에 비해 두 배 가까이 증가했지만 의외로 성과를 내는 기업은 거의 없는 것으로 파악됐다. 이러한 불편한 진실에 대해 "허니문 단계는 끝났다."라고 지적하면서 아직 실질적 도움이 되는 프로젝트는 거의 없다고 했다. 아직 갈 길도 멀고 지나친 환상을 경고하고 있다. 그런데도 거의 모든 회사가 '묻지도 따지지도 않고' 인공지능을 외치고 있다. 회사의 펀더멘털이나 구조적인 현황보다 현재 주변에서 벌어지는 사건이나 정보를 지나치게 과대평가하는 '최신 편향recency bias'에 빠져 무분별하게 참여하고 있다.

리더들은 공통으로 실패의 중요성을 강조한다. 그러나 '실패해도 좋다'는 주문을 있는 그대로 받아들이기는 어렵다. 실패에 대한 과감한 용인, 공정한 평가, 책임지는 모습보다는 안 좋은 결과를 구성원에게 전가하는 리더를 흔히 볼 수 있기 때문이다. 이러한 문화는 사실 '실패하지 않을 사업만 하라'는 주문이나 다를 바 없다. '무능한 성실성'이 조직에 뿌리를 내리는 이유다.

6

합리성의 배반
: 옳다고 말하면서도 잘못된 결정을 반복한다

"사람들은 사회적으로 좋아 보이는 답을 말하고 실제 행동은 전혀 다르게 한다. 따라서 인간의 선택과 사회 현상을 이해하려면 말이 아니라 행동과 데이터를 봐야 한다."

엄마들이 아이들의 과자를 구매할 때 영양가와 성장 발육에 도움이 되는 품목을 선택한다고 한다. 하지만 실제로는 그런 것과는 상관없이 아이들이 좋아하는 것을 산다는 연구 결과가 있다. 사람들은 의도적으로 교회에 간 횟수를 부풀리는 경향이 있다는 연구 결과도 있다. 예배 참석은 긍정적인 행위로 간주하기 때문이다. 또한 사람들은 불쌍한 사람들을 위해 기부한 횟수와 금액도 실제보다 높게 응답하는 경향을 보인다. TV 시청자들은 온 가족들과 함께 볼 수 있는 의미 있는 프로그램을 만들어달라고 요청한다. 하지만 막상 그런 프로그램들은 시청률이 매우 낮다. 겉 다르고 속 다른 시청자들 때문에 방송국은 낭패를 겪는 경우가 많다.

사람들은 다른 사람들에게 멋지고 착하게 보이기를 원한다. 그래서 자신의 의견이나 행동을 진솔하게 표현하기보다는 사회적으로 바람직하다고 여겨지는 방향으로 답변하거나 행동한다. 이른바 '사회적 바람직성 편향Social-Desirability Bias'이다. 평판, 위신, 체면을 관리해 다른 사람들에게 좋은 인상을 주기 위해서 실제 속마음과는 다르게 왜곡이나 거짓말을 하거나 소위 '있어 보이게' 사회가 긍정적으로 생각하는 방향으로 행동하는 시늉을 하는 것이다. 일종의 이미지 관리다.

2016년 미국 대통령 선거에서는 대부분의 언론은 힐러리가 당선될 것이라고 보도했다. 하지만 예상을 뒤엎고 트럼프가 당선됐다. 또한 2020년 미국 대통령 선거 여론조사에서도 바이든이 트럼프보다 크게 앞선다고 보도했다. 하지만 최종 결과는 트럼프가 근소한 표 차이로 이겼다. 이에 대해 미국 정가에서는 과격하고 돌출 언행을 일삼는 트럼프를 지지한다고 하면 자신의 이미지에 손상을 입을 것을 우려한 유권자들이 '사회적 바람직성 편향'으로 속으로는 트럼프를 지지해도 겉으로는 상대 후보를 지지한다고 했을 것으로 분석했다. 이에 따라 겉으로는 트럼프를 싫어한다고 하지만 내심 트럼프를 지지한다는 의미의 '샤이 트럼프'라는 표현이 등장했다.

1982년 미국 캘리포니아 주지사 선거에서도 민주당의 흑인 후보였던 톰 브래들리Tom Bradley가 공화당의 백인 후보인 조지 듀크메이전George Deukmejian보다 선거 전 각종 여론조사에서 크게 앞섰다. 하지만 예상과 달리 패배했다. 인종 편견을 숨기려고 능력 있는 흑인 후보를 지지한다고 했지만 실제 투표에서는 백인을 지지했기 때문이다. 이를 가리켜 '브래들리 효과'라고 한다. 사회적 바람직성 편향의 결과다.

데이터 과학자 세스 스티븐스 다비도위츠Seth Stephens-Davidowitz는 저서『모두 거짓말을 한다』에서 구글 트렌드 분석을 통해 사람들은 인종차별, 정신질환, 성생활, 아동 학대, 낙태, 광고, 종교, 건강 등 다양한 분야에서 상당 부분을 거짓말로 왜곡하고 있다는 충격적인 내용을 공개했다. 모든 사람이 사실과 다르게 대답하고 왜곡을 습관처럼 한다는 것이다.

흥미로운 것은 익명이 보장되는 설문조사에서도 이러한 편향이 나타난다는 점이다. 이 분야 세계 최고의 전문가인 로저 투어랑조Roger Tourangeau 미시간대학교 교수는 저서『설문조사 응답의 심리학The Psychology of Survey Response』에서 "사람들은 습관처럼 거짓말을 한다. 그 버릇은 설문조사에서도 나온다. 설문조사는 진실을 말하게 만드는 인센티브가 없기 때문이다."라고 했다. 아울러 투어랑조 교수는 '선의의 거짓말'을 자주 하면 '사회적 바람직성 편향'이 습관화된다고 했다.

"늘 사람들을 배려하고 친절하게 대하는가?"라는 질문에 실제로는 그렇지 않지만 대부분 "예."라고 대답한다. 잠을 잔 시간은 오히려 줄여서 말한다. 적은 수면시간을 근면의 상징으로 여기고 긴 수면시간을 게으름으로 인식하기 때문이다. 소득이 낮으면 조금 부풀리고 높을 때는 약간 줄여서 얘기한다. 애국심, 자선 행위, 투표율은 과장된다는 등 수많은 연구 결과가 있다. 선거 때마다 사전 여론조사에서 '꼭 투표할 것'이란 응답 비율보다 실제로 투표한 사람들의 비율이 훨씬 낮은 이유다. 쉴 새 없이 올라오는 의미 없는 소셜미디어에 댓글이나 '좋아요'를 할 수 없이 누르는 것도 좋은 사람인 척하려는 '사회적 바람직성 편향'이다.

또한 흡연이나 음주는 실제보다 적게 하는 것으로 응답하고 타인에게 도움을 준 경험은 과장한다. 사회적 약자나 소수자 관련 질문에는 찬성하거나 긍정적인 태도로 답변한다. 모르는 것에 대해서도 "잘 모르겠다."라고 솔직하게 말하지 않는 것도 대표적인 '사회적 바람직성 편향'의 단면이다.

사람들은 도덕적으로나 법적으로 사회적 관습에서 벗어나는 것을 두려워한다. 특히 사람들은 타인을 의식하며 무의식적으로 자신을 속이는 행동을 한다. 타인으로부터 비난받지 않을까, 또한 손해 보지는 않을까 하는 생각 등 많이 고민한다. 사회적 바람직성 편향은 설문조사나 연구 결과의 신뢰성을 떨어뜨릴 수 있다. 여론조사 회사에서는 이러한 편향을 줄이기 위해 다양한 기법으로 대처하고 있지만 여전히 여론조사가 틀린 경우가 많다. 사람은 진짜 속마음을 여러 가지 이유로 잘 드러내지 않기 때문이다. 자신의 의견을 솔직하게 표현하지 않기 때문에 진정한 의사소통이 이루어지지 않는 것이다. 자신의 의견을 철저히 함구하며 절대 공개적으로 표현하지 않는 '침묵하는 다수Silent Majority'가 존재하는 이유다.

한편 페이페이 세토Pei Pei Setoh 싱가포르 난양공과대학교 심리학과 교수는 '선의의 거짓말'이나 '조건부 거짓말'을 포함한 모든 거짓말이 자녀의 거짓말 습관을 키울 수 있다는 연구 결과를 『아동실험심리학회지Journal of Experimental Child Psychology』에 발표했다. '조건부 거짓말'은 "숙제 다 하면 과자 사 줄게."같이 자녀를 훈육할 목적으로 조건을 내걸어서 하는 거짓말을 한다. '선의의 거짓말'은 자녀의 긍정적 감정을 유도하기 위해 사실이 아님에도 하는 거짓말을 의미하며 "너무 잘했다." "제일 똑똑하다." 등이 포함된다. 충격적인 것은 아무리 악의 없는 거짓말이라도 부모가 자녀에게 거짓말을 많이 하면 할수록 자녀도 부모에게 거짓말을 할 확률이 높아졌다. 거짓말이 목적을 이루는 데 효과적이란 점을 무의식적으로 습득하게 되고 거짓말을 쉽게 정당화한다는 것이다.

세토 교수는 "부모들이 아이들에게 거짓말을 하는 것은 아이들의 행동을 끌어낼 수 있는 가장 쉽고 빠른 방법이기 때문이지만 거짓말로 양육하면 무의식적으로 부정직함을 조장하고 사회나 타인에 대한 신뢰감을 잃게 할 수 있다."라고 경고했다.

공자의 제자인 증자가 말에 대한 책임을 얼마나 중시했는지를 보여주는 일화가 『한비자』에 있다. 증자의 부인이 외출하려는데 어린 아들이 따라가겠다고 떼를 쓰자 "집에 있으면 이따 돼지 잡아서 맛있는 반찬 해줄게."라고 간신히 달래고 나갔다. 집에 돌아온 증자 부인은 돼지를 잡는 증자를 보고 깜짝 놀라며 "왜 돼지를 잡느냐"고 소리쳤다. 증자는 "아이는 부모가 하는 대로 따라 배우는 법이다. 부모가 약속을 지키지 않으면 아이가 뭘 배우겠냐"며 태연히 돼지를 잡았다.

아이에게 거짓말은 나쁜 거라고 가르치지만 부모도 거짓말을 한다. 인간은 누구나 가끔은 크고 작은 거짓말을 하지만 '자녀'에게 거짓말을 하는 행위는 자녀의 정직함과 사회성에 악영향을 미칠 수 있다. 국가도 마찬가지다. '국민'들과 한 약속을 저버리는 행위는 사회 전체를 부정과 부패로 얼룩지게 만든다.

선거철마다 수많은 공약이 쏟아진다. 그대로만 되면 대한민국이 마치 세계 초일류 국가가 될 것 같은 생각이 든다. 그러나 지금까지는 그러한 공약들이 공염불에 그친 경우가 대부분이었다. 제발 이번만큼은 단지 국민의 환심을 사기 위한 '사회적 바람직성 편향'

이 아니길 희망한다. 지금은 그 어느 때보다 우리를 둘러싼 국내외 환경이 녹록지 않다. 국가의 명운이 걸린 매우 엄중한 시기다. 새로 탄생한 정부가 국민의 기대를 꺾지 않기를 간절히 기원한다.

7

헛소리의 힘

: 왜 이성적인 사람들이 비상식을 쉽게 믿는가

"가짜 뉴스와 '아무 말 대잔치'가 넘쳐나는 이유는 사람들이 객관적 진실보다 자신의 믿음과 감정을 확인해 주는 정보를 더 쉽게 믿기 때문이다."

우리나라는 물론 전 세계가 '가짜 뉴스'로 몸살을 앓고 있다. 특정 분야가 아니라 정치, 경제, 사회, 문화, 방송·연예 등까지 모든 분야에 걸쳐 광범위하게 확산하면서 사회적 혼란과 분열을 일으키고 있다. 특히 소셜미디어와 인공지능의 발전으로 가짜 뉴스의 형태와 수법도 진화되고 있어 구별도 쉽지 않을 뿐만 아니라 쏟아져 나오는 양도 어마어마하다. 그러나 사실 가짜 뉴스를 명확하게 정의하는 것은 쉽지 않다. 여러 가지 내용이 혼재돼 있고 정확한 진실이 존재하는 것이 아니고 신념이나 주관적인 판단이 필요한 경우가 많기 때문이다. 어디까지 진실이고 거짓인지, 고의성이나 악의성을 어떻게 판단할 것인지 등 입장에 따라 잣대를 달리 적용할 수도 있다. 가짜 뉴스 논란은 메시지의 진실과 허위 여부보다는 대부분 메신저를 공격하는 것에서 비롯된다. 특정 언론사 보도는 무조건 가짜 뉴스고 즐겨 보는 유튜버가 말하면 100% 진짜 뉴스인

격이다. 종종 정보가 부족해 검증되지 않은 불확실한 상황에서 유통되는 루머와 혼용되기도 한다.

구글을 비롯한 9개 기관이 '온라인상의 잘못된 허위 정보에 맞서기 위해' 설립한 「퍼스트 드래프트 뉴스First Draft News」는 가짜 뉴스를 연구 분석해 7가지 유형으로 분류한 뒤 '가짜 뉴스는 단순하지 않다Fake news. It's complicated.'라는 제목으로 공개했다. 이들 유형은 피해를 주기 위해 만든 건 아니지만 남들이 속을 수 있는 '풍자나 패러디', 사진이나 헤드라인이 본문 내용과 다른 '거짓 연결', 정보를 완전히 사실과 다르게 해석하는 '오도', 사실과 전혀 관련 없는 정보를 함께 섞어 놓는 '거짓 맥락', 가짜 출처를 제공하는 '사칭', 딥페이크와 같이 합성이나 수정을 통한 '조작', 처음부터 의도적으로 100% 속일 목적으로 만들어진 '완전한 조작' 등이다. 또한 과학적 사실을 부정하는 행위도 잠재적 가짜 뉴스의 유형으로 보고 있다.

『티핑 포인트』『아웃라이어』를 쓴 세계적 베스트셀러 작가 말콤 글래드웰은 『타인의 해석』이라는 책에서 사람들이 다른 사람들의 말을 듣고 오해하거나 거짓 정보를 쉽게 진실로 믿어버리는 심리에 관해 설명했다. 첫 번째는 '진실 기본값 이론Truth-Default Theory'이다. 사람들은 선천적으로 타인의 말을 들을 때 그 말이 기본적으로 진실일 것이라는 전제하에 말을 듣게 된다는 것이다. 이를 진실 기본값 이론이라고 한다. 그러므로 자신이 모르는 분야나 새로운 주장에 대해 진위와 관계없이 일단 믿고 본다는 것이다. 그래야 내용을 이해할 수 있기 때문이다. 특히 그 내용이 평상시 자신의 신념이나 생각과 일치하면 더욱더 강하게 동조하게 된다. 이렇게 되면 쉽게 알 수 있는 거짓말도 사실로 단정하게 된다는 것이다.

두 번째는 사람들이 말하는 표정, 행동, 말투로 그 사람에 대해 쉽게 알 수 있다고 믿는 '투명성 착각Illusion of Transparency'이다. 사람들은 놀람, 분노, 기쁨, 슬픔, 당황에 해당하는 표정이 정해져 있으며 상대방의 속마음은 투명하게 얼굴에 드러나기 때문에 거짓을 쉽게 판단할 수 있다고 과신하는 것이다. 하지만 아힘 슈츠볼Achim Schützwohl 영국 브루넬대학교 심리학과 교수의 「아주 놀라운 사건에 대한 얼굴 표정Facial expressions in response to a highly surprising event exceeding the field of vision」이라는 논문에 따르면 이런 관념은 허구다. 슈츠볼 교수는 실험 참가자를 대상으로 엄청난 충격을 주고 놀라움에 대한 표정을 분석한 결과 참가자의 단지 5%만이 일반 사람들이 생각하는 전형적으로 놀란 표정을 지었다. 그런데 대부분의 참가자는 자신은 확실히 놀란 표정을 지었다고 확신했다. 이렇게 사람들은 대충 정한 단서로 다른 사람의 심중을 쉽게 들여다볼 수 있다고 여긴다.

실비아 크노블로흐베스터비크Silvia Knobloch-Westerwick 베를린 공대 미디어 커뮤니케이션 학과 교수는 실험 참가자들에게 국방비 지출과 낙태 등 찬반이 나뉘는 8개의 기사를 보여주고 5분 동안 각 기사를 읽는 시간을 측정했다. 그 결과 자신의 견해와 일치하는 기사를 읽는 데 평균 2분 24초를 썼지만 맞지 않는 기사를 보는 데는 1분 55초를 썼다. 자신의 견해와 일치하는 정보를 얻는 데 더 많은 에너지를 들인다는 것이다. 사람들은 일상적으로 자신의 입맛에 맞는 정보를 편식하며 살고 있다. 웹사이트 등에서 알고리즘에 의해 사용자 맞춤 정보를 제공하는 필터 버블로 이런 현상은 심화하고 있다. 그러므로 계속해서 '확증편향'이 강화되면서 황당무계한 음모론도 더욱 굳건하게 진실로 믿는 것이다.

대니얼 T. 길버트Daniel T. Gilbert 하버드대학교 심리학과 교수는 사람들이 어떤 상황에서 거짓과 진실을 혼동하는지 알아봤다. 충분히 거짓 정보를 판별할 수 있는 사람들을 대상으로 실험했다. 그 결과 한 번에 한 가지 정보만 제공되면 판단력에 크게 문제가 없지만 동시에 여러 정보가 한꺼번에 쏟아지면 인지 과부하나 시간제한 등 환경적 압박이 가해지면서 대부분 실수하는 것으로 나타났다. 그는 논문 「정신 체계는 어떻게 믿는가How Mental Systems Believe」에서 실험 결과를 토대로 "읽은 것을 믿지 않을 수 없다You Can't Not Believe Everything You Read."라고 주장했다.

댄 애리얼리 듀크대학교 행동경제학과 교수는 저서 『댄 애리얼리 미스빌리프』에서 이성적인 사람들이 비상식적인 것을 쉽게 믿게 되는 이유를 몇 가지로 정리했다. 그 첫 번째 이유가 스트레스다. 사람들은 그저 마음이 한결 더 편해진다는 이유로 가짜 뉴스를 믿는다는 것이다. 자기 앞에 놓인 스트레스를 통제할 수 없을 때 다른 사람이나 골치 아픈 사건 때문에서 무력감을 느낄 때 정서적 안정을 찾기 위해 무언가를 찾는다. 그래서 현재 일어나는 일을 자신의 입장에서 설명해 주는 이야기에 더욱 귀를 기울이고 스트레스를 해소하기 위해 비난의 대상을 찾아 위안을 얻는다. 이때 진실 여부는 별로 중요하지 않다는 것이다.

퓰리처상을 수상한 영국 저널리스트 제임스 볼James Ball은 굉장히 도발적인 제목의 저서 『개소리는 어떻게 세상을 정복했는가』에서 사람들을 현혹해 세상을 지배하는 헛소리bullshit의 강력한 힘에 대해 분석하고 정리했다. 거짓말은 진실과 권위를 염두에 두고 전략적으로 행하는 것이라면 개소리는 진실도 거짓도 신경 쓰지 않고 쏟아내는 허구 담론이다. 시간과 노력도 필요 없고 단지 사람들의 흥미를 끌 만한 그야말로 '아무 말 대잔치'가 판치고 있다. 그런데 중요한 건 이런 것들이 너무나 쉽게 사람들의 일상, 주요 정책, 지도자 선정에 이르기까지 삶의 모든 중요한 영역을 파고들고 있다는 사실이다.

객관적인 사실을 해석할 때도 사람들의 편향성이 드러난다. 자신이 원하는 방향으로 해석하려고 하기 때문이다. 심리학 용어로 '동기적 추론motivated reasoning'이라고 한다. 즉 믿고 싶지 않은 근거는 무시하고 믿고 싶은 근거만 채택해 결론에 유리하게 사용하는 것이다. 그렇지만 스스로는 객관적이고 합리적인 사고를 했다고 착각한다. 피터 캐스카트 웨이슨Peter Cathcart Wason 런던대학교 심리학과 교수는 '4장의 카드 문제The Four-Card Task'로 사람들이 얼마나 논리적이기 힘든가를 확인했다.

세계 각국은 가짜 뉴스를 통제하기 위해 규제를 만들고 빅테크들은 가짜 뉴스를 걸러내기 위한 기술개발에 몰두하고 있다. 그러나 비합리적인 인간에 대한 이해가 선행되지 않으면 이런 노력은 단지 미봉책에 불과할 것이다. 사람들이 바보라서 가짜 뉴스가 범람하는 것이 아니라 수요가 공급을 창출하고 있다는 사실을 명심해야 한다.

8

감정의 개입

: 감정 태깅에 실패한 선택은 패턴을 오독한다

"인간의 판단은 이성보다 감정, 무의식적 자극, 그리고 과거 경험의 패턴에 의해 쉽게 왜곡된다. 따라서 중요한 결정일수록 그러한 함정을 경계해야 한다."

당신의 판단은 정말 당신의 것일까? 손에 쥔 커피 한 잔, 그날의 기분, 과거의 기억이 이미 결론을 정해 놓은 것은 아닐까? 인간의 선택은 이성보다 먼저 작동하는 보이지 않는 힘에 의해 움직인다. 존 바그John Bargh 예일대학교 심리학과 교수는 온도가 사람들의 판단과 선택에 어떠한 영향을 미치는지 실험했다. 채용 인터뷰 면접관들은 두 그룹으로 나누었다. 한 그룹은 차가운 콜라를 마셨고 다른 그룹은 따뜻한 커피를 마셨다.

그 결과 믿기 힘든 일이 벌어졌다. 놀랍게도 콜라를 마신 면접관들은 구직자 모두를 '차가운 사람'으로 평가했고 커피를 마신 면접관들은 '따뜻한 사람'으로 평가한 것이다. 이 실험을 통해 차가운 온도는 냉철하게 하고 따뜻한 온도는 관대하게 한다는 사실을 증명했다. 단지 온도의 변화만으로도 무의식적으로 마음을 바꾸고 행동한다는 것이다. 사소한 자극이 자신도 모르게 판단과 행동에 영향을 주는 것을 '점화효과Priming effect'라고 한다.

폴 슬로빅Paul Slovic 오레곤대학교 심리학과 교수는 감정이 판단과 선택에 어떠한 영향을 미치는지를 연구해 좋은 감정이 있을 때는 긍정적인 효과에만 집중하며 위험을 과소평가하려는 경향이 강해지고 싫은 감정이 있을 때는 반대로 리스크를 부각하며 부정적인 결과만을 강조한다는 결과를 발표했다. 호불호의 주관적 감정이 무의식적으로 점화효과를 일으키며 신뢰도를 결정하고 그럴듯한 논리까지 만든다는 것이다. 슬로빅 교수는 이를 '감정 휴리스틱Affect Heuristic'이라 명명했다. 그래서 자신이 좋아하는 사람들의 말은 무조건 믿으려 하고 싫어하는 사람들에 대해서는 불신의 감정을 갖게 된다는 것이다.

그러나 사람들은 항상 자신이 추구하는 가치와 신념에 따라 판단하고 행동한다고 믿는다. 하지만 실제로는 상황에 따라 점화효과와 감정에 치우쳐 잘못된 판단과 선택을 할 뿐 아니라 경험에 지나치게 의존해 중요한 의사결정을 망치는 경우도 많다. 프랑스 철학자 앙리 베르그송은 "경험을 통해 터득한 법칙은 그때의 조건과 완벽하게 똑같지 않으면 오히려 해가 된다."라고 강조했다. 과거 경험에 대한 맹신이 기업을 실패로 이끄는 길이 될 수 있다는 것이다. 그러므로 지금과 같이 빠르게 변화하는 세상에서는 경험이 오히려 독이 된다는 사실을 명심해야 한다.

행동경제학자들은 '패턴인식pattern recognition'과 '감정태깅emotional tagging'의 위험성을 강조한다. 패턴인식은 뇌가 정보를 받아서 통합하는 과정을 말하는데 과거의 경험과 판단이 결정적인 역할을 하는 것이다. 예를 들어 어떠한 상황을 주면 그 상황을 명확하게 판단하기에 앞서 일단 과거의 경험에 비추어 비슷한 패턴을 찾아내고 그에 따라 판단과 결정을 한다. 상당히 빠르고 효율적이지만 '경험의 덫experience trap'에 빠지는 편향을 만들어낸다.

감정태깅은 기억 속에 저장된 경험이나 생각에 감정적인 정보를 갖다 붙이는 것을 말한다. 그래서 좋았던 기억으로 남아 있는 경험은 과도하게 긍정적으로 생각하고 그렇지 않으면 부정적으로 생각하게 되는 것이다. 과거 경험에 사실과는 상관없이 자신만의 '감정의 꼬리표emotional tag'가 붙어 향후 비슷한 상황에서의 의사결정에 심각한 왜곡을 일으킬 수 있고 또 다른 경험의 덫이 되는 것이다.

과거 성공 경험을 고수하다 무너진 회사는 무수히 많다. 코닥이나 노키아가 대표적인 사례다. 대형 항공사가 저가 항공사LCC에 밀리고 레거시 미디어가 소셜미디어나 플랫폼 등 다양한 디지털 매체로 인해 고통받는 것도 같은 맥락이다. 반면에 넷플릭스나 테슬라의 성공은 과거의 패턴을 과감하게 깨트린 사례로 이야기된다.

무의식의 감정은 이성보다 훨씬 더 강한 힘을 발휘하기 때문에 감정을 배제한 판단은 불가능하다. 그러나 감정이 판단에 개입하면 합리성은 무시되기 쉽고 크게 증폭된 감정이 문제의 본질을 덮어버리기도 한다. 따라서 중요한 결정을 앞두고 감정을 자극하는 분위기가 형성되거나, 긍정과 부정의 평가가 극단적으로 나뉘거나, 호불호 감정이 느껴진다면 일단 판단을 미루는 것이 현명한 선택이다. 과거의 패턴과 감정으로 만들어진 경험의 함정에서 벗어날 수 있기 때문이다.

9

확신의 착각

: 확신은 종종 무지를 가리는 장치가 된다

"세상을 이해하는 데 가장 큰 문제는 무지가 아니라 자신이 잘 알고 있다고 착각하는 것이다. 이런 지식의 착각이 잘못된 예측과 판단을 만들 수 있다."

세계적으로 경제학 분야에서 가장 큰 영향력을 갖고 있다는 미국경제학회AEA 2025년 연례 총회에서 '합리적 기대에 대한 합리적 태도'라는 주제로 에미 나카무라Emi Nakamura UC버클리대학교 경제학 교수의 발표가 있었다. 왜 세계 최고 석학들의 미래 예측이 계속해서 빗나가는가에 대한 자성이 담긴 내용이다.

2008년 세계 금융위기 당시 금리는 급격히 하락해 역사적으로 가장 낮은 수준을 기록했다. 그러자 경제 전문가들은 곧 금리가 상승해 정상 수준으로 돌아갈 것으로 전망했다. 그러나 금리는 예상과는 달리 0%에 가까운 수준을 오랜 기간 유지했다. 또한 1980년대 초반 경기침체 상황에서도 미국 연방준비제도Fed는 금리를 급격히 인하해 경제를 안정시키고자 했다. 그때도 학계와 월가는 금리가 곧 상승할 것으로 예측했지만 훨씬 더 오랜 기간 낮은 수준을 유지했다.

　나카무라 교수는 이러한 반복적 오류가 현재의 독특한 상황보다는 과거 사례에 지나치게 의존한 결과라고 진단했다. 전문가들은 과거 경기침체 시기에 금리가 단기적 충격, 즉 급격한 변화를 겪은 후 빠르게 정상 수준으로 다시 돌아갔던 경험에 기반해 판단했기 때문이라는 것이다. 단순히 과거에 그랬으니까 이번에도 그럴 것이라고 한다는 것이다.

　경제는 정답이 있는 수학 문제가 아니다. 수많은 요소의 상호작용에 따라 결과가 나타나는 그야말로 복잡계Complex System다. 사회과학 연구에서 활용되는 라틴어 '세트리스 파리부스cetris paribus'라는 말이 있다. '다른 모든 조건이 동일하다면'이라는 뜻이다. 이론적으로는 의미가 있지만 실제 세상에 적용하기에는 무리가 있다. 세상은 끊임없이 변화하고 있기 때문에 과거의 경험으로 미래를 예측하는 것은 뚜렷한 한계가 있을 수밖에 없기 때문이다. 언제 '블랙 스완'이 나타날지 모른다. 신냉전 시대의 도래, 코로나19, 우크라이나 전쟁, 지진, 금융위기, 각종 재난재해 등 끊임없이 예기치 못한 일들이 발생했다. 그러므로 아무리 유능한 경제학자나 경제연구소라도 부동산, 주식, 환율, 금리, 무역, 국내외 경제성장률을 정확하게 예측한다는 것은 불가능한 것이다.

　고든 올포트 하버드대학교 심리학 교수는 저서 『편견』에서 인류 역사에서 편견이 없던 시대는 없었으며 편견의 지배를 받게 되면 모든 문제를 흑백 논리로 판단하고 해결책이 필요하면 과거에 검증된 습관에만 매달린다고 했다. 그래서 모든 사안을 단순히 몇 가지 형태로 유형화해 그에 따라 행동하게 된다고 강조했다.

　스티븐 슬로먼 브라운대학교 심리학과 교수는 대부분의 사람이 자신이 실제로 아는 것보다 더 많이 안다는 지식 착각 속에 살고 있으나 실제로 인간은 생각보다 무지하고, 특히 개개인의 지식은 보잘것없다고 했다. 그냥 익숙하거나 주변 속 그것에 대해 알고 있는 사람이 있으면 마치 자신도 알고 있다는 착각에 빠진다는 것이다. 그는 공저 『지식의 착각』에서 상세히 설명하고 있다.

레오니드 로젠블리트Leonid Rozenblit 예일대학교 심리학과 교수는 지식 착각을 연구해 '설명 깊이의 착각Illusion of Explanatory Depth' 이라는 개념을 정립했다. 설명 깊이의 착각은 어떤 것에 대해 매우 잘 알고 있다고 생각했다가 막상 남에게 설명하려고 하면 실제로 아는 게 별로 없어서 스스로 놀라게 된다는 일종의 인지 편향이다. 예를 들어 무지개는 왜 생길까? 왜 맑은 날이 흐린 날보다 더 추울까? 헬리콥터는 어떻게 날까? 화장실 변기는 어떻게 작동될까? 등 일상생활에서 흔히 접할 수 있는 현상이나 원리에 대해 질문을 받으면 처음에는 쉽게 답변할 수 있다고 생각하지만 제대로 설명할 수 있는 사람은 많지 않다.

프랭크 C. 카일Frank C. Keil 예일대학교 심리학과 교수는 「인터넷이 어떻게 지식 착각을 강화할까」라는 논문에서 사람들은 인터넷으로 검색되는 정보를 자신의 지식이라 여기며 스스로 다양한 분야에 걸쳐 굉장히 해박하다는 착각에 빠져 있다고 했다. 그런 차원에서 보면 스마트폰을 종일 들고 사는 오늘날의 우리는 지식 착각에 훨씬 더 깊게 빠져 있을 수 있다.

데이비드 더닝David Dunning 코넬대학교 심리학 교수는 사람들을 대상으로 논리, 문법, 유머 감각, 정치, 생물학, 물리학, 지리학 등 다양한 분야에 대한 개념과 원리를 테스트한 후 자신의 점수를 매겨 보도록 했다. 놀라운 결과가 나왔다. 실력이 좋지 않은 사람은 오히려 자신의 능력을 과대평가하고 뛰어난 사람은 자신을 과소평가한 것이다. 이는 모른다는 사실을 모르면 자신이 알고 있는 것에 대해 강한 확신을 하게 돼서 자신의 실력을 실제보다 과대평가하기 때문이다. 결국 실력이 없고 무지할수록 자신감이 더 커지는 것이다. 그러나 이러한 자신감을 능력으로 착각해서 '환영적 우월감'에 사로잡힌 사람들이 항상 자신의 의견을 강하게 주장한다는 것이다. 더닝 교수는 이러한 현상을 '더닝 크루거 효과Dunning–Kruger effect'라 명명했다.

마이클 홀Michael Hall 미시간대학교 심리학과 교수는 더닝 크루거 효과를 증명하는 연구 결과를 「강력한 자기 확신은 탁월한 지식에 기반한 것일까?」라는 제목의 논문을 통해 발표했다. 다른 사람에 비해 자신의 논리를 강하게 주장하는 사람일수록 실력이 뛰어나기보다는 자신의 지식을 지나치게 과대평가한다는 것이다. 또한 자신에 대한 믿음이 강할수록 새로운 정보를 얻으려는 노력은 전혀 하지 않고 자신의 의견과 일치하는 정보만 받아들이는 것으로 나타났다. 결국 더닝 크루거 효과는 '메타인지의 부족'과 확증편향의 결과로 나타난다는 것이다.

애덤 그랜트Adam Grant 펜실베이니아대학교 MBA 교수는 저서 『싱크 어게인』에서 요즘과 같이 불확실성으로 가득한 세상에서는 '모른다는 사실을 인지하는 능력'도 지능의 일부라고 강조했다.

토머스 소웰Thomas Sowell 코넬대학교 경제학과 교수는 뛰어난 학벌의 전문가들이 보이는 더닝 크루거 효과를 매우 심각한 문제로 인식했다. 특정 분야의 좁은 전문 지식을 광범위하게 일반화해 자신도 잘 모르는 분야에도 쉽게 개입해 부정확한 주장을 펴는 경우가 많기 때문이다. 그러나 그들의 화려한 경력이나 명성이 후광효과로 작용해 어설픈 주장에 대해서도 사회나 언론이 비판보다는 오히려 의미를 부여하는 일이 일상화돼서 사회적 비용이나 혼란을 가져온다는 것이다.

미국이 '관세 전쟁'을 본격화하는 가운데 영국의 경제 연구기관에서 한국 경제성장률이 0%대까지 떨어질 것이라는 암울한 전망을 했다. 이러한 위기를 극복하기 위해서는 모두의 지혜를 모아야 한다. 그 어느 때보다 정확한 진단과 처방이 절실한 시점이다.

세상을 이해하는 데 가장 큰 걸림돌은 무지가 아니라 알고 있다는 착각이다. 매일 새로운 세상이 펼쳐진다. 어제의 지식이 오늘 쓸모없는 '무용지식'이 되는 세상이다. 대중 앞에 서기 전에 '과연 나는 얼마나 알고 있는가?'라는 질문을 소위 전문가 스스로가 던져야 하는 이유다.

2장 [돈의 규칙]

경제 공식의 붕괴

: 당신이 알던 자산 공식의 종말

1

부의 전환

: 인공지능 열풍은 새로운 억만장자를 만들어낸다

"인공지능 혁명은 20~30대 젊은 창업자들도 짧은 시간 안에 억만장자가 될 수 있는 전례 없는 기회의 시대를 만들고 있다. 그들이 부의 지형을 바꾸고 있다."

실리콘밸리의 부의 시계가 유례없이 빠르게 돌아가고 있다. 과거 산업혁명이나 인터넷 혁명 시기에도 거부巨富는 탄생했지만 지금의 인공지능 열풍이 만들어내는 '부의 가속도'는 차원이 다르다. 2022년 챗GPT 출시 이후 불과 3년 만에 20대와 30대의 젊은 창업자들이 수십 년의 사업 경력을 가진 거물들을 제치고 억만장자 대열에 합류하고 있다. 인류 역사상 부의 지형도가 이토록 짧은 시간에 급격히 재편된 적은 없었다.

2026년 1월 기준 세계 최고 부자인 일론 머스크가 억만장자Billionaire*가 되기까지는 약 13년의 세월이 필요했다. 페이팔의 모태가 된 1999년 엑스닷컴 창업부터 페이팔 매각, 스페이스X 창업, 테슬라 상장 등 험난한 과정을 거친 2012년에서야 비로소 그

---

* 순자산이나 보유 주식 가치 10억 달러 이상인 개인

명단에 이름을 올렸다. 하지만 인공지능 시대의 창업자들은 이 과정을 극적으로 단축했다. 오픈AI 전 CTO 미라 무라티Mira Murati는 2025년 2월 싱킹머신스랩TML, Thinking Machines Lab을 설립해 아무런 비즈니스 모델도 없는 상태에서도 단 4개월 만에 앤드리슨 호로위츠 등으로부터 20억 달러를 투자받으며 기업가치를 140억 달러로 끌어올렸다. 최단기간에 데카콘이 된 싱킹머신스랩TML은 2025년 말부터 기업가치 500억~600억 달러로 평가받으며 추가 펀딩에 들어갔다. 설립 1년도 안 된 스타트업의 몸값이 무려 80조 원이 된 것이다. 또한 오픈AI의 공동창업자였던 일리야 수츠케버Ilya Sutskever가 2024년 6월에 세운 세이프슈퍼인텔리전스SSI, Safe Superintelligence Inc는 상용 제품 하나도 없이 2025년 상반기까지 30억 달러를 유치하며 320억 달러 한화 약 47조 원의 기업가치를 인정받았다.

이러한 인공지능 열풍의 가장 큰 특징은 창업자의 연령대가 대폭 낮아졌다는 점이다. 이는 복잡한 비즈니스 모델보다 코딩과 데이터 역량이 부의 핵심 열쇠가 됐음을 의미한다. MIT를 중퇴하고 2022년 인공지능 코딩 도구 커서Cursor를 만드는 애니스피어Any-sphere를 창업한 마이클 트루엘Michael Truell은 창업 3년 만에 2조 원대의 주식을 보유한 20대 억만장자가 됐다. 엔비디아와 구글 등으로부터 33억 달러를 유치하며 최근 기업가치 293억 달러로 한화 약 43조 원을 기록한 것이다. 애니스피어는 2025년 매출 10억 달러를 돌파하는 기염을 토했다.

하버드대학교와 조지타운대학교를 중퇴한 21세 3명이 2023년 공동창업한 채용 플랫폼 머코Mercor 역시 설립 1년여 만에 기업가치 100억 달러를 기록했고 CEO 브렌던 푸디Brendan Foody는 마크 저커버그가 가졌던 '최연소 자수성가 억만장자' 타이틀을 경신했다. 단순 인공지능 채용 플랫폼으로 시작한 머코는 비즈니스 모델 피벗을 통해 인공지능 모델 학습용 전문가 매칭 시장을 장악했다. 의사, 변호사, 과학자 등 고숙련 전문가들을 오픈AI, 앤스로픽 같은 빅테크와 연결해 인공지능을 훈련시키는 '인간 피드백 기반 강화학습' 모델을 만든 것이다.

2022년 오픈AI 연구원 출신인 아라빈드 스리니바스Aravind Srinivas가 창업한 인공지능 검색 스타트업 '퍼플렉시티'의 기업가치도 280억 달러로 평가된다. 퍼플렉시티는 단순히 링크를 나열하는 기존 검색과 달리 인공지능이 실시간 웹 정보를 분석해 출처가 명시된 완성된 답변을 제공하는 방식으로 구글 킬러로 급부상했다. 개인용 유료 구독 퍼플렉시티 프로 외에도 기업 전용 서비스 엔터프라이즈 프로와 광고 수익 모델을 성공적으로 안착시키며 2024년 8,000만 달러였던 연간 매출이 2025년에는 2억 달러 수준으로 급증했다. 2022년에 설립된 인간형 로봇 기업 '피겨 AI'를 이끄는 브렛 애드콕Brett Adcock은 2025년 9월 10억 달러 규모의 시리즈 C 투자를 마무리하며 기업가치를 390억 달러까지 끌어올렸다. 그의 개인 순자산은 195억 달러가 됐다. 변호사인 윈스턴 와인버그Winston Weinberg가 2022년 말 창업한 법률 인공지능 스타트업인 '하비Harvey'의 기업가치는 2025년 초 30억 달러에서 그해 말 80억 달러로 껑충 뛰었고 창업자의 자산도 급증했다.

전통적인 인공지능과 플랫폼 기반 스타트업은 창업 후 기업가치 10억 달러 이상인 유니콘 기업의 반열에 오르기까지 6~8년 정도가 걸렸지만 최근 인공지능 분야는 자본의 집중도가 워낙 높아 싱킹머신스랩TML, 세이프슈퍼인텔리전스SSI, 미스트랄 AI 등과 같이 창업 후 불과 몇 개월 만에 유니콘에 등극하는 사례가 늘어나면서 과거의 상식을 깨고 있다.

하지만 이러한 성공 스토리나 화려한 숫자 뒤에는 그림자도 짙다. 실리콘밸리의 고질적인 문제인 성별 불균형은 인공지능 시대에도 여전하다. 스케일 AI 공동창업자인 루시 궈Lucy Guo나 싱킹머신스랩TML의 미라 무라티를 제외하면 신흥 부호의 대다수는 남성이다. 이는 다양한 시각의 부재가 인공지능 알고리즘의 편향성이나 윤리적 문제로 이어질 수 있다. 더 큰 우려는 이들이 거머쥔 부의 본질이다. 현재 거론되는 수십조 원의 가치는 대부분 실현되지 않은 주식 평가액, 즉 서류상 억만장자Paper Billionaire 상태다. 투자자들이 '제2의 오픈AI'를 선점하기 위해 경쟁적으로 몸값을 올린 결과이며 혁신적 수익 모델을 증명하지 못한다면 그들의 부는 신기루처럼 사라질 수 있다.

이제 시장은 "얼마나 큰 투자를 받았는가?"가 아닌 "어떻게 수익을 낼 것인가?"를 묻기 시작했다. 그렇게 되면 메타가 대규모 투자를 단행하며 자사 인공지능 연구를 맡긴 알렉산더 왕Alexandr Wang의 스케일 AI처럼 실제 빅테크의 핵심 인프라로 자리 잡은 경우만이 살아남을 가능성이 크다. 스케일 AI는 2016년 당시 19세였던 MIT 중퇴생 알렉산더 왕과 루시 궈가 공동창업했다. 왕은 대학 기숙사 냉장고에서 음식을 훔쳐 가는 범인을 잡으려고 카메라를 설치해 영상을 분석하던 중 얻은 아이디어로 '데이터 라벨링' 서비스 회사를 설립했다. 현재는 단순 라벨링을 넘어 인공지능 모델의 성능을 평가하고 보안을 검증하는 데이터 인프라 기업으로 성장했다. 인공지능 모델 학습에 필수적인 고품질 데이터 라벨링과 검증 인프라 시장을 독점하며 압도적인 실적 성장세를 이어가고 있다. 스케일 AI의 2025년 매출은 20억 달러를 넘어선 것으로 알려졌으며 기업가치는 290억 달러에 달한다.

결국 역사가 증명하듯 최후의 승자는 일시적으로 기업가치가 급상승해 주식 가치만 높아진 '딱지부자'가 아니라 인공지능이라는 도구로 세상을 실질적으로 바꾼 이들이 될 것이다. 20대 억만장자들의 등장은 기술 진보의 징표일 수도 있지만 동시에 우리 사회가 이 거대한 자본의 흐름을 어떻게 실질적인 산업 동력으로 전환할지 묻는 엄중한 숙제이기도 하다. 부의 시계가 빨라진 만큼 그들이 증명해야 할 시간도 앞당겨지고 있다.

역사적으로 모든 거대한 기술적 도약기에는 신흥 부자들이 등장했다. 하지만 거품이 걷힌 뒤에도 그 자리를 지킨 것은 화려한 기업가치가 아닌, 세상에 없던 실질적 가치를 만들어낸 이들이었다. 전 세계가 지금 젊은 인공지능 억만장자들이 '서류'를 넘어 '현실'의 영웅으로 남을 수 있을지 다음 행보를 주목하고 있다.

특히 2026년에 들어서며 시장은 단순한 기대감을 넘어 '수익성'이라는 엄격한 잣대를 들이대기 시작했다. 기업들의 생성형 인공지능 프로젝트 중 약 95%가 실질적인 투자 수익ROI을 내지 못하고 있다는 경고가 잇따라 나오기 때문이다. 전문가들은 2026년이 인공지능 스타트업들의 생존 여부를 가르는 분수령이 될 것으로 보고 있다. 기반 기술보다 실제 비즈니스에 녹여내 돈을 버는 '운영 능력'이 생존의 핵심 키워드가 될 전망이다.

실리콘밸리의 부의 시계는 이 순간에도 과거보다 수십 배 빠르게 돌아가고 있다. 역사상 가장 빠른 속도로 자산이 증식되는 '인공지능 황금기'의 한복판에 서 있는 것이다. 그러나 그 끝이 혁명의 완성일지, 아니면 허무한 거품의 종말일지는 이들 젊은 리더들이 내놓을 다음 결과물에 달려 있다. 향후 마주할 진실은 오직 하나 '수익'이라는 이름의 냉혹한 성적표뿐이다.

2

환율의 배신

: 고환율은 일시적 충격이 아니라 구조가 됐다

"최근 원화 약세와 고환율은 일시적 현상이 아니라 한국 경제의 구조 변화로 나타난 '고환율 뉴노멀'의 신호이다. 단기 처방이 아니라 경제 체질을 바꾸는 구조적 대응이 필요하다."

최근 원·달러 환율이 1,400원대를 훌쩍 넘어 1,500원 선까지 넘보는 고공행진을 지속하고 있다. 과거에는 환율 급등을 일시적 현상으로 치부했다. 하지만 트럼프 2기를 기점으로 고환율 뉴노멀 New Normal 시대로의 진입을 시사하며 한국 경제에 심각한 경고음을 울리고 있다. 2025년 초부터 11월 말까지 평균 환율은 1,415원 정도로 외환 위기 당시인 1998년 1,394원, 글로벌 금융위기 직후인 2009년 1,276원보다 높았다. 사상 최대 규모의 경상수지 흑자와 높은 신인도에도 환율이 국가부도 위기 때보다 높은 수준으로 치솟은 것이다.

환율은 한미 관세 협상 타결 이후 하락하는 듯했으나 그 흐름은 오래가지 못했다. 통상에 대한 불확실성은 해소됐지만 원화 약세 압력은 높아지고 있다. 2025년 마지막 금통위에서도 고환율에 대한 부담으로 4차례 연속 금리를 동결했다. 2025년 11월 30일 국제통화기금IMF은 한국의 국내총생산GDP 성장률을 달러 기준으로 마이너스(0.9%)를 기록할 것으로 추산했다. 더욱 심각한 건 2025년 말 기준으로 원화의 실질 가치가 2008년 글로벌 금융위기 이후 최저 수준으로 추락했다는 점이다. 실질실효환율 지수는 89.09다. 국제통화기금IMF 구제금융을 받던 1998년(86.63)과 비교해도 크게 높지 않은 수준이다. 실질실효환율 지수가 낮으면 국제 교역에서 원화가 지닌 구매력이 그만큼 떨어졌다는 의미다.

한국 경제는 원유와 곡물 등 핵심 원자재의 수입 의존도가 매우 높으므로 고환율은 수입 물가를 급속히 상승시킨다. 원자재 수입 단가 상승은 기업의 생산 비용을 높인다. 이는 최종적으로 소비자 물가에 반영돼 고물가를 일으킨다. 소득은 그대로인데 생활비가 늘어나면서 실질적인 가계 구매력이 감소하게 된다. 이는 서민 경제를 가장 크게 위협하는 요소이며 소비 심리를 위축시켜 내수 경기 침체를 가속하는 악순환의 고리가 된다. 결국 고환율로 인한 가장 심각한 타격은 일반 서민들이 받게 되는 것이다.

과거 고환율의 수혜를 입었던 수출 기업조차 원자재 가격 상승으로 인해 원가 부담이 커지면서 마진이 축소되고 있다. 특히 정유, 철강, 항공 등 외화 결제 비중이 높은 업종은 고환율의 직격탄을 맞고 있다. 얼마 전까지 원·달러 환율 상승은 전통적으로 수출 대기업에 호재라는 공식이 있었다. 국내에서 생산한 제품을 해외에 판매하는 구조에서는 환율 상승은 곧 수익성 증가로 이어졌기 때문이다. 그러나 이제 이 공식은 더 이상 유효하지 않거나 오히려 고환율이 수출 기업에도 재무 부담을 안겨주는 상황이 됐다. 핵심적인 이유는 기업의 구조적 변화에서 찾을 수 있다.

해외 공장에서 생산해 현지 통화로 판매하는 기업이 늘어난 것이다. 대표적으로 LG에너지솔루션, SK온, 삼성SDI 등 배터리 3사의 경우 국내 수출 물량은 전체 생산능력의 6.4%에 불과하며 대부분을 해외에서 생산하는 것으로 나타났다.

기업들의 해외 투자가 급증한 것도 수출 기업이 고환율의 수혜를 입지 못하는 이유다. 이러한 해외 투자는 대부분 해외에서 벌어들인 달러로 충당하지만 부족한 자금은 '달러 빚'으로 메워야 한다. 이 때문에 환율이 10% 상승하면 배터리 3사의 원화 환산 투자금은 1조 원 이상 늘어나는 등 해외 투자비 부담이 커진다. 장비와 원료 수입이 많은 반도체 업계 역시 고환율에 부담을 느끼는 분위기다. 참고로 한국은행 자료에 따르면 2025년 9월 말 기준으로 기업의 해외 투자 규모는 9,067억 달러, 국민연금 해외 투자는 5,140억 달러, 서학개미는 1,963억 달러를 투자한 것으로 나타났다.

또한 기업들이 수출할 때 환 헤지를 통해 환율 리스크를 미리 관리하는 것이 일반화됐기 때문에 환율이 올라가도 환차익이 없다. 환 헤지는 환율이 떨어질 때 손실을 회피하기 위한 수단이다. 환율이 올라도 환차익은 발생하지 않는다. 물론 현대차와 기아와 같은 완성차 업체처럼 국내 협력사에서 원화로 부품을 구매하고 해외에서 달러로 판매 대금을 받는 일부 업종에는 환율 상승이 여전히 호재로 작용한다.

이러한 상황에서 무엇보다 심각한 문제는 고환율 자체가 한국 경제의 펀더멘털 약화, 즉 낮은 성장률과 투자 위축의 한 징표로 해석되면서 원화 가치의 하락 압력이 고조되고 있다는 것이다. 이에 정부는 2025년 말부터 기획재정부, 복지부, 한국은행, 국민연금이 참여하는 '4자 협의체' 가동에 들어갔다. 환율 조정에 국민연금을 동원하는 것 아니냐는 시각에 대해 선을 그었다. 하지만 국민연금이 해외 투자를 할 때 환 헤지를 해 최대한 달러 수요를 줄이는 방안과 변동성이 커지면 해외 자산을 매각해 국내 시장에 달러를 공급할 가능성을 배제할 순 없다. 이 경우 국민의 노후 자금이 환율 압력을 완화하는 데 어느 선까지 나서야 하는지, 또 그 책임은 누가 져야 하는지에 대한 논란은 계속될 전망이다.

원·달러 환율은 기본적으로 달러의 수요와 공급으로 결정되지만 다양한 경제적 정치적 요인이 작용한다. 최근 원화 약세는 글로벌 요인과 한국 고유의 구조적인 달러 수요 증가 요인이 복합적으로 작용한 결과다. 미국이 금리 인하나 유동성 확대를 통해 달러 약세를 유도하더라도 글로벌 금융시장에서 러시아-우크라이나 전쟁과 미중 갈등과 같은 지정학적 리스크나 경기 불확실성이 커지면 안전자산으로 인식되는 미국 달러를 선호하게 된다.

그러나 현재 한국의 고환율 장기화는 단순히 미국 금리 정책이나 대외 불확실성만의 문제가 아니다. 미국과의 금리 차가 여전히 원화 약세에 한몫하고 있는 가운데 가장 큰 구조적 요인은 국내 기업과 개인의 해외 투자 증가와 수출 대금의 비환전이다. 과거에는 경상수지 흑자가 달러 공급을 늘려 환율 하락 압력으로 작용했다. 하지만 최근에는 달러를 사서 해외로 보내는 규모가 이 흑자 효과를 상쇄하거나 능가하고 있다.

주식투자로 인한 순유출액과 기업의 대미 직접 투자 규모가 사상 최고치를 기록하며 구조적으로 국내에서 해외로 나가는 달러 수요가 급증한 것이다. 이는 한국 경제의 성장 잠재력 약화에 대한 우려와 더불어 더 높은 수익률을 찾아 해외 자산으로 자금이 이동하는 자연스러운 현상이다. 2025년 11월 개인 투자자가 해외 주식에 투자한 규모는 68억 달러로 같은 기간 무역수지 흑자 60억 달러보다 큰 규모다. 개인 달러 예금 잔액도 올해 들어 최대치를 기록했다.

또한 수출 대기업들이 벌어들인 달러를 국내에서 환전하지 않고 달러 예금 형태로 쌓아두는 '레깅 전략Legging Strategy'을 취하는 경향이 커졌다. 레깅은 외환 결제 시점을 의도적으로 조절해 환율 변동의 위험을 회피하거나 이익을 얻으려는 환율 위험 관리 전략이다. 고환율이 더 오래 지속될 것이라는 기대감 때문에 원화 환전을 늦추면서 외환 시장의 달러 공급 부족을 심화시키고 있다. 레깅으로 기업이 보유하고 있는 규모는 2025년 9월 말 기준 918억 달러에 달했다.

환율이 급등락하면 정부가 외환시장에 개입해 속도와 방향을 조절해 왔다. 하지만 이제는 과거처럼 단기적인 시장 안정 관리만으로는 문제를 풀 수 없는 뉴노멀 시대에 접어들었다. 외환시장을 둘러싼 환경이 과거와 크게 달라졌기 때문에 단기 처방이 아닌 중장기 구조개혁이 필요하게 된 것이다. 기업의 생산성과 자본수익률을 높이기 위한 혁신과 더불어 해외 투자 쏠림 현상 완화, 수출 기업의 환전 유도 방안, 외국인 투자 유치 확대 등 구조적 접근으로 '환율 체질 개선'을 해야 한다. 특히 관세 협상에 따른 외환 수급 관리 방안도 서둘러 마련해야 한다.

고환율의 뉴노멀 시대 한국 경제는 새로운 현실에 적응하고 대비해야 하는 갈림길에 서 있다. 이제는 원화 가치 하락이 수출 경

쟁력으로 이어진다는 낡은 공식을 깨고 구조적 변화에 맞는 새로
운 정책 패러다임을 구축해야 할 때다.

3

원화의 고립

: 달러 인덱스 하락에도 원화는 강해지지 않았다

"원화 약세와 글로벌 불확실성이 커지는 상황에서 한국 경제를 안정시키기 위해서는 환율, 금리, 자본 흐름을 함께 고려한 균형 잡힌 통화정책이 무엇보다 중요하다."

신라면, 짜파게티, 새우깡, 스타벅스, 아메리카노 등 국민 먹거리 가격이 줄줄이 올랐다. 원·달러 환율이 상승했다는 이유다. 원화는 주요국 통화와는 달리 유독 약세를 면치 못했다. 트럼프 정부의 약달러 정책으로 미국 달러화의 가치를 나타내는 미국 달러 인덱스가 2025년 1월 5일 109.8에서 9월 15일 97.5로 11% 이상 하락했다. 50년 만에 가장 큰 하락 폭이며 2010년부터 시작된 15년간의 강세 주기가 끝난 것이다. 세계적인 투자은행 모건스탠리는 2026년 말까지 10% 정도 추가 하락할 가능성이 있다고 전망했다. 트럼프 정부는 높은 관세로 소득세를 대체하고 동시에 다양한 약달러 정책으로 미국 제조업의 부활을 통한 일자리 창출과 무역흑자를 기대하고 있다.

달러 인덱스는 1971년 8월 15일 미국의 금본위제도 포기 선언으로 브레턴우즈 체제가 무너진 후 수시로 변하는 달러의 가치를 객관적으로 평가하기 위해 1973년 미국 연방준비제도Fed를 만들었다. 달러의 가치는 1944년 브레턴우즈 체제 이후 금 1온스에 35달러로 고정됐다. 달러 인덱스는 1973년 3월값을 100으로 했으며 경제 규모가 크거나 통화가치가 안정적인 세계 주요 6개 통화인 유로, 일본 엔, 영국 파운드 스털링, 캐나다 달러, 스웨덴 크로나, 스위스 프랑을 경제 규모에 따라 비중을 달리해 구성했다. 유로화 57.6%, 엔화 13.6%, 파운드화 11.9%, 캐나다 달러 9.1%, 스웨덴 크로나 4.2%, 스위스 프랑 3.6%의 비율이다. 국가별 비중은 1999년 초 유로에 여러 유럽 통화가 포함됐을 때 한번 바뀌었을 뿐 초기 비중을 그대로 유지하고 있다.

달러 인덱스는 미국 연방준비제도Fed가 작성해 발표한다. 기준점과 비교해 달러의 종합적인 가치 상승과 하락을 쉽게 파악할 수 있다. 예를 들어 현재 달러 인덱스가 90이라면 기준점 100보다 10이 낮아진 것이니 달러의 가치가 10% 떨어졌다고 볼 수 있다. 반대로 달러 인덱스가 110이라면 기준점인 1973년 3월 대비 달러의 가치가 10% 상승했다는 뜻이다.

달러 인덱스는 환율, 금리, 수입품과 수출품 가격 변동 등 글로벌 경제 시장 전반에 영향을 준다. 달러는 기축통화로 세계 각국의 무역에 사용되고 있어서 달러 인덱스가 변동되면 수입품과 수출품의 가격이 상승하거나 하락하는 영향을 가져온다. 일반적으로 달러 인덱스가 오르면 주식시장과 함께 상품시장 등은 대체로 약세를 띨 것으로 전망한다. 반대로 내려가면 금, 은, 원유, 곡물 등 달러로 거래되는 상품 가격은 오르는 경향을 보인다.

그러나 과거 달러화 가치가 하락했던 시기의 주가와 금리 등 금융시장의 반응은 일관적이지 않았다. 1980년 이후 달러가 고점 대비 10% 이상 하락한 사례는 아홉 차례였는데 주가와 국채금리 흐름은 원인에 따라 달랐다. 통화 완화에 대한 기대가 달러 약세를 이끌면 주가 상승세가 나타났지만 경기 둔화 우려나 위험 확대가 동반되면 주가 상승은 거의 없었다. 국채금리 역시 달러와 직접 연동되기보다 경기와 위험 요인에 따라 하락 혹은 상승했다.

또한 달러 인덱스는 세계적으로 큰 사건이 발생했을 때 크게 오르거나 내리는 모습을 보였다. 1970년대 후반 미국의 실업률과 물가가 동시에 오르자 당시 미국 연방준비제도Fed 의장이었던 폴 볼커는 연방 기금 금리를 짧은 기간에 21%까지 인상했다. 그러자 달러 인덱스는 역대 최고점인 164.7까지 올랐다. 반대로 서브프라임 모기지 사태 때는 달러 인덱스가 70.6까지 하락했다. 달러 인덱스는 사회 전반에 영향을 미치는 사건이 발생했을 때 세계 경제 상황을 반영한다는 특징이 있다. 즉 세계 경제의 나침반 역할을 하는 것이다.

세계적으로 달러 약세의 흐름이 명확한 상태에서 예상과는 달리 원화의 가치는 약세 쪽으로 기우는 느낌이다. 물론 달러 인덱스는 6개 주요국 통화를 기반으로 하고 있다. 따라서 달러 인덱스가 내려갔다고 해서 인덱스 구성에 포함되지 않는 원화의 가치가 자동으로 상승하는 것은 아니다. 그러나 미국 정부가 적극적으로 달러 약세 정책을 펴는 상황에서 원화가 유독 다른 행보를 보이는 것은 글로벌 흐름을 따라가지 못하고 있다는 의미다. 과거에는 달러 인덱스와 원·달러 환율은 0.9에 가까운 상관관계를 보였지만 2025년 들어 디커플링Decoupling 현상이 심화하고 있다. 2026년에도 달러화가 약세를 보인다고 해서 원·달러 환율 하락으로 이어진다고 예단하기 쉽지 않은 이유다.

미국이 금리 인하나 유동성 확대를 통해 달러 약세를 유도하더라도 글로벌 금융시장에서 지정학적 리스크나 경기 불확실성이 커지면 안전자산으로 인식되는 미국 달러를 선호하게 된다. 이 경우 달러가 약세를 목표로 했음에도 실제로는 달러 강세 흐름이 유지되거나 원화로의 자금 유입은 제한되기 때문에 환율이 예상과 다르게 움직일 수 있다.

전문가들은 위안화의 움직임, 한국의 경제 펀더멘털, 수급 요인 등 국내외의 복합적인 요인들이 현재의 디커플링 현상을 만들고 있다고 분석하고 있다. 원화는 한국의 높은 대중 수출 의존도와 지정학적 관계로 인해 중국 위안화의 흐름에 많은 영향을 받는다. 원화는 달러보다는 오히려 위안화와 '커플링Coupling'되고 있다는 것이다. 달러 인텍스가 하락하더라도 원화는 위안화에 동조해 약세를 보일 수 있다는 뜻이다. 2025년 달러·위안화 환율은 연초에는 달러 약세에 힘입어 위안화가 강세를 보였으나 중국 경제의 불안정과 인민은행의 완화적 통화정책으로 위안화가 약세로 돌아섰다. 특히 미국 관세 부과에 대응하려고 일부러 위안화의 가치를 낮추고 있다.

또한 국민연금 등 국내 기관투자자들과 우리 국민의 해외 투자가 증가하는 것도 원화 약세의 중요한 원인으로 꼽힌다. 2024년 한국의 해외 주식투자 규모는 사상 최대를 기록했다. 해외 투자로 인한 달러의 지속적인 수요가 늘어났다. 아울러 높은 관세를 피하고자 미국에 공장을 짓거나 생산 시설을 늘리는 데 필요한 엄청난 달러 수요도 원화의 약세를 막았다.

미국과의 금리 차도 원화 약세에 한몫하고 있다. 2025년 9월 기준 미국 금리는 4.50%, 한국은 2.50%로 기준금리 차가 2%포인트나 난다. 금리 차가 클수록 외국 자본이 미국 쪽으로 갈 유인이 크다. 미국 국채 수익률이 더 높고 환율 변동 위험을 고려해도 미국 자산이 매력적이기 때문이다. 따라서 한국이 금리를 더 올리거나 미국보다 훨씬 더 낮아지지 않으면 원화가 강세로 가기는 힘들 것이다.

원유와 곡물 등 원자재 가격은 달러가 하락하면 상승하는 경향을 보인다. 한국은 수입 비중이 높아 달러 수요가 증가하게 된다. 수출업체가 환율 상승을 기대하며 벌어들인 달러를 풀지 않는 것도 원화 약세를 거들고 있는 느낌이다. 일반적으로 원화 가치가 하락하면 수출 가격경쟁력이 개선돼 수출에 긍정적이라는 믿음이 있었다. 하지만 과거와 달리 득보다 실이 커지고 있다. 미중 패권전쟁에 따른 글로벌 공급망 불안과 미국의 생산 시설 유치 압박 등으로 수출 증대 효과는 제한적이고 오히려 물가가 상승해 국민의 삶이 질이 많이 떨어지고 있기 때문이다.

급격한 글로벌 경제 변동성과 무역 전쟁이 어려운 한국 경제를 복합 위기로 내몰고 있다. 그러나 이해 당사자들은 입장에 따라 금융당국에 상반된 해결책을 요구하고 있다. 어렵지만 모두를 설득할 수 있는 균형 잡힌 금융 통화정책이 시급한 이유다. "폭풍우가 몰아칠 때 가장 중요한 것은 절대로 배의 키를 놓지 않는 것이다."라는 격언을 새겨야 할 때다.

4

신뢰의 장치

: 통화 스왑은 위기 국면에서 작동한다

"한미 협상은 '좋은 담장이 좋은 이웃을 만든다.'라는 시구처럼 각자의 이익과 안정성을 지키는 균형 있는 장치를 마련해야 지속가능한 협력이 가능하다."

한미 양국은 2025년 7월 30일 미국이 한국에 부과하는 상호관세와 자동차 관세를 25%에서 15%로 낮추는 대신 한국이 미국에 3,500억 달러를 투자한다고 합의했다. 그러나 2개월 반이나 흐른 10월 중순까지 후속 협상은 교착상태에 빠졌다. 투자 방식과 수익 배분을 두고 견해차가 크기 때문이다. 특히 미국이 한국의 경제 규모와 보유외환 등을 고려하지 않은 상태에서 자국의 인플레이션, 공급망 재편, 중간 선거 등 정치 경제적 배경에 따른 '무리한 요구'를 한 것이 발목을 잡았다. 한국은 미국에 투자하는 3,500억 달러를 상한선 개념으로 이해하며 현금 투입은 최소화하고 대출과 보증을 주된 방식으로 상정했다. 반면 미국은 전액 현금 투자를 주장했다. 그것도 '선불'로 하라는 것이다.

한국의 외환보유고는 2025년 9월 말 기준 약 4,163억 달러다. 3,500억 달러는 외환보유고의 84%나 된다. 이 금액을 송금하면 한국은 외환위기에 직면할 가능성이 커진다. 송금 후 잔액은 663억 달러로 국제통화기금IMF이 권고하는 한국의 적정 보유액 하한선인 4,700억 달러의 14% 수준으로 떨어지게 된다. 과거 1997년 외환위기와 글로벌 금융위기 이후 30년 가까이 탄탄하게 쌓아올린 외환 방어벽을 대미 투자로 하루아침에 허무는 셈이다.

한국은 이러한 위기에 대비하기 위해 미국 측에 '무제한 통화 스왑Unlimited Currency SWAP'을 '필요조건'으로 요구했다. 금액과 기간 제한 없이 원화를 맡기고 달러를 쓸 수 있게 해달라는 것이다. 달러 유동성 안전망을 구축해 제2의 국제통화기금IMF 사태만은 막아야 한다는 것이다. 하지만 미국의 반응은 부정적이다.

무제한 통화 스왑은 중앙은행 간의 협정인데 유사시 자국의 화폐를 맡기고 약정된 금리를 내면 상대방 통화를 무제한으로 빌릴 수 있도록 하는 것이다. 사실상 '달러 마이너스 통장'과 유사하게 한도 없이 달러를 조달할 수 있다. 이는 대규모 달러 유출로 인한 외환시장 충격을 완화하고 외환위기를 방지하는 안전판 역할을 한다. 특히 한국처럼 대외 의존도가 높은 국가에서는 외환시장 건전성 악화가 국가 신뢰도를 저해하고 외환위기로 이어질 가능성이 높다. 이때 무제한 통화 스왑은 외환시장을 보호하고 예측 불가능한 상황에 대비할 수 있게 한다. 결국 외환위기나 금융시장이 불안할 때 '심리적 안정 효과'를 주는 중요한 장치로 작용하는 것이다.

실제로 2008년 글로벌 금융위기 당시 한국은 미국과 300억 달러의 긴급 통화 스왑을 체결했다. 또한 2020년 팬데믹 때도 600억 달러의 통화 스왑을 맺었다. 최초 기간은 6개월이었지만 3차례 연장을 거쳐 2021년 12월 31일 종료됐다. 그 결과 원·달러 환율이 큰 폭으로 떨어지며 불안했던 외환시장이 빠르게 안정됐다. 2025년에는 경제적 위기를 겪는 아르헨티나에 희토류와 우라늄 자원 개발에 미국 기업이 참여하는 것을 전제로 200억 달러의 미아 통화 스왑을 체결했다.

미국이 요구한 3,500억 달러는 한국이 1년에 외환시장에서 조달할 수 있는 금액인 200~300억 달러의 10배가 넘는다. 외환시장이 위험해질 수 있다고 우려하는 것도 무리는 아니다. 대미 투자로 자본 유출 우려와 금융시장에 미치는 부정적인 효과는 물론 환율이 폭등할 가능성이 높은 것도 걱정거리다.

그래서 우리 정부는 일시적인 스왑이 아니라 무제한 스왑을 요구한 것이다. 이번 투자로 인한 외화 부족 사태가 언제 끝날지 모르기 때문이다. 우리나라는 2025년 2월 말 기준 캐나다, 중국, 스위스, 인도네시아, 일본, 호주, 아랍에미리트UAE, 말레이시아, 튀르키예 등과 약 1,500억 달러 규모로 통화 스왑을 맺고 있지만 3,500억 달러에는 턱없이 못 미치는 수준이다. 그러나 미국과의 무제한 통화 스왑 협정이 성사되면 대미 투자액이 빠져나가더라도 환율이나 투자심리에도 긍정적인 영향을 줄 수 있는 것이다. 주식과 채권시장에서도 해외 자금을 묶어둘 수도 있다. 결국 미국과의 통화 스왑은 한미 통상 협상에서 중요한 과제일 뿐만 아니라 국가 경제의 안정성을 유지하기 위한 핵심 장치인 셈이다.

하지만 미국은 유럽연합, 영국, 스위스, 캐나다, 일본 등 기축통화국에 한정해서 무제한 통화 스왑 협정을 체결하고 있다. 해당 통화의 국제적 위상, 금융시장의 안정성, 그리고 협력 관계 등을 종합적으로 고려한 결과다. 전 세계적으로 광범위하게 사용되고 신뢰도가 높으며 외환시장에서 쉽게 거래될 수 있는 충분한 유동성을 가진 통화만을 대상으로 한다는 것이다. 원화는 국제 기축통화도 아니고 글로벌 외환시장 거래 비중도 작아서 한국과는 무제한 통화 스왑 체결을 할 수 없다는 태도다.

통화 스왑은 동서 냉전의 산물이다. 미국과 소련의 긴장 상태가 극에 달한 상황에서 1961년 케네디 대통령이 취임하자 S&P500 지수는 경험이 적은 젊은 대통령에 대한 우려로 23%나 폭락하며 금융시장은 크게 요동쳤다. 이에 불안을 느낀 미국 연방준비제도 Fed는 영국, 독일, 프랑스, 이탈리아, 벨기에, 스위스, 네덜란드, 오스트리아, 스웨덴 등 9개국과 국제결제은행에 달러를 맡기고 외화를 빌려달라고 요청했다. 계약기간은 3~6개월에 불과했지만 금융시장은 빠르게 안정됐다. 아이러니하게도 통화 스왑은 이렇게 유럽 중앙은행들이 궁지에 몰린 미국을 돕기 위해 탄생했다.

협상의 교착상태가 길어지자 김정관 산업통상부 장관은 "한미 관세 협상은 이견을 좁히고 있고 무제한 통화 스왑 체결 논의가 있었다. 미국과 외환시장의 민감성 등과 관련해 상당한 공감대가 이뤄졌다고 생각한다."라고 밝혔지만 구체적인 진전은 없었다. 우리 정부는 협상 '속도'보다 '국익'을 우선시한다는 태도를 고수하고 있다. 하지만 미국은 고율 관세로 복원시키겠다며 조속한 합의를 요구함과 동시에 반도체·바이오 분야에 대한 추가 관세 부과와 투자금 선불 지급 등을 요구하며 여러모로 압박하고 있다. 최악의 시나리오는 미국이 한미 관세 협상 파기를 선언하며 상호관세와 자동차 품목별 관세를 25%로 유지하는 것이다. 하지만 이런 상황은 발생하지 않을 거란 의견이 지배적이다. 여러 면에서 양국의 상호 의존도가 낮지 않은 만큼 양측 모두 타결을 원한다는 것이다.

그런데도 미국 법률과 정치 사정을 고려해 볼 때 무제한 통화 스 왑은 거의 불가능에 가깝다는 것이 전문가들의 일관된 의견이다. 통화 스왑의 체결 권한은 행정부가 아니라 연준이 갖고 있다. 그런 데 연준은 특정 국가의 외환시장 불안을 이유로 단독으로 상시 스 왑을 맺는 것은 미국의 목적에 들어맞지 않는다는 태도를 고수하 기 때문이다. 그러다 보니 한국은 차선책으로 현금 일괄 투입 대 신 대체 수단을 중심으로 협상 전선을 재정비하고 있다. 스왑의 규 모, 금융 지원 방식 변경, 시차를 둔 단계적 투자 방안 등을 포함하 고 있다. 조선, 반도체, 배터리 등 핵심 산업 분야의 협력 중요성도 부각하고 있다. 이미 반도체, 배터리, 철강, 자동차 등에서 1,000억 달러 이상의 투자 계획도 내놨다. 관세를 넘어 포괄적인 동맹 및 경제 협력의 틀에서 해결책을 모색하고 있는 것이다.

"좋은 담장이 좋은 이웃을 만든다."라는 구절이 있다. 미국의 시 인 로버트 프로스트Robert Frost가 1914년에 발표한 시 「담장을 고 치며」에 나와 세계적으로 유명해진 구절이다. 미국이 어려울 때 중 앙은행 간 통화 스왑을 발명한 윌리엄 맥체스니 마틴 주니어William McChesney Martin Jr. 연방준비제도Fed 의장이 우방국에 손을 내밀 때 자주 인용했다고 한다. '좋은 담장'은 자국의 이익을 보호하면서도 상호 공존이 가능한 '적절한 높이'가 핵심이다. 한국 경제의 불안정 은 곧 글로벌 공급망의 혼란을 의미한다. 이는 결국 미국의 인플레 이션 대응과 경제 안정화 노력에 악영향을 줄 수 있다. 미국은 책 임 있는 자세로 우방국과의 협상을 완결해야 할 것이다. 조속한 시 일 내에 좋은 담장을 맞댄 좋은 이웃을 만나길 기대한다.

5

부채의 역습

: 사모펀드의 영끌 경영은 시장에 경고를 보낸다

"과도한 차입매수LBO는 기업 경쟁력을 떨어뜨리고 무너뜨릴 수 있다. 특히 국가 핵심 산업에서는 이에 대한 엄격한 규제가 필요하다."

홈플러스가 기업회생절차에 들어가면서 세계 최대의 장난감 회사였던 토이저러스가 소환됐다. 홈플러스의 상황이 과거 토이저러스의 사례와 너무나 닮았기 때문이다. '장난감 천국'으로 불리며 전 세계 어린이들의 사랑을 받았던 토이저러스는 2017년 파산했다. 1948년 설립된 토이저러스는 한때 세계 1,600개 매장에서 115억 달러의 매출을 올리며 승승장구했다. 그러다 미국 신생아 수의 감소와 아마존의 등장으로 인한 오프라인에서 온라인으로의 소비 패턴 변화로 매출이 급격하게 줄며 위기를 맞기 시작했다. 경영 사정이 악화하고 있던 상황에서 2005년 사모펀드가 75억 달러에 토이저러스를 인수했다.

사모펀드는 인수 자금 중 70% 이상을 금융권에서 빌렸다. 돈을 빌려서 회사 경영권을 인수하는 소위 차입매수LBO를 한 것이다. 과도한 대출로 이자 비용만 연간 수천억 원을 지급해야 했다. 그로 인해 회사 현금흐름의 절반가량이 이자 비용에 사용됐다. 그러다 보니 점포 확장, 마케팅, 온라인 사업의 성장을 꾀할 여력이 부족할 수밖에 없었다. 결국 막대한 부채 부담으로 토이저러스는 2017년 기업회생제도인 미국 연방파산법 제11장Chapter 11을 신청했다. 부채를 탕감받고 재기를 노렸으나 끝내 무산됐다. 이처럼 토이저러스의 파산은 사모펀드의 무리한 차입경영이 얼마나 위험한지를 보여주는 대표적인 사례다.

1991년 삼성그룹은 신세계를 계열 분리한 후 새롭게 유통업에 진출하기 위해 삼성물산에 유통사업부를 신설했다. 1997년 삼성물산은 대구에 홈플러스라는 이름으로 대규모 할인 매장을 열었다. 그러나 국제통화기금IMF 외환 위기가 터지면서 경영이 어려워지자 삼성물산은 홈플러스를 분리해 1999년 영국 테스코와 삼성테스코라는 합작사를 설립했다. 그 후 2005년에는 아람마트를 인수했고 2008년에는 한국카르푸를 흡수 합병했던 이랜드리테일(홈에버)까지 인수하면서 규모를 키워나갔다. 그러다 2011년 삼성은 모든 주식을 테스코에 넘기고 유통업에서 손을 뗐다. 이때 사명이 삼성테스코에서 지금의 홈플러스로 변경됐다. 그러나 영국 본사에 심각한 문제가 발생한 테스코는 2015년 홈플러스를 MBK파트너스라는 사모펀드에 7조 2,000억 원에 매각했다. 홈플러스의 차입금 1조 2,000억 원을 승계한 것을 제외하면 MBK의 실제 인수 금액은 6조 원이었다.

MBK는 전체 인수 금액의 절반에 달하는 3조 1,000억 원을 홈플러스 주식과 부동산을 담보로 은행권에서 대출받아 조달했고 2조 4,000억 원은 이미 조성했던 MBK 3호 펀드에서 투자했다. 나머지

7,000억 원은 상환전환우선주RCPS로 충당했다. 결국 부채 성격의 상환전환우선주를 포함 총 3조 8,000억 원의 부채를 안고 인수한 것이다. 그러나 인수 후 시간이 지나면서 지나치게 높은 부채 규모는 계속 회사 경영에 부담을 안겼다. 회생절차를 신청한 시점에서 홈플러스의 이자보상배율은 0.7배에 불과해 영업이익으로는 이자도 낼 수 없는 상황이 된 것으로 알려졌다. 갑작스럽게 회생절차에 들어가면서 금융권, 납품업체, 입점업체 및 임직원들에 이르기까지 모든 이해관계자의 막대한 손실이 예상된다. 국민연금도 수천억 원에 달하는 대규모 투자 손실 위험에 놓였다.

홈플러스의 경우, 파산까지 가진 않았지만 온라인 환경에 밀린 오프라인 유통이란 산업적 환경 변화뿐만 아니라 사모펀드에 의한 무리한 차입경영으로 인한 막대한 부채가 결국 회사의 발목을 잡았다는 점에서 토이저러스와 유사하다. 두 사례는 인수 금액과 차입 규모도 비슷하다. 한편 홈플러스는 회사 소유 매장을 매각해 자금을 확보하고 그 매장을 재임대하는 방식으로 차입금을 상환했다. 그런데 실적이 좋은 '알짜 매장'을 먼저 매각하면서 경쟁력을 상실했고 자가 매장이 임대 매장으로 전환되면서 임대비용 부담으로 재무구조가 더 나빠졌다는 평가를 받았다.

보통 사모펀드가 차입매수LBO 방식으로 회사를 인수할 때는 일단 서류상으로만 존재하는특수목적법인SPC을 설립해 인수에 필요한 금액을 조달한다. 자금 조달 방법은 세 가지다. 가장 먼저 자신들이 갖고 있는 펀드에서 일부 자금을 넣는다. 그다음은 금융권에서 인수 금액의 50%~80%까지 돈을 빌린다. 나머지는 다른 투자자를 찾는 것이다. 예를 들어 ABC라는 회사를 인수하는 데 필요한 자금이 6조 원이라 하면 가칭 'ABC투자'라는 특수목적법인SPC을 만들고 2조 원은 펀드에서 만들고, 3조 원은 은행에서 피인수 기업의 자산을 담보로 대출받고, 나머지 1조 원은 또 다른 투자자로부터 조달하는 것이다. 이런 방식을 차입매수라 하는 데 쉽게 말하면 돈을 빌려서 회사를 산다는 뜻이다. 그리고 통상 3년에서 5년 안에 인수 가격보다 더 높은 금액으로 회사를 매각한다. 그러나 계획대로 회사의 가치가 올라가지 않고 반대로 떨어지게 되면 엄청난 손실이 발생한다. 부동산으로 비유하면 '영끌'로 집을 사고 그 집에서 나오는 월세로 빚을 갚으면서 집값이 오르면 매각해서 막대한 이익을 얻겠다는 것이다. 그렇지만 집을 산 후 이자를 갚느라 '하우스푸어'가 되거나 집값이 폭락해 순식간에 쪽박을 차는 위험성은 항상 상존한다.

차입매수LBO는 장단점이 명확하다. 장점은 인수 규모에 비해 적은 금액으로 경영권을 확보할 수 있다는 것과 차입금에 대한 이자가 비용으로 계산되므로 법인세가 절감된다는 것이다. 반면 단점은 경제 상황이나 경영이 부실해지면 지나친 이자 부담으로 회사가 쉽게 망가질 수 있다는 것이다. 결국 '고위험 고수익' 게임이다.

그런데 이러한 MBK의 차입매수LBO 방식 투자가 고려아연 경영권 인수에도 진행되고 있어 시장의 우려를 자아내고 있다. 자칫하면 홈플러스 사태가 재현될 수 있다는 것이다. MBK는 고려아연 주식 공개매수와 장내 매수로 1조 5,000억 원 정도를 투입했다. 그중 70%가 넘는 약 1조 1,100억 원이 증권사로부터 빌린 돈이다. 그리고 경영권 확보를 위해 영풍이 보유한 고려아연 주식까지 인수하면 MBK의 차입금은 수조 원대로 늘어날 가능성이 크다. 이렇게 차입금이 늘어나면 연구개발이 가장 큰 타격을 입게 될 것은 뻔하다. 회사의 영업이익으로 당장 이자를 갚기도 벅찬데 미래를 위한 투자는 당연히 뒷전으로 밀릴 수밖에 없을 것이기 때문이다. 고려아연의 비즈니스 특성상 연구개발이 위축되면 국가 산업 역량의 약화로 이어진다. 특히 첨단 소재와 이차전지 관련 기술개발이 지연되면 글로벌 공급망에서 한국의 위상이 크게 흔들릴 수도 있다.

단기간에 투자금을 회수해야 하는 사모펀드의 특성을 고려하면 거액의 배당금은 물론 계열사 매각과 핵심기술 판매 등을 추진할 수밖에 없다. 더욱이 경영권 분쟁으로 2026년 2월 기준 35조 원으로 커진 고려아연의 시가총액을 고려하면 향후 MBK가 제삼자에게 다시 경영권을 매각해서 차익을 실현하기는 쉽지 않아 보이기 때문이다. 그래서 벌써 제2의 홈플러스를 걱정하고 있다. 사모펀드의 차입매수LBO 자체가 문제가 아니고 지나친 영끌과 그 대상이 국가 기간 산업이라는 점이다. 따라서 고려아연과 같은 국가전략 산업을 영위하는 기업의 경우, 차입매수를 엄격히 제한하는 국가 차원의 가이드라인이 필요하다. 예를 들면 차입금 한도를 제한하거나 연구개발 투자를 일정 수준으로 유지해야 한다는 조항들이다.

한국 경제는 미국이 촉발한 관세 전쟁으로 그 어느 때보다 위기감이 고조되고 있는 상황에서 글로벌 경쟁력을 지닌 기업들에 대한 세심한 관심과 경영권에 대한 제도적 뒷받침이 절실하다.

6

실패의 처방

: 사나에노믹스는 장기 침체에 대응하는 실험이다

"사나에노믹스는 대규모 재정 투자로 일본 경제의 체질을 바꾸려는 공격적 성장 전략이다. 그 결과는 일본뿐 아니라 한국 경제에도 큰 영향을 미칠 수 있다."

일본 최초 여성 총리인 다카이치 사나에의 경제 정책인 사나에노믹스Sanaenomics는 과거 아베 전 총리의 아베노믹스가 미처 달성하지 못한 '지속가능한 물가 상승과 임금 인상의 선순환 구조'와 '장기적인 성장 잠재력 확보'라는 두 마리 토끼를 잡기 위해 설계됐다. 기본적으로 아베노믹스를 계승하지만 재정건전성의 대표적 지표인 '기초재정수지Primary Balance 흑자 달성'을 사실상 포기하고 '명목 국내총생산GDP 성장'을 최우선으로 내세우고 있다. 재정을 무제한으로 동원해 경제를 부양하겠다는 매우 공격적인 정책이다. 또한 국가 주도의 전략산업 투자를 전면에 내세우며 '강한 일본'의 경제 체질을 구축하겠다는 야심도 드러내고 있다.

다카이치 정부 출범 직후 닛케이지수가 10% 이상 상승한 것도 재정투자 확대에 대한 기대감을 반영한 결과다. 그러나 재정 적자가 심각한 일본이 또다시 천문학적인 투자로 재정 파탄에 이를 수 있다는 우려도 함께 나오고 있다. 일본의 2025년 예상 순 부채는 국내총생산GDP 대비 160% 정도로 G7 국가 중에서 가장 높다. G7 평균 비율은 약 80~90% 수준이다. 순 부채는 정부의 실질적인 재정건전성을 평가하는 핵심 지표로 일본 경제의 가장 큰 약점이다. 그러나 다카이치는 재정건전성을 포기하면서까지 극단적인 성장 우선 정책을 선택한 것이다.

사나에노믹스는 아베노믹스의 '세 개의 화살' 정책을 이어가면서 '경제 안보'와 '국방 강화'라는 보수적인 가치를 포함한 네 개의 핵심축을 기반으로 하고 있다. 아베노믹스에서 경제 정책을 세 개의 화살이라고 표현한 것은 단호한 결의와 정책의 목표 지향성을 시각적으로 강조하기 위해서다. 일본 전국시대의 장수였던 모리 모토나리가 세 아들을 불러 화살 한 개는 쉽게 부러지지만 세 개의 화살을 묶으면 절대 부러지지 않는다고 가르쳤다는 일화에서 유래했다. 세 가지 정책이 각각 따로 움직이는 것이 아니라 하나로 묶여 강력한 힘을 발휘하며 일본의 오랜 경제 침체라는 난관을 반드시 극복하겠다는 단결과 의지를 상징한다. 첫 번째 화살은 대규모 '금융 완화' 정책이다. 일본은행BOJ이 주도해 시중에 무제한으로 유동성을 공급해 최대한 엔화 가치를 낮춰(엔저 유도) 물가를 끌어올려 장기간 지속되고 있는 디플레이션에서 벗어나겠다는 것이다.

두 번째 화살은 '속도감 있는 재정 정책'이다. 국채 발행 등을 통해 재정을 최대한 확대하고, 빠르게 공공 투자와 경기 부양책에 대규모 자금을 투입하고, 단기간 내에 경제 성장을 촉진하고 디플레이션 탈출을 위한 동력을 확보하겠다는 것이다. 마지막 세 번째 화살은 '성장 전략과 구조 조정'이다. 규제 완화, 기업 지배구조 개선,

노동 시장 개혁, 환태평양경제동반자협정TPP 추진 등 구조적인 개혁을 통해 일본 경제의 잠재 성장률을 높이려는 정책이다. 일본 경제의 체질을 개선하고 민간 부문의 활력을 높여 지속가능한 장기 성장의 기반을 마련하겠다는 전략이다. 이 세 가지 정책을 서로 유기적으로 결합해 일본 경제를 부흥시키고자 했고 특히 첫 번째 화살인 대규모 금융 완화를 가장 강력하게 추진했다.

여기에 더해 다카이치 총리는 위기 관리형 국가 자본주의적 방식으로 천문학적 재정을 동원해 일본 경제의 체질을 직접 개조하겠다는 의지를 보여준다. 이미 세계 최고 수준의 국가 부채를 안고 있음에도 불구하고 공격적인 재정 정책을 선택한 데는 두 가지 절박한 이유가 있다. 아베노믹스를 통해 물가는 올랐지만 기업의 실질 임금 인상으로 이어지지 못하면서 소비가 살아나지 않는 '나쁜 인플레이션(소비 없는 물가 상승)'의 위험에 처했다. 그래서 대규모 재정 투입을 통해 수요를 강력하게 끌어올려 실질 임금 상승을 유도하고 물가와 임금이 함께 오르는 선순환 구조를 억지로라도 만들겠다는 것이다. 또한 미중 패권 경쟁 심화 속에서 첨단 산업 공급망의 중요성이 극대화되면서 반도체와 인공지능 등 핵심기술의 자립과 확보 없이는 국가 생존이 어렵다는 판단하에 전략산업에 국가 자원을 최우선으로 투입해 경제 주권을 강화하려는 것이다.

이러한 일본의 통 큰 재정과 국가주의적 투자는 크게 세 가지 관점 환율, 산업 경쟁, 지정학에서 한국 경제에 영향을 미칠 것으로 예상된다. 첫째는 초엔저 지속에 따른 수출 경쟁 심화다. 일본 기업들이 엔저를 등에 업고 해외 시장에서 제품 가격을 낮추면 자동차, 철강, 기계 등 일본과 경합하는 한국의 주력 수출 품목들이 가격

경쟁에서 불리해질 수밖에 없다. 둘째는 전략산업인 반도체, 인공지능, 방산에서 정면 대결이 불가피하다는 것이다. 다카이치는 첨단기술 투자가 국가 안보와 직결된다며 대규모 정부 예산을 투입하고 있다. 특히 자국 내 반도체 생산 기반(라피더스 등)을 강화하고 인공지능 생태계를 독자적으로 구축하려고 한다. 이는 글로벌 공급망에서 한국의 입지를 위협하거나 협력의 범위를 제한하는 요소가 될 수 있다. 또한 방위비를 국내총생산GDP 2% 수준으로 증액하고 방산 투자를 확대함에 따라 최근 K-방산으로 도약 중인 한국과 글로벌 방산 시장에서 경쟁이 치열해질 전망이다.

셋째는 금융시장의 불확실성과 동조화 현상이다. 대규모 재정 지출은 일본 국채 금리 상승과 엔화 가치 급락이라는 '양날의 검'이다. 글로벌 투자자들은 한국 원화를 엔화의 프록시 통화Proxy Currency로 취급하는 경향이 있다. 일본 경제의 불확실성이 커지면 원화 가치도 함께 흔들릴 위험이 있다. 일본의 금리 정책 변화에 따라 엔 캐리 트레이드* 자금이 급격히 빠져나가면 한국 금융시장의 변동성도 커질 수밖에 없다.

이러한 상황에서 2025년 말 일본은행은 기준금리를 0.5%에서 0.75%로 인상했다. 30년 만에 최고 수준이다. 사나에노믹스의 완화적 기조 속에서도 이러한 결정이 내려진 것은 일본 경제가 '잃어버린 30년'의 고질적인 디플레이션에서 완전히 벗어났다는 자신감과 동시에 고물가와 엔저 부작용을 더 이상 방치할 수 없다는 절박함이 반영된 결과로 보인다. 대규모 재정 부양책으로 경기를 부

---

* 저금리 엔화를 빌려 해외에 투자

양할 순 있지만 동시에 총수요를 증가시켜 인플레이션을 자극하게 된다. 일본은행BOJ은 이에 따라 발생하는 인플레이션 압력을 억제하고 통화정책의 독립성을 확보하기 위해 금리 인상을 단행한 것이다.

적극적인 재정 지출은 국채 발행 증가로 이어져 국채 시장에서 장기 금리의 상승 압력을 높인다. 이는 정부의 의도와는 상관없이 시장이 통제하기 어려운 수준으로 금리가 올라갈 수 있다. 일본 정부가 경기 부양을 위해 금융 완화 정책을 적극적으로 추진하고 있음에도 불구하고 일본 중앙은행이 금리를 인상한 것은 통화정책 정상화에 대한 의지와 물가 상승과 과도한 엔화 약세에 대한 대응이다. 정부의 확장 재정 정책과 중앙은행의 인플레이션 억제 노력 사이의 미묘한 긴장 관계가 나타나고 있다.

일본은행BOJ이 기준금리를 인상했음에도 불구하고 우려와는 달리 글로벌 금융시장이 비교적 평온한 모습을 보였다. 2024년 8월 일본의 금리 인상이 전 세계 증시를 폭락시켰던 것과는 대조적인 상황이다. 그 주된 이유는 이미 시장이 충분히 선반영Priced-in 했다는 점이다. 가즈오 총재가 계속해서 금리 인상 가능성을 시사하며 지속적으로 시장과 소통해 왔기 때문에 이번 금리 인상은 100% 예견됐다. 그래서 금리 인상 발표는 오히려 '악재 해소'로 받아들여지며 엔 캐리 트레이드 자금이 한꺼번에 빠져나가는 '패닉 청산'은 발생하지 않았다.

사나에노믹스는 재정 확대라는 '엑셀'을 밟고 있고 일본은행BOJ은 금리 인상이라는 '브레이크'를 밟기 시작했다. 일본이 잃어버린 30년을 극복하고 재도약을 할 수 있을지, 더 큰 나락으로 떨어질

지는 아직은 판단하기 이르다. 한국의 상황도 일본과 많이 닮아 있다. 일본의 변화를 자세히 분석하며 한국 역시 K-신드롬의 외형적 성과를 넘어 공급망 재편과 경제 체질 개선이라는 근본적인 숙제에 집중해야 할 때다.

7

환상의 수익

: 텐배거 신화는 투자 판단을 왜곡한다

"엔비디아 같은 텐배거는 기술 혁명 속에서 탄생한다. 하지만 그렇게 10배 이상의 수익을 내는 것은 통찰력, 인내, 그리고 운이 모두 필요한 아주 드문 일이다."

엔비디아의 시가총액은 2026년 3월 2일 기준 4.314조 달러 한화 6,210조 원으로 전 세계 1위다. 1993년 창업한 엔비디아는 6년 만인 1999년에 시가총액 6,250만 달러로 상장했다. 그로부터 24년이 지난 2023년 '꿈의 기업가치'라 불리는 1조 달러를 돌파했다. 그리고 불과 8개월 만에 2조 달러를 넘어섰으며 다시 4개월 만에 3조 달러도 넘겼다. 2025년 7월에는 4조 달러를 돌파하고 10월에는 5조 달러라는 경이적인 시가총액을 기록했다. 불과 1년 반 만에 3조 달러가 늘어난 것이다.

참고로 2025년 11월 말 기준 우리나라 전체 상장회사는 코스피, 코스닥, 코넥스 포함 2,767개이다. 이들을 모두 합친 시가총액은 5,804조 원으로 4조 달러가 안 된다. 엔비디아 1개 회사의 시가총액이 한국 상장기업의 전체 기업가치보다 더 큰 것이다. 지금까지 1조 달러를 넘긴 회사는 엔비디아, 애플, 마이크로소프트, 알파벳, 아마존, 사우디 아람코, 브로드컴, 메타, TSMC, 테슬라, 버크셔 해서웨이 등 전 세계에 단 13개 회사에 불과하다. 5조 달러를 돌파한 회사는 엔비디아가 유일하다. 그러나 인공지능 버블 논란으로 2025년 11월 들어 4조 달러대로 내려앉은 상태다.

그럼에도 불구하고 1999년 상장 이래 2025년까지 시가총액은 무려 7,315배 상승했다. 상장할 때 1억 원을 투자해서 2025년까지 보유했다면 7,300억 원 이상의 천문학적인 수익을 냈다는 의미다. 2009년 2월 기준으로 1,000배, 2016년 12월 대비 100배, 2023년 1월에 투자했더라도 10배의 수익을 올렸다. 이러한 경이적인 주가 상승률을 기록하는 회사가 등장하고 전 세계적으로 주식시장이 폭등하면서 어느 때보다 '텐배거Ten Bagger'에 기대를 거는 투자자들이 늘어나고 있다.

텐배거는 전설적인 투자자 피터 린치가 처음 사용한 용어로 투자 원금 대비 10배 이상의 수익률을 기록한 주식을 의미한다. 야구 용어인 '루타Base Hit'에서 파생됐으며 투자 수익률ROI 기준 1루타는 100%, 2루타 200%, 3루타 300%, 10루타는 1,000% 투자 수익을 거둔 것이다. 일반적으로 단기간에 급등하는 투기성 종목보다는 저평가된 상태에서 산업의 성장과 함께 기업가치가 폭발적으로 상승하는 성장주를 장기 보유해 얻는다. 즉 텐배거는 투자자의 혜안과 인내를 통해 이루어지는 '꿈의 수익률'을 상징하는 말이다. '멀티 텐배거Multi-Ten Bagger'는 투자 원금 대비 10배를 넘어 수십 배, 심지어 100배 이상 상승한 주식을 일컫는 말이다. 100배 오른 주식은 종종 '헌드레드배거Hundred-bagger'라고 불리기도 한다. 엔비디아를 비롯한 애플, 아마존, 몬스터 베버리지Monster Beverage, 테슬라, 월마트, 버크셔 해서웨이 등이다.

주식시장의 역사적 흐름을 볼 때 텐배거는 기술 혁신과 거대한 금융 환경 변화가 만나는 시점에 집중적으로 나타났다. 지금까지 3번 정도 텐배거가 탄생하기에 좋은 여건이 만들어졌다. 1990년대 후반 닷컴 버블 시기에 인터넷 기술의 폭발적인 성장을 기반으로 소프트웨어, 통신, 인터넷 기업들이 텐배거를 기록했다. 대표적인 기업은 시스코와 퀄컴 등이다. 2008년 금융위기 이후에는 저금리 장기화와 스마트폰 혁명의 가속화로 모바일 플랫폼, 소셜미디어, 클라우드 기업들이 텐배거가 됐다. 대표적으로 넷플릭스, 애플, 테슬라 등이다. 그리고 코로나19 이후에 인공지능 기술의 급속한 발전, 초저금리 환경, 강력한 유동성 공급으로 관련 기업들이 단기간에 텐배거를 기록했다. 현재 진행 중인 '인공지능 붐 강세장'에서 1,000% 이상 상승한 '10배 수익률 종목'은 엔비디아, 팔란티어 테크놀로지스, 버티브 홀딩스, 로켓랩, 로빈후드 마켓츠, 카바나, 스트래티지, 앱러빈, 서밋 테라퓨틱스, FTAI 에비에이션 등이다.

팔란티어는 인공지능과 데이터 분석 열풍을 타고 2022년부터 2025년까지 3년간 2,500%라는 엄청난 상승률을 기록했다. 이 같은 급등은 팔란티어의 인공지능 기반 데이터 분석 수요 급증과 정부 및 일반 기업 계약 확대에서 비롯됐다. 버티브는 데이터센터 인프라, 특히 인공지능과 클라우드 컴퓨팅에 필요한 냉각과 전력 관리 제품에 대한 강력한 수요에 힘입어 1,900% 급등했다. 상업용 우주 기업 로켓 랩Rocket Lab은 여러 차례의 성공적인 발사와 우주 탐사와 기술에 관심이 높아지면서 1,570% 상승했다. 핀테크 업체 로빈후드는 10억 달러 규모의 자사주 매입과 비트스탬프 인수 같은 공격적인 사업 움직임 덕분에 1,460% 이상의 수익률을 기록했다. 카바나 역시 중고차 전자상거래 호황에 힘입어 1,500% 이상 오르며 시장의 사랑을 받는 기업이 됐다.

스트래티지는 비트코인 성과와 밀접한 상관관계를 보이며 1,200% 이상 급등했다. 2025년 10월 말 기준 64만 개 이상의 비트코인을 보유해 상장기업 중 가장 대표적인 비트코인 관련 기업으로 자리매김했다. 인공지능 광고 기업인 앱러빈은 3,000% 이상 올랐고 항암제 개발 회사인 서밋 테라퓨틱스는 1,800% 가까이 올랐고 항공기 엔진과 부품 제조업체 FTAI 에비에이션은 1,100% 올랐다.

이러한 고성장 종목들은 미래 성장이 확실시되는 메가 트렌드를 선도하며 거대한 흐름의 중심에 있으며 독보적인 기술력으로 경쟁사를 압도하거나 시장 지배력을 확보해 높은 진입 장벽을 만들었다는 공통점이 있다. 텐배거는 특정 경제 환경이나 기술 혁신의 사이클 속에서 대량으로 출현하는 경향이 있다. 산업의 판도를 완전히 바꾸는 혁신 환경이 조성되거나 폭발적으로 성장하는 기술 혁명의 변곡점에서 많이 나왔다. 또한 금리가 낮아지고 시장에 돈이 넘쳐나는 유동성 잔치가 벌어질 때 나타났다. 경기가 바닥을 치고 회복기에 접어들거나 특정 산업이 대대적인 구조조정 후 턴어라운드에 성공할 때 나오기도 했다.

많은 투자자가 '인생 역전'을 꿈꾸며 텐배거를 찾는다. 1,000% 이상의 수익률은 적은 돈으로도 경제적 자유에 도달할 수 있다는 희망을 준다. 거기에 미디어나 주변에서 엔비디아, 테슬라 등 성공한 텐배거 사례가 끊임없이 회자되면서, 기대감을 증폭시킨다. 그러나 분명 현실에서 존재하지만 찾아내고 끝까지 보유해 천문학적인 수익을 실현하는 것은 운, 통찰력, 그리고 엄청난 인내심이 결합해야 한다. 텐배거를 달성하는 것은 '환상'에 가깝다. 다행히 대부분의 투자자는 운이 좋아서 주가가 2배, 3배만 올라도 충분히 '큰 수익'이라 생각하며 매도하게 된다. 10배 수익을 끝까지 누리지 못한다. 특히 투자금이 커지면 커질수록 더욱 힘들어진다. 손정의의 비전펀드는 2017년 초까지 엔비디아 지분 4.9%를 보유했으나 미래 전망이 어둡다며 2019년에 40억 달러에 모두 매각했다. 2025년까지 보유했다면 2,240억 달러에 달한다. 무려 2,200억 달러의 기회비용을 날렸다. 320조 원이나 된다.

텐배거 가능 종목은 잠재력은 높으나 시장에서 크게 주목받지 못하는 소형주인 경우가 많다. 그래서 재무 상태가 불안정하거나 경쟁 심화 탓에 사업에 실패하고 상장 폐지될 위험도 함께 안고 있다. 예상대로 잘 성장하더라도 중간중간 여러 번의 극심한 변동성을 겪는다. 투자자들은 이 시기에 수익을 실현하거나 손실을 우려해 팔아버리는 경우가 대부분이다. 또한 텐배거는 단기간 급등주보다는 저평가된 성장주를 장기 보유하다가 여러 환경이 완벽하게 조성됐을 때 기업가치가 폭발적으로 상승하면서 나타나는 경우가 대부분이다. 보통 5년, 10년 이상의 긴 시간에 걸쳐 만들어진다. 그러나 대다수의 주식은 장기적으로도 10배 상승에 도달하지 못한다. 오히려 상장 폐지되거나 주가가 하락하는 때도 많다.

처음부터 텐배거를 찾겠다는 것보다는 견고한 기업가치와 성장 잠재력을 가진 종목을 발굴하고 장기적인 관점에서 흔들리지 않는 투자 원칙을 지키는 것이 더 중요하다. 그 결과 운이 좋으면 텐배거 혹은 멀티 텐배거가 될 수 있다. 텐배거는 10배 성장 가능 기업을 발굴하는 통찰력, 10배 실현까지 보유하는 인내심, 더불어 어마어마한 행운이 함께 해야만 가능하다. 결국 환상일 뿐이다.

8

전략의 전환

: 리밸런싱은 수익 전략이 아니라 생존 전략이다

"저성장과 불확실성이 커진 환경에서 기업이 생존하고 경쟁력을 유지하기 위해서는 비핵심 사업을 정리하고 핵심 사업에 집중하는 리밸런싱이 필요하다."

경제협력개발기구OECD는 최근 발표한 보고서에서 2026년 한국의 경제성장률 전망치를 1%대 초반으로 추가 하향 조정하며 저성장 고착화에 대한 경고등을 켰다. 통계청의 최신 산업 활동 동향역시 생산, 소비, 투자가 일제히 마이너스를 기록하는 '트리플 감소' 현상이 커지는 것을 보여주고 있다. 특히 전 산업 생산 지수는 2020년 코로나19 이후 약 6년 만에 최저 수준을 기록하며 경기침체의 골이 깊어지고 있다. 내수 회복이 더딘 가운데 불안정한 환율여파로 수입 물가까지 치솟으면서 물가 상승과 경기침체가 동시에나타나는 스태그플레이션Stagflation 공포가 현실화되고 있다는 분석이 지배적이다.

이런 분위기가 사회 전반에 불안감을 고조시키는 가운데, 특히기업들은 트럼프의 새로운 통상 정책, 중국과의 치열한 경합, 국내 정치의 불확실성, 인공지능 중심으로의 급격한 사업 재편 등으로 자칫하면 변화의 소용돌이에서 살아남기 어려울 거란 위기감에 '리밸런싱REBalancing'에 사활을 거는 모습이다. 리밸런싱은 주로 시장 변화에 따라 투자 자산의 비중을 다시 조정한다는 의미로 사용했다. 그러나 최근에는 해고나 퇴직과 같은 인력 구조조정이 아니라 비주력 사업이나 계열사를 매각하거나 청산해 사업 구조를 핵심사업 위주로 재편하는 것을 일컫는다. 대내외 환경 변화 속도가 빨라지면서 재계에선 리밸런싱이 생존과 성장을 위한 필수 전략으로 인식되고 있다. 특히 계열사 수를 빠르게 늘려가며 문어발식 확장을 거듭하던 기업들에는 그야말로 촌각을 다투며 추진해야 할 절체절명의 과제가 됐다.

공정거래위원회 기업집단 포털에 따르면 2019년부터 2024년까지 5년간 대기업집단은 59개에서 88개로 늘었으며 소속기업 수는 2,103개에서 3,318개로 1,215개나 늘었다. 특히 SK그룹은 2019년 111개였던 계열사가 2024년에는 무려 219개로 2배 가까이 늘어났다. 대기업 계열사가 200개를 넘어선 것은 1987년 대기업집단 지정 제도 도입 이후 처음이다. 한편 2024년 기준 삼성은 63개, 현대차 70개, 한화 108개, 카카오 128개, 롯데 96개, 네이버 54개, LG는 60개의 계열사를 거느리고 있다.

이런 상황에서 국내 대기업들은 비핵심 계열사와 사업부를 매각하고 비슷한 사업을 한데 모으고 손실이 많이 나는 사업은 청산을 서두르며 몸집을 줄이고 최대한 현금 확보에 집중하며 '혹한기'에 대비하고 있다. SK를 비롯해 롯데그룹과 포스코그룹은 크게는 조 단위 사업을 시장에 매물로 내놓으며 대규모 구조조정에 착수했다. LG, 현대차, 신세계그룹도 사업 매각이나 재무 건정성을 강화하고 있다.

특히 계열사 수가 가장 많은 SK그룹은 작년에 '돌연사(서든데스)' 위기론을 꺼내며 강력한 리밸런싱 작업에 돌입했다. 전 계열사가 동시다발적으로 비핵심 자산이나 지분 매각을 통한 현금확보를 진행하고 있다. SK이노베이션과 SK E&S가 2024년 11월 합병했고 재무 상황이 좋지 않았던 SK온은 2025년 2월 SK트레이딩인터내셔널, SK엔텀과 3사가 합병했다. SK㈜는 SK스페셜티 지분 85%를 사모펀드에 팔기로 했다. SK네트웍스는 Sk렌터카 지분 100%를 글로벌 사모펀드 어피니티에 8,200억 원에 매각했다. 또한 SKC는 화학 원료 제조 자회사 SK피유코어를 4,024억 원에 글랜우드PE에 매각했고 파인세라믹사업부는 3,600억 원에 한앤컴퍼니에 매각했다. SK에코플랜트는 SK오션플랜트 등 자회사를 매각해 2조 원의 현금을 마련할 예정이다.

카카오그룹은 한때 170개가 넘던 계열사를 2024년에 128개까지 줄였으며 2025년에도 고강도 리밸런싱을 추진했다. 모터사이클용 무선 통신기기 계열사 세나테크놀로지를 매각했으며 카카오에서 '다음'을 분사한 후 매각 추진 계획이고 스크린 골프를 운영하는 카카오VX도 매각을 추진하고 있다. 또한 대체불가토큰NFT 사업 부문을 철수하는 등 비주력 사업들을 빠르게 접고 있다.

롯데그룹도 2024년 12월 말 국내 렌터카 시장 1위인 롯데렌탈을 어피니티에 매각하기로 하는 양해각서MOU를 체결했다. 매각금액은 1조 5,729억 원으로 알려졌다. 유동성 위기에 직면하면서 롯데케미칼과 호텔롯데 등 핵심 계열사들의 재무구조가 흔들리자 구조조정 차원에서 비주력 사업을 정리해 자금을 확보하려는 것이다. 또한 롯데웰푸드는 증평공장을 신라명과에 매각했고 수원과 부산 등의 생산 공장을 추가로 매각할 예정이다. 코리아세븐 ATM 사업 부문, 롯데케미칼 해외 계열사, 롯데백화점 센텀시티점 등도 매각을 추진 중이다.

포스코 그룹은 2025년 61개 저수익 사업 및 비핵심 자산을 매각해 1조 5,000억 원의 현금을 확보하겠다고 했다. 이미 45건의 사업 및 자산을 매각해 6,625억 원의 현금을 확보했다. 확보한 자금으로 미래 고수익 사업에 대한 투자를 늘리겠다는 것이다. 그 밖에도 신세계그룹은 적자 폭이 늘어난 신세계건설 주식을 전량 매입해 상장폐지를 하는 등 구조조정이 한창이다. LG그룹도 LG화학의 에스테틱 사업부를 5,000억 원 안팎에 팔겠다는 계획이다. 현대차그룹은 현대위아 공작기계 사업부를 4,000억 원에 매각 작업을 진행 중이다.

이러한 리밸런싱의 핵심은 '카브아웃carve-out'이다. 카브아웃은 딱딱한 물건을 칼로 파내거나 도려내는 걸 말한다. 경영에서는 주로 대기업이 비핵심 계열사나 사업부를 떼어내 다른 기업에 팔거나 지분 일부를 넘기며 현금을 확보하는 것을 말한다. 이때 매각 대상은 수익성이 나쁜 사업이 아니라 비록 돈은 잘 벌어도 본업과 시너지가 크게 나지 않는 경우가 대부분이다. 카브아웃으로 수익성이 좋은 알짜 기업이나 사업부가 매물로 나오면 대부분 사모펀드로 넘어간다. 모두 사업 재편을 추진하고 있는 상황에서 새로운 사업에 투자할 회사는 거의 없다. 최소 수백억 원에서 수조 원에 이르는 기업을 살 수 있는 여력은 사모펀드밖에 없기 때문이다. 사모펀드의 입장에서는 일거양득이다. 알짜 사업을 인수해 투자 수익을 기대할 수 있으면서 평상시보다 낮은 밸류에 인수할 수 있어서다. 하지만 사모펀드는 좋은 가격에 인수한다고 해서 끝이 나는 건 아니다. 더 큰 숙제가 있다. 비즈니스 특성상 몇 년 안에 밸류를 높여 되팔아야 하는 것이다.

글로벌 기업들도 2024년부터 수익성이 낮거나 전략적으로 시너지가 나지 않는 사업을 과감히 매각하면서 핵심 기업에 집중하는 분위기다. 또한 매각하려는 사업들을 적극적으로 사려는 사모펀드들도 많다. 고금리 기조가 길어지면서 안정적이며 성장 잠재력이 높은 비즈니스를 인수하기 위해 카브아웃 딜에 적극적으로 참여하는 것이다. 특히 2024년에는 미국에 비해 상대적으로 기업가치가 낮게 형성된 유니레버와 지멘스 등 유럽기업들의 카브아웃이 활발했으며 2025년에도 이러한 분위기는 이어지고 있다.

그러나 리밸런싱이 아무리 '생존'을 위한 핵심 전략이라고 하더라도 가장 중요한 것은 매각 여부나 금액의 크기가 아니라 그에 따라 상처를 입게 될 임직원들에 대한 세심한 배려다. 충분한 커뮤니케이션은 물론 고용 보장과 더불어 위로금 지급 등으로 소속 변경에 따른 미래에 대한 불안과 상실감 등을 진정으로 보듬어야 한다. 회사를 함께 키워 온 임직원에 대한 최소한의 예의다.

9

투기의 유혹

: 제로데이옵션은 투기와 투자의 경계를 흐린다

"당일만기옵션 같은 초단기 파생상품 열풍은 투자라기보다 투기에 가깝다. 대부분의 개인 투자자는 손실을 보고 거래소와 플랫폼만 이익을 얻는 구조다."

세계적으로 파생금융상품 시장 규모가 급증하고 있는 가운데 '당일만기옵션0DTE, Zero Day to Expiration'이라는 초단기 파생금융상품에 대한 투자가 몰리고 있다. 옵션은 가장 기초적인 파생상품의 세 가지 기본 형태인 선물, 스왑, 옵션 중 하나로 기초자산Underlying Asset을 만기시점Expiration Date이 되면 행사가격Strike Price에 사고팔 수 있는 권리를 주고받는 계약이다.

옵션 상품 중에서 당일만기옵션은 만기일이 당일인 아주 특이한 상품이다. 기초자산은 주로 S&P500과 러셀2000과 같은 미국 주가지수다. 매매하는 날이 만기일이기 때문에 초단기 트레이딩, 뉴스 이벤트 베팅, 빠른 수익 회수, 리스크 관리 등의 목적으로 투자한다. 주로 수익률 극대화와 레버리지 효과를 추구한다.

당일만기옵션은 2005년 시카고옵션거래소CBOE에 처음 도입됐으며 2022년부터 거래가 활성화되기 시작했다. 개인투자자들 사이에서 큰 인기를 끌며 거래량이 급증하고 있다. 시카고옵션거래소의 자료에 따르면 2025년 8월 S&P500 지수 옵션 시장에서 당일만기 옵션 거래가 차지한 비중은 62.4%로 사상 최고치를 경신했다.

당일만기옵션 시장은 개인투자자, 기관투자가, 고빈도 매매HFT 알고리즘이 얽혀 상호작용을 하는 복잡한 생태계다. 당일만기옵션 거래량의 가장 큰 동력은 개인 투자자다. 낮은 프리미엄으로 수백 배의 레버리지를 일으킬 수 있다는 점이 개인투자자들을 유혹한다. 개인 투자자와는 달리 기관 투자가는 주로 위험을 회피할 목적으로 시장에 참가한다. 단기 변동성 위험을 관리하기 위한 헤지 수단으로 활용한다. 주로 미국 연방준비제도Fed의 금리 결정이나 주요 경제 지표 발표와 같은 특정 이벤트 전후로 관련 상품을 매입하거나 매도해 위험을 관리한다.

고빈도 매매HFT 전문 회사와 마켓 메이커Market Maker는 시장의 핵심 인프라 역할을 한다. 시타델 증권Citadel Securities, 버투 파이낸셜 Virtu Financial, 서스쿼해나Susquehanna International 등이 대표적이다. 매수 호가와 매도 호가를 모두 제시해 시장에 유동성을 공급하고 거래를 원활하게 한다. 매수-매도 호가 차이에서 수익을 내며 시장참여자들이 언제든 쉽게 거래할 수 있도록 돕는 역할을 한다. 하지만 인위적인 거래량을 만들고 가격을 조작하는 등 시장의 투명성을 저해한다는 지적을 받기도 한다.

당일만기옵션 시장의 폭발적 성장은 복합적 요인이 작용한 결과다. 먼저 시카고옵션거래소 등 거래소들이 매일 만기가 돌아오는 옵션을 상장해 시장을 창출했으며 로빈후드와 같은 무료 증권 앱이 지수 옵션 거래를 제공하면서 개인 투자자의 접근성을 높였다.

아울러 매일매일 쏟아져 나오는 기준금리 등락과 인플레이션 등 거시 경제 관련 뉴스의 금융시장 파급력이 높아지며 장중 변동성이 확대된 것도 단기 투기 및 헤지 수단의 매력을 더욱 부각시켰다는 평가다.

당일만기옵션 활황의 직접적인 수혜자는 옵션 거래소와 고빈도 매매HFT 업체들이다. 시카고옵션거래소의 2025년 2분기 매출은 전년 대비 17% 급증하며 역대 최고를 기록했다. 고빈도 매매HFT와 마켓 메이커들 역시 변동성 장세의 특수를 누리고 있다. 버투 파이낸셜의 2025년 2분기 순이익은 전년 대비 50% 증가했다. 옵션 시장점유율 1위 시타델 증권은 2025년 1분기 매출과 순이익은 각각 50%와 70% 급증하며 사상 최고를 기록했다. 그러나 대부분의 개인 투자자들은 엄청난 손실을 기록하는 것으로 나타났다. 결국 개인투자자들의 돈으로 전체 당일만기옵션 생태계를 유지하는 것이다.

당일만기옵션은 만기까지 남은 시간이 매우 짧으므로 기초자산 가격의 작은 변화에도 옵션 가치가 급격하게 변동한다. 기초자산 가격이 원하는 방향으로 빠르게 움직이지 않으면 손실이 발생할 가능성이 커지지만 개인들은 대처할 시간과 능력이 부족하다. 매우 빠른 시장 변화에 실시간으로 대응하고 신속하게 의사결정을 내려야 하는 상품 특성을 고려하면 개인투자자들이 수익을 낸다는 것은 거의 불가능해 보인다.

그렇기에 당일만기옵션은 고도로 숙련된 트레이더에게 적합하며 시장에 대한 깊은 이해와 빠른 실행 속도가 요구된다. 명확한 전략이나 리스크 관리 계획 없이 거래하게 되면 심각한 손실로 이어질 수 있다. 사실 옵션거래는 숙련된 트레이더도 타이밍과 가격 등을 정확히 맞추기 어려운 시장이다. 개인투자자들은 상대적으로 낮은 거래 비용과 높은 레버리지 때문에 대박을 기대하며 쉽게 투자를 시작하지만 수익을 내기 극히 어려운 구조와 눈덩이처럼 불어나는 거래수수료는 결국 계좌를 고갈시킨다.

국제결제은행BIS이 2024년 3월에 펴낸 보고서 「시장은 연착륙에 달려 있다Markets count on a smooth landing」에 따르면 개인투자자들은 당일만기옵션 투자로 대부분 엄청난 손실을 기록하는 것으로 나타났다. 평균적으로 −3만 2,000%라는 천문학적 연간 손실률을 기록한 것이다. 그러나 극히 드물지만 성공하면 7만 9,000%라는 극단적인 수익을 보는 것으로 나타났다. 하이너 베크마이어Heiner Beckmeyer 독일 뮌스터대학교 금융학자는 "당일만기옵션ODTE은 복권과 유사한 구조"라며 개인 투자자의 주의를 당부했다.

이와는 별도로 암호화폐 시장에는 이른바 '펍스PERPS'라고 부르는 '무기한 선물Perpetual Swaps'이라는 파생상품에 대한 투자 붐이 불면서 투자 위험을 경고하는 목소리가 커지고 있다. 펍스는 투자가 성공하면 일확천금을 벌 수 있지만 실패하면 투자금을 날리는 것은 물론이고 막대한 빚도 질 수 있는 상품이다. 암호화폐 가격이 치솟기만 하면 적은 돈으로도 떼돈을 벌 수 있다는 유혹에 빠져 앞다퉈 거래에 나서고 있다. 무기한 선물 거래는 최대 100배까지 레버리지가 가능하다.

『월스트리트저널』은 2025년 9월 「부자가 되거나 망한다: 비트코인의 가장 인기 있는 새로운 거래Get Rich or Get Wiped Out: Bitcoin's Hottest New Trade」라는 기사를 통해 부자가 될 수도 있지만 거리에 나앉을 수도 있는 위험한 거래가 암호화폐 시장을 지배하고 있다며 펍스의 위험성을 보도했다. 『월스트리트저널』은 이런 위험한 상품을 통해 돈을 버는 쪽은 거래를 부추기는 로빈후드와 코인베이스 같은 암호화폐 거래 플랫폼과 거래소밖에 없다고 비판했다. 도박에서 진정한 승자는 도박장을 개설해 장소를 제공하는 하우스인 것과 마찬가지란 것이다.

한편 2025년 9월 기준 제롬 파월 연방준비제도 의장은 기자회견에서 자산 가격 고공행진을 우려하며 과거 앨런 그린스펀 연방준비제도 의장의 유명한 표현인 '비이성적 과열Irrational Exuberance'을 소환하며 시장의 투기적 행태를 경고했다.

이런 상황에서 한국의 증권사들이 공격적으로 해외 제로데이옵션 마케팅에 나서면서 도덕적 해이 논란이 일고 있다. 수수료 이익을 극대화하려는 목적으로 높은 수익성과 낮은 진입 비용만을 강조하면서 극도로 높은 손실 위험성을 제대로 알리지 않고 있다는 것이다. 심지어는 현금을 경품으로 제공하기도 한다. 이는 증권사의 이익과 투자자의 손실이 분리되는 구조가 근본적인 문제다.

당일만기옵션과 무기한 선물인 펍스PERPS와 같은 파생금융상품 시장이 커진다는 것은 투자시장에서 자신만 소외되고 있다는 '포모FOMO, Fear Of Missing Out 증후군'에 시달리는 사람들이 늘고 있다는 방증이다. 언제나 그랬듯이 지난 과거의 포모FOMO의 끝자락에는 항상 긴 한숨과 회한만이 남았다.

"시장은 탐욕과 공포에 따라 움직이는 도박장이다." 찰리 멍거의 말이다.

10

집착의 대가

: 다이아몬드 손이라는 믿음은 손실을 키운다

"다이아몬드 손은 가치에 대한 확신과 원칙이 있을 때만 의미가 있다. 맹목적으로 버티는 투자는 결국 투기와 손실로 이어질 수 있다."

국내외 주식, 부동산, 금 등 위험자산과 안전자산 가치가 동시에 오르는 '에브리싱 랠리Everything Rally'의 큰 흐름이 이어지고 있다. 4,200을 돌파하며 폭등세를 보인 코스피는 75% 이상 상승했다. 2026년에도 급등해 2월 기준 6,000을 돌파하는 기염을 토했다. 2025년 나스닥은 20%, 금은 65%, 은은 무려 144% 이상 뛰어올랐다. 이는 매우 이례적인 현상이다. 일반적으로 위험자산인 주식과 코인은 안전자산인 금, 달러, 채권은 반대 방향으로 움직이는 경향이 있다. 그런데 이러한 전통적인 상관관계가 무너졌기 때문이다.

글로벌 중앙은행들의 금리 인하 기조와 경기 부양책으로 인해 시장에 유동성이 풍부해진 것이 주요 원인으로 분석된다. 인공지능 관련 기술주들이 시장 상승을 견인하는 가운데 돈의 가치가 하락하면서 다양한 자산에 몰린 것이다. 예금 금리가 낮아지면서 투자 대기 자금이 주식이나 코인 등 수익률이 높은 자산으로 이동하고 있으며 '포모 증후군FOMO'도 이러한 상승세를 부추겼다.

이러한 상황에서 공포의 시간을 견뎌낸 '다이아몬드 손Diamond Hands'이 주목받고 있다. 다이아몬드 손은 금융시장에서 극심한 시장 변동성, 폭락 장, 또는 매도 압력에도 불구하고 자신이 가진 주식이나 코인을 끝까지 팔지 않고 포지션을 계속 유지하려는 의지 또는 그런 의지를 가진 사람을 뜻한다. 마치 다이아몬드처럼 단단하고 굳건한 결심으로 어떤 압박에도 굴하지 않는다는 의미다. 특히 투자 열풍 속에서 '버티면 승리한다.'라는 인내심의 아이콘으로 해석된다. 반대로 조금만 가격이 흔들려도 지레 겁을 먹고 쉽게 매도해 버리는 투자자는 '종이 손Paper Hands'이라 불린다.

2022년에서 2023년 초의 급격한 금리 인상과 인플레이션으로 많은 자산이 20~50% 이상 폭락하면서 다이아몬드 손은 시험대에 올랐다. 대부분의 투자자는 종이 손이 돼 손실을 감수하고 빠르게 자산을 매도했다. 그러나 폭락 장에서 끝까지 자산을 지키고 버텼던 투자자들인 다이아몬드 손은 랠리를 통해 손실을 만회하고 큰 수익을 실현하면서 '버티기' 행위가 '결국 장기 투자가 옳았다'라는 강력한 서사로 귀결됐다.

다이아몬드 손은 2021년 레딧에서 유래했다. 당시 게임스톱Game-Stop 주식을 개인 투자자들이 집단 매수하면서 주가가 하락해도 '절대 팔지 않는다.'라는 결심을 공유하며 자신들을 다이아몬드 손으로 표현했다. 실제로 대형 헤지펀드의 공매도로 주가가 폭락했다. 하지만 개인 투자자들은 이에 맞서 주식을 매도하지 않고 사수해 기관투자자의 공격을 무력화시켰다. 그 후 이 용어는 주가 폭등 사태를 거치면서 주류 금융권에 퍼져 나갔다. 「CNBC」 「블룸버그」 『월스트리트저널』과 같은 주요 경제 매체에서도 자주 언급된다. 온라인에서는 이모지 형태로 사용되며 '팔지 않고 버틸 것이다.'라는 강한 의지를 시각적으로 표현한다. 단순히 주식이나 코인을 장기 보유하는 것을 넘어 '고위험 감수 능력High Risk Tolerance'과 '장기적인 확신'을 가진 투자자 정신의 상징으로 자리 잡았다.

다이아몬드 손의 핵심적인 의미는 흔들리지 않는 강한 신념과 의지, 단기적인 이익이나 손실에 연연하지 않는 태도, 그리고 극심한 변동성을 견뎌내는 인내심이다. 보통 긍정적으로 사용되지만 때로는 부정적인 의미도 내포한다. 손실이 커지고 파국으로 이어지더라도 비합리적인 고집으로 그냥 버티는 우매함이다. 장기적인 관점에서 엄청난 보상을 안겨줄 수도 있지만 비이성적인 고집으로 인해 큰 손실을 볼 수도 있는 양날의 검이다.

다이아몬드 손의 성공 사례는 초기에 극심한 변동성이나 하락을 겪었지만 장기적인 가치 상승을 확신하고 포지션을 유지한 경우다. 비트코인 가격은 2011년 고점 32달러에서 최저 2달러 수준까지 무려 93% 넘게 폭락했으며 2018년에도 2만 달러 근처에서 3,000달러대로 폭락 등 여러 차례 극심한 하락장을 겪었다. 그러나 이 모든 고통의 시간을 견디고 장기간 보유한 초기 투자자들은 궁극적으로 수백 수천 배의 수익을 냈다. 아마존은 2000년 닷컴 버블 붕괴 당시 주가는 큰 폭으로 폭락했고 이후 10년간 수익을 내지 못하는 등 힘든 시기가 겪었다. 그럼에도 아마존의 장기적인 비전과 전자상거래 잠재력을 믿고 주식을 팔지 않은 초기 투자자와 벤처캐피털은 막대한 부를 축적했다. 또한 버크셔 해서웨이의 워런 버핏은 금융위기 같은 시장 공포 상황에서도 뱅크오브아메리카와 골드만삭스 등 저평가된 우량주를 추가 매수했다. 그의 스승인 벤저민 그레이엄의 '공포에 사서 탐욕에 팔라'는 원칙을 고수해 천문학적인 수익을 실현했다.

이에 비해 실패 사례는 근본적인 가치 없이 '버티면 오른다.'라는 맹신만으로 투자했거나 시장의 분위기에 휩쓸려 과도한 위험을 감수한 경우다. 게임스톱 투자자 중에는 주가가 최고점인 480달러에 도달했을 때도 커뮤니티의 열풍에 휩쓸려 주식을 매수했거나 급락하는 와중에도 '곧 다시 오를 것'이라는 맹신으로 팔지 않은 사람들이 많았다. 그러나 주가는 급락해 상당 기간 낮은 수준에 머물렀다. 손실을 줄이거나 이익을 실현할 기회를 놓치고 막대한 손실을 본 투자자들이 많았다. 2026년 2월 기준 30% 가까이 주가가 내려가며 손실은 커지고 있다.

가상자산 시장에는 혁신적인 기술이 뒷받침되지 않고 단지 일시적인 유행이나 커뮤니티 주도로 급등했던 수많은 잡코인과 밈코인들이 존재한다. 이러한 코인들은 단기간에 폭락하는 경우가 대부분이다. 그러다 보니 다이아몬드 손을 외치며 계속 보유한 투자자들은 결국 코인의 가치가 회복되지 않거나 아예 거래소에서 상장폐지돼 투자금 '전체를 잃는Total Loss' 경우가 다수 발생했다.

다이아몬드 손의 실패 원인은 투자자 자신의 판단이 틀렸을 가능성을 거부하고 하락할 때마다 외부 요인 탓만 하며 투자 논리를 합리화하거나 '천문학적인 수익' 또는 '원금 회복' 등 막연하고 감정적인 목표 외에 구체적인 매도 기준이 없기 때문이다. '이번이 마지막 기회'라는 생각으로 전 재산을 몰빵하기도 한다.

결국 다이아몬드 손은 '가치에 대한 확고하고 합리적인 확신'과 '리스크 감수 능력을 갖춘 장기적인 시각'이 있을 때만 보상받을 수 있다. 시장의 공포Fear와 불확실성Uncertainty에 굴복하지 않고 투자 결정에서 감정을 배제하고 자신이 세운 논리적 투자 원칙을 지켜야 성공한다는 워런 버핏의 장기 투자 철학과 일맥상통한다. 그러나 근본적인 분석 없이 맹목적인 고집이나 커뮤니티의 압력에 의한 투자는 결국 모든 것을 잃을 수 있는 도박이 된다. 막연히 버티다가 파산할 수도 있다는 리스크를 내포하고 있다.

그러나 현재 가격이 올랐다는 결과만을 보고 과거에 하락하는 동안 버텼던 모든 행동을 '현명했다.'라고 평가하는 것은 결과 편향적 오류다. 최근의 급등은 단순히 개인 투자자의 인내심 때문만은 아니다. 인공지능과 같은 새로운 기술 혁신과 향후 금리 인하에 대한 기대감 등 거시 경제 환경의 변화와 기관투자자의 자금 유입이 훨씬 더 큰 동력으로 작용했다. 또한 하락장에서 팔지 않고 버티는 동안 해당 자산에 묶인 자금은 다른 더 유망한 자산에 투자될 수 있는 '기회비용Opportunity Cost'을 발생시킨다. 자산 가격이 장기간 횡보하거나 하락할 때 다이아몬드 손을 고수하는 것은 비록 손실은 피했을지라도 자금의 효율성 측면에서는 비효율적이었을 수 있다.

모든 자산 가격이 최고점을 기록하고 있는 상황에서 신규로 진입하거나 추가 매수하는 다이아몬드 손은 더 비싼 가격에 사줄 '더 큰 바보Greater Fool'가 나타날 것이라는 믿음에 의존한다. 이는 건전한 투자 논리가 아니라 시장의 모멘텀과 투기적 심리에 기대는 행위로 시장이 꺾이면 가장 큰 타격을 입게 된다. 다이아몬드 손은

원래 공포를 이겨내는 용기지만 '에브리싱 랠리'일 때의 다이아몬
드 손은 탐욕을 부추기는 구호로 변질되기 쉽다는 사실을 명심해
야 한다.

11

디지털 패권

: 스테이블코인으로 기축통화 질서를 확장하려 한다

"스테이블코인은 단순한 금융 혁신이 아니라 달러 패권을 유지하기 위한 미국의 전략적 도구다. 한국은 그 위험과 구조를 이해하고 신중하게 접근해야 한다."

트럼프 대통령이 2025년 7월 18일 지니어스 법안Genius Act에 서명하면서 스테이블코인이 전 세계 금융시장의 '뜨거운 감자'로 떠오르고 있다. 트럼프는 "지니어스 법안이 달러 담보 스테이블코인의 엄청난 가능성을 열었다. 이것은 인터넷 탄생 이후 금융 기술에서 일어난 가장 위대한 혁명이다."라고 주장했다.

지니어스 법안은 스테이블코인의 법정 정의, 발행 절차, 공시 의무 등을 규정하고 있다. 코인 발행사가 미국의 자금세탁 금지법과 제재법을 준수하고 미국 달러와 단기 국채 등 유동성 자산을 담보로 보유하도록 한 것이다. 표면적으로는 스테이블코인을 규제하지만 실제로는 사용 촉진을 위한 법안이다.

스테이블코인은 비트코인과 마찬가지로 수많은 가상자산 중 하나다. 차이점은 '안정성'이다. 일반 가상자산은 가격 변동성이 너무커서 화폐로 쓰기엔 적절치 않다는 치명적인 단점이 있다. 이 문제를 해결하기 위해 달러와 같은 법정화폐에 '페깅pegging'시켜 가격 변동을 최소화한 것이다. 예를 들어 달러 기반 스테이블코인의 경우 1코인이 1달러의 가치를 갖도록 설계된 것이다. 마치 카지노에서 사용되는 칩의 개념이다.

스테이블코인 발행 회사는 사용자가 1달러를 입금하면 그에 상응하는 1개의 코인을 발행한다. 그리고 언제든 그 코인은 다시 1달러로 찾을 수 있도록 발행사가 실제 은행 계좌에 같은 금액의 달러 또는 미국 국채를 예치한다. 이를 법정화폐 담보형 코인이라고 한다. 별도의 담보 없이 스테이블코인의 공급량을 조절하는 방법만으로 가치를 안정시키는 테라UST와 같은 알고리즘형도 있지만 균형이 깨지면 2022년 5월에 발생한 테라-루나 사태와 같이한 순간에 모든 코인이 휴지 조각이 될 수 있다. 당시 투자자들은 수십조 원을 허공에 날렸다. 그래서 지금은 법정화폐 담보형 코인만 발행되는 추세다.

스테이블코인은 다른 가상자산과는 달리 가격이 안정돼 있어 실생활에서 활용도가 높다. 현재 유럽이나 동남아에서는 빵집이나 전자제품 판매장, 택시, 호텔 등에서 사용할 수 있다. 환전소나 온라인 플랫폼을 통해 실물화폐로도 바꿀 수도 있다. 전통적인 금융망에 비해 송금과 결제가 빠르고 수수료도 저렴하다. 해외 송금은 실시간으로 가능하며 송금 수수료도 1% 이하다. 2024년 말 기준 전 세계 소매 해외 송금 거래의 15%를 차지한 것으로 알려졌다. 기업들도 수출입 대금 결제와 무역금융에 활용해 환율 변동 위험을 줄이고 거래의 효율성을 높이고 있다. 이런 분위기에 힘입어 스테이블코인 발행량은 엄청나게 늘었다. 국제결제은행BIS에 따르면 스테이블코인 수는 2024년 60개에서 2025년 6월 말 기준 170개 이상으로 급증했다. 그중 테더USDT와 유에스디코인USDC이 90%를 차지하고 있다. 세계 스테이블코인 시장은 약 2,500억 달러 규모다. 2024년에 비해 2배 이상 증가했다. 스탠다드차타드가 예측한 2028년 전망치는 2조 달러로 향후 3년간 8배 성장을 예상하고 있다.

그러나 스테이블코인의 급성장 배경에는 미국의 전략적 목적이 있다는 분석이 지배적이다. 미국이 재정위기와 달러패권 균열이란 문제에 대응하기 위해 달러 기축통화 체제를 지키기 위해 스테이블코인 시장을 키운다는 것이다.

1971년 미국의 무역수지가 100년 만에 적자로 전환됐다. 당시는 달러를 미국 연방준비제도Fed에서 금으로 바꿔주는 '금태환' 시기였다. 그러나 무역적자가 커지면서 더 이상 달러를 금으로 교환할 수 없게 되자 닉슨 대통령은 전격적으로 달러의 금태환 중지를 선언했다. 그 후 미국 정부가 부담 없이 자유롭게 돈을 찍어내면서 인플레이션이 심해졌다. 세계 각국은 달러 기축통화체제의 지속가능성에 의문을 품기 시작했다. 미국은 새로운 방식으로 달러의 기축통화 지위를 유지해야 했다. 그래서 새로운 돌파구를 중동 원유에서 찾았다. 미국은 사우디아라비아와 비밀 협약을 맺고 원유를 거래할 때는 반드시 달러만 사용할 수 있게 한 것이다. 달러의 위기를 페트로달러 시스템으로 넘긴 것이다.

트럼프는 미국 경제 위기의 주요 원인을 강달러로 지목했다. '쌍둥이 적자(무역·재정적자)'가 기축통화인 달러의 구조적 강세 때문이라는 것이다. 그래서 미국 정부의 무차별 관세 부과도 '약달러' 유도를 위한 사전 포석으로 보는 시각이 많다. 일련의 징벌적 관세를 매기면 유럽과 중국이 달러 약세를 위한 미국과의 통화 협정을 수용하게 될 것으로 판단하고 있다. 관세를 먼저 부과한 후 이를 완화해 주는 대가로 달러 약세에 동의하게 하는 합의를 끌어낸다는 전략이다.

또한 달러의 세계 금융시장 지배력이 훼손되지 않으면서 자연스럽게 달러 약세를 유도하기 위해 스테이블코인을 활용한다는 것이다. 미국 국채 수요를 높이려는 의도가 있다고 분석한다. 관세 전쟁 발표 뒤 미국 국채 가격은 내려가고 국채금리는 올랐다. 이는 엄청난 부채를 진 미국으로서는 심각한 이자 부담으로 이어질 수밖에 없다. 이에 따라 중국 등의 미국 국채 수요는 급격히 감소하는 추세다. 그래서 스테이블코인 시장을 의도적으로 키워서 담보로 제공해야 하는 미국 국채의 수요를 끌어올린다는 것이다. 그렇게 되면 미국 국채 가격은 높아지고 금리가 낮아져 재정 적자를 메우는 효자 역할을 할 것으로 기대한다는 것이다. 미국의 2024년 재정 적자는 1조 8,330억 달러인데 그중 1조 달러가 넘는 돈이 이자 비용이다. 연방준비제도Fed에 끊임없이 금리 인하를 압박하는 이유이기도 하다.

아울러 달러 스테이블코인을 글로벌 결제와 금융 표준으로 자리 잡게 해 달러의 기축통화 지위를 견고하게 유지하게 하며 스테이블코인을 디지털 시대의 페트로달러로 만들겠다는 것이다. 하지만 국채 가격은 변동성이 크다. 시장 상황에 따라 국채금리의 민감성도 커진다. 국채금리가 큰 폭으로 상승한다면 국채 가치가 떨어졌다고 판단한 대거 현금 인출에 나설 수 있다. 그래서 국제결제은행도 스테이블코인 확산에 경고음을 내고 있다. 담보 자산에 대한 신뢰가 무너지면 '코인 런Coin Run'으로 이어질 수 있다. 그런데 이를 막을 안전장치가 없다는 것이다. 나라 재정 문제를 해결해 줄 거라 기대한 효자가 오히려 유동성 위기라는 큰 불효를 몰고 오는 형국이 될 수도 있는 것이다. 2023년에 있었던 실리콘밸리뱅크SVB 파산과 같은 사태가 언제든 재발할 위험성을 내포하고 있다. 당시 실리콘밸리뱅크SVB도 충분한 자산을 보유하고 있었다.

우리나라에서도 스테이블코인 도입 논의가 활발하다. 이재명 대통령이 대선 공약으로 제시했던 만큼 스테이블코인 제도화를 위한 법안이 발의되고 있다. 서둘러 원화 스테이블코인을 도입해야 통화 주권을 지킬 수 있다는 논리다. 하지만 비 기축통화인 원화를 활용한 스테이블코인이 과연 글로벌 무대에서 통할 수 있을지에 대한 의구심이 크다. 한편 이창용 한은 총재도 "원화 스테이블코인을 그냥 도입할 경우, 그것이 달러 스테이블코인으로의 전환을 더 쉽게 만들기 때문에 결과적으로 달러 스테이블코인 사용이 더 늘어날 수 있다."라고 우려를 표명한 바 있다. 자금세탁과 과세 회피 등 금융 범죄의 수단이 될 수 있다는 점도 경계해야 할 문제다. 지금은 금융 혁신이란 추상적인 유혹에 빠져 서두를 때가 아니다. 오히려 차분히 잠재된 위험을 직시할 때다. 한국과 미국의 상황은 다르다. 달라도 한참 다르다.

인공지능 에이전트 시대

: 조직 권력과 판단의 변화

1

업무의 혁명

: 인공지능 에이전트는 비즈니스의 기본값이다

"인공지능 에이전트의 확산은 일자리 구조를 바꾸고 있다. 인공지능이 인간을 대체할 것인가가 아니라 무엇을 맡기고 무엇을 인간이 해야 하는가가 중요하다."

구조조정 추적 사이트인 레이오프스Layoffs에 따르면 마이크로소프트는 2024년 1만 명을 해고했고 이어 2025년에도 7월까지 전체 인력의 8%에 달하는 1만 5,000명을 내보냈다. 메타도 2022년 말부터 2025년 초까지 전체 인력의 30%가 넘는 2만 5,000명을 정리했다. 최근 CNBC는 미국 빅테크 기업들의 시가총액이 사상 최고를 경신하고 실적이 탄탄함에도 불구하고 대대적인 감원을 하는 이유가 인공지능의 영향임을 숨기려 한다고 보도했다. 인공지능 도입에 따른 인력 감축이라는 표현 대신 주로 '조직개편, 구조조정, 최적화' 등의 용어를 사용한다는 것이다. 직원들의 반발을 피하면서 인공지능 도입을 계속 추진하기가 쉽기 때문이라는 분석이다. 인력 감축이 집중되는 부문은 콘텐츠, 운영, 고객 서비스, 인사 등 주로 인공지능 역량이 강화되는 분야와 일치한다.

크리스티나 잉게Christina Inge 하버드대학교 교수는 빅테크 기업들의 의도는 '전략적 침묵'이라며 인공지능으로 인한 감원이라고 명확히 밝히면 직원들과 정부의 반발과 규제를 초래할 수 있다는 것이다. 실제로 일부 기업들이 솔직하게 인공지능 도입으로 감원을 단행한다고 발표했다가 여론의 뭇매를 맞고 철회되는 경우도 있었다. 또한 인공지능을 표면적으로 언급하지 않는 것은 향후 인공지능 전환AX의 결과가 좋지 않았을 때도 책임을 면할 수 있다는 판단도 있다는 것이다. 인공지능에 막대한 투자를 하고도 원하는 성과를 얻지 못하는 사례가 많다. 인공지능이 업무의 대부분을 담당할 수 있어도 단기간에 대체하기 어려운 인간 판단이 필요한 영역이 여전히 존재하기 때문이다.

지금은 애써 숨기고 있더라도 시간이 지날수록 인공지능으로 인한 일자리의 변화 속도는 빨라질 전망이다. 세계경제포럼WEF의 「2025년 미래 일자리 보고서」에 따르면 인공지능의 도입으로 전 세계 41%의 기업이 향후 5년 안에 인력 감축을 계획하고 있다. 머지않은 미래에 노동 시장에서 인공지능의 역할이 명확해지고 기업들도 투명하게 인공지능의 영향을 공개하는 시점이 온다고 분석한다. 결국 '개인이 할 수 있는 것은 이러한 상황에 순응하는 것뿐'이라는 것이다.

이렇게 인공지능이 개인 일상과 기업 실무를 장악해 가고 있는 중심에는 생성형 인공지능에서 진일보한 '인공지능 에이전트'가 있다. 인공지능 에이전트란 인간의 개입 없이 문제를 해결하고 복잡한 업무를 자동화하며 스스로 목표를 설정하고 계획을 세워 도구를 활용해 실제 행동하는 기술이다. 인공지능 에이전트는 스스로 분석해 결정을 내리고 행동하는 '디지털 인력'으로 비즈니스 세계의 패러다임을 바꾸고 있다. 생산성과 수익성을 높이는 것이 목표다.

젠슨 황 엔비디아 CEO는 2025년 소비자 가전 전시회CES 기조연설에서 "인공지능의 발달은 이미지, 단어, 소리를 이해하는 '인식형 인공지능'과 함께 시작됐고 뒤이어 텍스트와 이미지, 소리를 만들어내는 '생성형 인공지능'이 등장했고 이제는 처리, 추론, 계획과 행동이 가능한 인공지능 에이전트 '피지컬 인공지능'의 시대로 들어서고 있다."라고 밝힌 바 있다. 아울러 인공지능 에이전트가 직원과 함께 일하는 '디지털 인력'이 돼 업무를 처리하게 될 것이라고도 했다. 또한 황은 2025년 6월 프랑스 파리에서 열린 '엔비디아 GTC 파리'에서 "전 세계 어디서든 인공지능 에이전트를 실행할 수 있는 시대"가 왔다며 생성형 인공지능에서 인공지능 에이전트 시대로의 전환을 강조했다.

맥킨지는 「기술 트렌드 전망 2025」에서 세계 경제를 견인하는 신기술 중 인공지능 에이전트에 대한 투자가 가장 빠르게 성장하고 있다는 분석을 내놨다. 글로벌 인공지능 에이전트 시장은 연평균 46%로 성장해 2030년 500억 달러 이상으로 커질 것으로 전망했다.

인공지능 에이전트는 기존의 생성형 인공지능과 같이 사용자의 입력에 반응하는 것이 아니라 스스로 목표를 설정하고 행동하는 '자율성'이 있으며 메모리를 활용해 사용자와의 상호작용을 저장하고 학습해 맞춤형 응답이 가능하다. 웹 브라우저 검색 등 다양한 외부 도구를 활용하고 실시간 정보를 수집해 작업을 수행한다. 목표가 달성될 때까지 자율적 반복을 실행하며 사용자와의 상호작용을 통해 선호도와 행동 패턴을 학습해 마치 뛰어난 개인 비서와 같은 서비스를 제공한다.

미국 소프트웨어 서비스 기업 클라우데라가 한국을 포함한 14개국 IT 리더 1,500명을 대상으로 2025년 설문조사를 해「기업용 인공지능 에이전트의 미래」라는 보고서를 냈다. 응답자의 96%가 향후 1년 이내에 인공지능 에이전트 활용을 확대할 계획이라고 밝혔다. 인공지능 기술의 발전은 이제 단순한 자동화를 넘어 '에이전트'라는 형태로 진화하며 사회 전반에 혁명적 변화를 예고하고 있다.

금융 분야에서는 이상 거래 탐지, 리스크 평가, 투자 자문 지원에 주로 활용되고 있다. 실시간으로 의심 거래를 감지하고 리스크를 평가하고 맞춤형 투자 조언을 제공한다. 제조업에서는 프로세스 자동화, 공급망 최적화, 품질 관리에 적용되고 있다. 생산 설비를 실시간 모니터링해 결함 발생을 빠르게 발견하고 물류 경로 재조정으로 지연을 방지하며 업무 자동화로 효율성을 높이는 것이다.

헬스케어 분야에서는 진료 예약 관리, 진단 지원, 의료 기록 처리에 쓰이고 있다. 인공지능 에이전트는 진료 일정 조율, 전자 의무 기록EMR 탐색, 영상 진단 지원 등을 통해 의료진의 부담을 줄인다. 통신 분야는 고객 지원 챗봇, 고객 경험, 보안 모니터링에 주로 활용되고 있다. 인공지능 에이전트는 서비스 이슈를 즉시 해결하고, 고객 행동 데이터를 분석해 위험에 빠진 고객을 감지하고, 네트워크를 보호하는 역할을 한다.

국내에서는 금융과 보험 분야의 이상 거래 탐지, 제조업의 불량 감지, 소매와 이커머스는 수요 예측, 헬스케어 분야는 환자 모니터링, 통신업계는 고객 지원에 인공지능 에이전트를 가장 많이 도입한 것으로 나타났다.

그러나 이러한 변화가 긍정적인 방향으로 실현되기 위해서는 반드시 해결돼야 할 과제가 있다. 첫 번째는 프라이버시와 보안의 문제다. 인공지능 에이전트가 효과적으로 기능하기 위해서는 방대한 양의 개인 데이터가 필요하다. 그런데 프라이버시 침해와 데이터 오용의 위험을 내포한다. 따라서 엄격한 데이터 거버넌스 체계와 투명한 인공지능 윤리 지침이 필수적이다. 두 번째는 '디지털 격차Digital Divide'의 심화 가능성이다. 경제협력개발기구OECD의 연구에 따르면 디지털 기술에 대한 접근성과 활용 능력의 차이로 인해 빈곤층과 부유층 간의 소득 격차가 향후 10년간 최대 60%까지 확대될 수 있다고 경고한다. 세 번째는 일자리 변화에 대한 대비다. 직장인의 재교육과 직무 전환을 위한 사회적 안전망 구축이 시급하다. 네 번째는 인공지능 의존성과 인간 자율성의 균형이다. 인공지능 에이전트에 지나치게 의존하게 되면 비판적 사고, 창의성, 판단력이 낮아질 가능성이 높다. 인공지능은 인간의 능력을 확장하는 도구로 활용하고 핵심적인 의사결정과 가치 판단은 반드시 인간의 영역으로 남아야 할 것이다.

맥락적 판단, 윤리적 결정, 창의적 사고나 전략적 방향 설정 등은 아직도 인간의 몫으로 남아 있다는 평가다. 이제는 '인공지능이 인간을 대체할 것인가?'가 아닌 '무엇을 인공지능에 맡기고 무엇을 인간이 해야 하는가?'에 대한 전략적 사고가 필요한 시점이다.

2

균형의 장치

: 악마의 대변인은 조직을 극단에서 구한다

"악마의 대변인은 반대를 위한 반대가 아니라 권력의 독단을 막고 더 나은 의사결정을 만들기 위한 필수적인 검증 장치다."

프란치스코 교황의 선종으로 차기 교황을 선출하는 '콘클라베Conclave'가 2025년에 열렸다. 콘클라베는 로마 가톨릭교회에서 교황을 선출하는 비밀회의, 즉 교황 선거를 의미한다. 라틴어 쿰 클라베cum clave에서 유래했는데 쿰cum은 ~와 함께with고 클라베clave는 열쇠Key다. 즉 '열쇠와 함께(열쇠로 잠긴 방)'라는 의미인데 회의가 진행되는 동안 외부와 단절된다. 교황이 사망하거나 사임할 때 선거권을 가진 추기경들이 모여 새 교황을 선출하기 위해 열린다. 단 선거권은 80세 미만의 추기경들만 갖는다. 전체 투표자의 3분의 2 이상 표를 얻는 추기경이 교황으로 추대되기 때문에 결론이 날 때까지 투표는 계속되며 회의에 참석하는 모든 추기경이 유권자인 동시에 후보자가 된다.

초창기 교황은 지역 성직자와 신자들의 선거로 뽑혔다. 그러나 교황의 영향력이 커지자 교황 선출에 황제, 왕, 귀족의 간섭이 커졌다. 이에 1059년 니콜라오 2세 교황은 선거권을 추기경들에게 국한했고 1179년 라테라노 공의회에서 3분의 2 이상 득표해야 교황으로 선출될 수 있도록 했다. 그러나 1268년 비테르보에서 열린 교황선거는 무려 3년이 다 되도록 끝나지 않았다. 긴 선거에 지친 비테르보 시민들은 성당 문을 밖에서 잠그고 빵과 물만 제공하며 빠른 결정을 촉구했고 결국 2년 9개월 2일 만에 교황이 선출됐다. 이렇게 콘클라베가 시작됐다. 첫 콘클라베로 선출된 그레고리오 10세 교황이 1274년 콘클라베를 제도화하면서 오늘에 이르고 있다.

현재 콘클라베는 바티칸의 시스티나 경당에서 진행된다. 콘클라베가 바티칸 시스티나에서 처음 열린 것은 알렉산데르 6세를 선출했던 1492년부터지만 1878년 레오 13세 선출부터 지금까지 시스티나에서만 교황 선출이 이뤄지고 있다. 그래서 시스티나 성당은 미켈란젤로의 천장화와 최후의 심판 등 예술적인 가치와 함께 콘클라베의 상징적인 장소로 인식되고 있다.

추기경 선거인단은 콘클라베 첫날부터 투표를 시작한다. 첫날에 결정이 나지 않으면 둘째날은 오전과 오후에 2번씩 투표한다. 만약 둘째 날까지 결정이 되지 않으면 셋째 날은 투표는 하지 않고 기도와 묵상만 한다. 그리고 다음 날부터는 결론이 날 때까지 매일 하루에 4번씩 투표하게 된다.

콘클라베는 엄격히 격리된 상황에서 실시된다. 추기경들은 바티칸 외부로 나갈 수 없으며 라디오, TV, 신문도 볼 수 없다. 외부인과의 전화 통화도 불가능하다. 추기경의 숙소에는 청소 직원, 의사, 고해성사를 듣는 사제 외에는 그 누구도 출입할 수 없다. 이들 또한 비밀을 지킬 것을 맹세한다. 콘클라베 기간에는 매일 사용한 투표 용지를 태우는데 외부인들은 시스티나 성당 굴뚝에서 나오는 연기의 색깔로 교황 선출 여부를 알 수 있다. 흰 연기가 나오면 교황이 선출됐다는 것이고 검은 연기는 실패했다는 의미이기 때문이다.

전통적으로 교황 선출권이 있는 추기경 수는 120명 이하로 제한돼 임명됐다. 그러나 프란치스코 교황은 재임 중 80세 미만 추기경을 더 많이 임명했다. 그래서 이번 콘클라베에는 역대 최고로 많은 전체 225명 중 135명이 참석했다. 지금까지는 115명이 최대였다. 콘클라베 기간은 정확히 예측할 수 없지만 길어도 5일은 넘지 않으리라고 예상된다. 역대 평균은 사흘이었다. 20세기 이후 가장 길었던 콘클라베는 1922년 14번의 투표를 거친 비오 11세 교황 선출 때인 5일이었다. 가장 짧았던 때는 단 3차례 투표로 이틀 만에 결론이 났다.

현실의 콘클라베와 함께 에드워드 버거 감독의 영화「콘클라베」도 큰 인기를 끌었다. 2025년 아카데미와 골든글로브 각색상 등을 수상했고 정치 칼럼니스트 출신 작가가 2013년 쓴 동명 소설이 원작이다. 2025년 3월에 개봉했다가 교황 선종 이후 박스 오피스 상위권에 오르며 역주행 중이다. 영화는 고증을 통해 콘클라베 과정을 사실적으로 상세하게 그리고 있다.

콘클라베에서 악마의 대변인Devil's Advocate의 역할이 매우 중요하다. 새로운 교황을 선출하는 과정에서 신중함과 공정성을 강화하는데 기여하기 때문이다. 1587년 교황 식스토 5세에 의해 제도화된 악마의 대변인은 교황 후보자들을 상세하게 조사하고 분석해서 과거 행적과 품성에 대한 부정적 의견과 근거들을 제시하는 역할을 한다. 이는 후보자의 신학적, 도덕적, 행정적 능력을 철저히 평가하는 데 목적이 있다. 악의를 가진 비판보다는 선의의 비판자 역할을 하는 것이다. 즉 후보자가 성인으로 인정받기에 충분한 자격이 있는지 철저히 검토하고 반론을 제기하며 객관성을 유지하기 위함이다. 그러나 가톨릭 성직자만 이 직무를 수행하는 것은 아니며 때로는 여러 분야의 전문가에게 위탁하는 때도 있다. 교회 내적 시선으로 평가하기 어렵거나 철저하고 혹독한 검증이 필요하다고 여겨질 때는 무신론자나 더 나아가서 반종교론자에게 맡기기도 했다.

악마의 대변인의 가장 유명한 사례는 영미 지식인 논객 크리스토퍼 히친스Christopher Eric Hitchens에게 교황청이 테레사 수녀의 시복을 앞두고 비판을 요청한 것이다. 히친스는 저서 『자비를 팔다The Missionary Position』에서 이미 마더 테레사 수녀에 대해 통찰력 깊은 분석과 비판을 가한 일이 있어 선정됐다. 히친스는 후보자에 대한 증언은 『성경』이 책상 위에 놓인 조용한 방에서 성직자들만 배석한 상태에서 이루어졌으며 기탄없이 할 말을 다 하도록 하는 분위기였다고 회고했다. 또한 이러한 검증 시스템을 매우 좋게 평가했다. 그러나 1983년 교황 요한 바오로 2세가 시성(성인으로 인정)이나 시복(복자로 인정) 절차를 개혁하면서 공식적인 악마의 대변인 역할은 사라졌다.

하지만 콘클라베에서는 여전히 토론과 검토 과정이 활발히 이루어지고 있다. 후보자에 대한 철저한 평가를 통해 제일 나은 선택을 하기 위해 노력하고 있다. 악마의 대변인 제도가 폐지된 후에도 천주교는 교구와 교황청의 다단계 심사, 전문가 검토, 그리고 추기경단의 심의를 통해 더 객관적이고 엄격하게 성인 인정 과정을 진행하고 있다.

가톨릭에서는 공식적으로 사라졌지만 오히려 이러한 제도는 최근 비즈니스를 비롯한 다양한 조직에서 활발히 도입되고 있다. 특히 경영자나 권력을 가진 특정인이 독단적으로 잘못된 의사결정을 하는 것을 사전에 방지하기 위해서다. 중요한 의사결정에는 반드시 외부 전문가들의 객관적인 의견이 첨부돼야만 정책이나 사업을 추진할 수 있도록 제도적으로 강제하는 것이다. 대통령 선거에 활용된다면 후보자의 정책이나 공약이 현실적으로 실행 가능한지, 도덕적 결함이나 숨겨진 문제가 있는지 등을 날카롭게 분석하는 역할을 할 수 있다. 이를 통해 유권자들은 더 균형 잡힌 시각을 가질 수 있고 감정이 아닌 논리적인 판단을 내리는 데 도움을 주게 된다.

이러한 관점에서 노벨경제학상 수상자인 리처드 탈러 시카고대학교 교수의 저서 『행동경제학misbehaving』에서 제시한 '사전부검The Premortem' 제도를 도입한 기업들도 늘어나고 있다. 사전부검은 중요한 의사결정에 앞서 추진하려는 사업이나 제도가 제대로 진행되지 않고 처참한 실패로 끝났다고 가정하고 어떻게 해서 그런 일이 벌어졌는지 의견을 제시하고 토론하는 제도다. 실제 문제가 발생한 뒤 원인을 파악하기 위해 이루어지는 '사후부검postmortem'과는 달리 실패를 예방할 가능성이 커지며 예상치 못한 창의적인 아이디어가 도출돼 리스크를 줄이는 데 효과적이다.

결국 악마의 대변인은 단순히 '반대하는 역할'이 아니라 더 나은 의사결정을 위한 필수적인 요소다. 균형 잡힌 시각을 제공하고 미래의 리스크를 줄이고 후광효과와 확증편향에서 벗어나고자 하는

것이다. 모두의 존경을 받는 지도자가 탄생하기를 진심으로 기원
한다.

3

오판의 이유

: 왜 리더의 자기반성이 어려운가

"인지 부조화는 인간이 자신의 잘못된 판단을 인정하기보다 변
명과 자기합리화로 현실을 왜곡하게 만드는 심리다."

우리는 흔히 기계는 감정이 없고 실수를 하지 않는다고 믿는다.
하지만 그러한 믿음이 깨지는 연구 결과가 나왔다. 마자린 바나지
하버드대학교 심리학과 교수는 오픈AI의 GPT-4o를 대상으로 인
지부조화Cognitive dissonance를 테스트했다. 놀랍게도 인공지능이 단
지 '말을 흉내 내는 도구'를 넘어서 인간처럼 '자기 정당화의 언어
적 구조'까지 재현할 수 있음을 보여줬다.

인공지능이 수많은 인간 담론을 학습한 결과 인간의 사고방식뿐
아니라 인간의 자기기만과 비합리성까지도 언어적으로 모방한다
는 것이다. 특히 인공지능이 설득, 조언, 평가 등의 역할을 할 때 인
간처럼 '후회'하거나 '생각을 바꾸는 것처럼 보이는' 행동을 한다는
것이다. 결론적으로 GPT-4o가 인지 부조화를 겪지는 않지만 그
것을 언어적으로 시뮬레이션은 할 수는 있다는 것이다. 이는 인공
지능이 제공한 정보를 지나치게 신뢰하면 오히려 오판을 할 수 있

음을 시사한다고 바나지 교수는 강조했다.

인지 부조화는 한 사람이 동시에 두 가지 이상의 상반되는 신념, 생각, 가치, 또는 행동을 가질 때 느끼는 심리적 불편함이나 스트레스를 의미한다. 생각이나 신념처럼 자신의 인지와 행동 사이의 불일치를 해소하기 위해 노력하는 과정에서 나타난다. 이때 사람에 따라 다양한 반응을 보인다. 자신의 잘못된 판단을 인정하고 신념이나 태도를 바꾸거나 행동을 바꾼다. 그래서 새로운 정보를 받아들이고 기존의 정보를 재해석한다. 그러나 대부분의 사람은 인지 부조화를 의식적으로 무시하거나 외면한다. 즉 자신의 판단과 선택을 비합리적으로 정당화하려고 행동하는 것이다.

담배를 피우는 사람은 아무리 해롭다는 정보가 넘쳐나도 끊지 않고 자신은 괜찮다고 생각하거나 스트레스 해소에 도움이 된다고 합리화하는 것이다. 또한 어떤 종목에 확신을 하고 투자했는데 주가가 폭락하면 자신의 판단이 옳았다고 믿고 싶은 마음과 시장 상황이나 객관적인 정보와의 차이에서 인지 부조화를 겪게 된다. 이때 많은 사람이 자신의 신념을 바꾸는 대신 자신의 결정을 합리화하기 위해 손절 회피 혹은 물타기를 하는 등 과도한 위험 추구 행동을 하게 된다.

가짜 뉴스가 퍼져 나가는 이유로 확증편향이 거론된다. 확증편향을 설명하는 원리 중 하나가 인지 부조화다. 자신의 정치 성향과 반대되는 특정 언론을 믿고 거르는 '선택적 노출'이나 지지하는 정당에 불리한 기사를 무턱대고 가짜 뉴스라고 깎아내리는 '선택적 지각' 등이 인지 부조화를 해결하는 태도라 할 수 있다. 팩트 체크 기사도 예외는 아니다. 팩트 체크 결과 자신의 정치 성향과 들어맞을 때 매우 정확하다고 평가하고 적극적으로 다른 사람과 공유하려는 의향을 강하게 보인다. 그러나 자기 뜻과 불일치할 때 해당 이슈가 별로 중요하지 않다고 평가절하하거나 조작된 결과라며 애써 외면함으로써 인지 부조화를 줄이려는 경향을 나타내는 것이다. 많은 사람이 유튜브에 중독되는 이유다.

『이솝 우화』 중에 나오는 「여우와 포도」 이야기가 가장 대표적인 인지 부조화의 사례다. 자신의 능력이 부족해 딸 수 없는 포도를 신 포도라고 깎아내리면서 못 따는 것이 아니라 안 따는 거라며 자신을 합리화한다. 니체는 단편 모음집 『인간적인, 너무나 인간적인』에서 여우보다 더 뻔뻔한 인간을 언급한다. '자신의 실패를 인정하지 않고 변명과 억지만을 늘어놓는 사람'이다. 여우는 "어차피 시어서 못 먹을 거야."라고 자기합리화를 하며 그냥 그 자리를 떠나지만 사람들은 멀쩡한 포도를 신 포도라고 앞장서서 거짓 소문까지 낸다는 것이다.

심혈을 기울여 추진했던 프로젝트가 실패로 끝났을 때 '여우보다 더 뻔뻔한 리더'는 실패를 온갖 변명으로 포장한다. 실패할 수밖에 없었던 이유를 내부가 아닌 외부 탓으로 돌리거나 특정 인물 때문인 것처럼 조작하기도 한다. 나약한 존재로 인식되는 게 두려워 책임을 전가하는 것이다.

포도를 딸 능력이 부족할 때 필요한 건 변명과 자기합리화가 아니라 자기반성과 끊임없는 노력이라는 것을 명심해야 할 것이다.

4

보이지 않는 권력

: 이사회는 독립적 전략 파트너다

"사외이사는 단순한 감시자가 아니라 기업의 미래를 함께 설계하면서도 경영진을 견제할 수 있는 독립적 전략 파트너여야 한다."

매년 가을 전 세계의 이목이 쏠리는 '애플 이벤트Apple event' 무대에 서는 팀 쿡 CEO의 손목에는 언제나 애플워치가 채워져 있다. 하지만 정작 우리가 주목해야 할 곳은 그의 발일지도 모른다. 그는 종종 아이패드로 특별 디자인된 나이키 스니커즈를 신고 등장한다. 이는 단순한 패션 취향을 넘어선 고도의 전략적 행보다. 팀 쿡은 2005년부터 20년째 나이키의 사외이사로 활동하고 있다. 현재는 선임 사외이사이자 보상위원회 의장이라는 중책을 맡고 있다.

시가총액 세계 1위를 다투는 기업의 수장이 왜 귀한 시간을 쪼개 나이키 이사회에 참석하는 것일까? 한국적 정서로는 도저히 이해하기 힘든 일이다. 표면적인 이유는 공급망 관리의 달인인 쿡이 전문 지식을 나이키에 전수하는 것이다. 하지만 그 이면에는 두 기업의 생태계를 통합하려는 거대한 전략이 숨어 있다. 애플은 하드웨어 제조를 넘어 헬스케어와 서비스 기업으로 진화하고 있고 나이키는 단순한 신발 회사에서 피트니스 플랫폼으로 거듭나고 있다. 그래서 애플은 나이키의 강력한 '팬덤'을 이식받고 나이키는 애플의 '기술력'을 빌려 각 사의 특성에 적합한 강력한 디지털 피트니스 플랫폼을 구축할 수 있는 윈윈Win-Win 구조를 형성하고자 한 것이다.

이를 위해 쿡이 나이키 이사회에 참여해 전략적 동맹 관계를 맺은 것이다. 이러한 결실은 2000년대 '나이키+ 아이팟'부터 현재의 '애플워치 나이키 에디션'까지 이어지고 있다. 최근에는 인공지능과 데이터 협력도 강화하면서 이종 업종 간 시너지를 극대화하고 있다. 애플도 팀 쿡이 나이키 이사회에서 읽어낸 라이프스타일 트렌드를 헬스케어 사업에 반영하고 있다. 또한 미중 갈등 속에서 중국과 베트남을 핵심 생산 기지로 공유하는 두 회사는 이사회를 통해 지정학적 리스크와 물류 대란에 대한 정보를 긴밀히 공유하며 위기를 극복하고 있다.

팀 쿡이 나이키의 사외이사로 활동하는 것은 글로벌 거대 기업 간의 전략적 파트너십과 경영철학의 공유라는 중요한 의미가 있다는 평가가 중론이다. 쿡은 나이키의 실적 부진을 타개하기 위해 CEO로 엘리엇 힐을 새로 선임하는 등 구조조정과 전략 수정에도 깊이 관여한 것으로 알려졌다. 중요한 순간마다 핵심적인 역할을 한 것이다. 2025년 말 나이키의 실적 부진으로 주가가 급락하자 쿡이 사비로 300만 달러의 주식을 매수한 행보는 이사로서 '책임'을 시각화한 상징적 사건이었다. 나이키 이사회 멤버와 경영진의 시장 내 주식 매입 사례 중 최대 규모였다. 쿡의 주식 매입 소식에 주가는 4.6%나 올랐다. 『월스트리트저널』은 "팀 쿡이 나이키에 크리스마스 선물을 안겼다."라고 평가했다. 사외이사가 단순히 회의에 참석해 보수만 받는 자리가 아니라 기업의 영혼을 공유하고 미래를 함께하는 동반자임을 보여준 것이다.

그러나 현직 CEO의 타사 사외이사 겸직은 '양날의 검'이기도 하다. 교수나 관료 출신 사외이사가 줄 수 없는 현장의 감각을 갖춘 '살아 있는 경영 지식'을 전수하고 비경쟁 분야 간 혁신 아이디어를 수혈할 수 있다는 점은 큰 장점이다. 마이크로소프트 사티아 나델라와 스타벅스 그리고 GM의 메리 바라와 디즈니의 협력이 대표적인 예다. 나델라는 스타벅스 이사회에서 '클라우드 컴퓨팅'과 '인공지능을 통한 고객 데이터 분석' 노하우를 공유하며 스타벅스의 디지털 전환을 이끌었다. 바라는 디즈니 이사회에 합류해 '자율주행 자동차 시대의 인포테인먼트' 전략을 자문했다.

반면 본업에 소홀해질 수 있다는 업무 과부하 우려가 상존한다. 수천조 원이라는 천문학적인 시가총액의 글로벌 기업 CEO가 본업에 집중하지 못하고 타사 회의에 시간을 뺏기는 것에 대해 주주들은 극도로 예민하다. 또한 '이해 상충'의 리스크도 존재한다. 과거 구글의 에릭 슈미트가 안드로이드와 아이폰의 경쟁 심화로 애플 이사회에서 물러난 사례는 산업 간 경계가 사라지는 시대에 겸직이 얼마나 위험한지를 잘 보여줬다. 나아가 CEO끼리 서로의 이사회를 지켜주는 '그들만의 카르텔'이 형성되면 사외이사 본연의 임무인 경영 감시 기능이 무력화될 수 있다.

최근 실리콘밸리에서도 이러한 이유로 CEO의 타사 이사 겸직을 제한하거나 금지하는 추세가 뚜렷하다. 지금까지 미국 S&P500 기업 CEO들 사이에서 타사 사외이사 겸직은 '커리어의 훈장'처럼 여겨졌다. 그래서 CEO 1명이 2~3개의 타사 이사회에 참여하기도 했지만 현재는 최대 1개까지만 허용하거나 아예 금지하는 기업이 늘고 있다. 실제로 2012년 S&P500 CEO 1인당 평균 1.2개였던 타사 이사직은 최근 0.6개 수준으로 급감했다. 구글의 순다르 피차이나 메타의 마크 저커버그처럼 본업 외의 외부 사외이사직을 아예 맡지 않는 CEO들이 많아지고 있다. 블랙록이나 뱅가드와 같은 거대 자산운용사들도 '현직 CEO는 타사 사외이사를 1개 이하로만 맡아야 한다.'라는 가이드라인을 엄격히 적용하고 있다.

한편 겸직의 문제를 넘어 지배구조의 독립성 이슈로 CEO가 이사회 의장을 겸하는 것에 대한 부정적인 시각도 증폭되고 있다. 세계 최대 은행 JP모건의 주주들은 제이미 다이먼 CEO가 이사회 의장직까지 겸임하는 것에 강력히 반대했다. "경영과 감시를 한 사람이 다 하면 위험 관리가 안 된다."라는 이유였다. 분리안은 부결됐지만, 주주들의 40%가 찬성표를 던지며 큰 압박을 가했다. 골드만삭스도 CEO가 의장직을 겸직하는 것에 대해 주주들이 "이사회는 경영진을 견제해야 하는데 CEO가 의장까지 맡으면 독립성이 훼손된다."라고 강하게 비판했다. 일론 머스크는 '이사회와의 유착'으로 인해 소송을 당했다. 2018년 머스크의 막대한 보상 패키지가 승인될 때 주주들이 "이사회 멤버들이 머스크와 너무 친한 지인들이라 검토도 없이 승인했다."라며 소송을 제기한 것이다.

그동안 한국의 사외이사 제도는 실무 경영인C-Level 출신의 비중이 글로벌 주요국에 비해 현저히 낮은 상태에서 교수나 관료 출신들이 자리를 채우며 '거수기' 혹은 '외풍 막기'용으로 활용된다는 비판을 벗어나지 못했다. 팀 쿡과 나이키의 20년 동행은 한국 기업들에 중요한 시사점을 던진다. 우선 사외이사 구성의 전문성 패러다임을 법률과 회계 중심에서 실질적 경영 전문가 중심으로 전환해야 한다. 또한 독립성과 협력 사이의 균형이 필요하다. 그러나 한국의 사외이사는 지배주주와 지나치게 유착돼 있거나 현실을 전혀 모른 채 비현실적인 주장만 내놓는 경우가 많다. 실제로 기업 경영에 도움이 되지 않는다는 평가가 대부분이다. 기업의 장기적 가치를 높이기 위해 경영진과 머리를 맞대면서도 위기 상황에서는 단호한 결정을 내릴 수 있는 '실질적 영향력'을 갖춘 이사회가 절실한 것이다.

2025년 상법 개정으로 한국의 사외이사 제도가 법적 명칭의 변경을 넘어 독립성과 전문성이 획기적으로 강화되는 거버넌스 혁신의 원년이 될 것으로 전망된다. '사외이사'에서 '독립이사'로 단순히 명칭만 바꾸는 것이 아니라 기업 경영을 지원하면서도 견제 기능을 강화하기 위한 법적 요건이 만들어졌기 때문이다. 이제는 지금까지의 오명을 벗고 이사회가 주주 가치를 수호하는 독립적 의사결정 기구로 거듭나야 한다. 이는 결국 사외이사의 '역할'에 달려 있다. '누가 내 편이 돼줄 것인가?'를 고민하는 단계를 넘어 '누가 우리에게 가장 날카로운 질문을 던지고 혁신적인 길을 제시할 것인가?'를 고민해야 한다.

2026년 독립이사제로의 전환은 한국 기업 지배구조가 글로벌 스탠더드에 올라탈 수 있는 마지막 골든 타임일지도 모른다. 팀 쿡의 스니커즈가 단순한 패션이 아닌 전략적 동행의 상징이었듯 우리 기업들도 관행이라는 편안한 구두를 벗고 혁신의 현장을 누빌 '날카로운 스파이크'를 신어야 한다. 이것이야말로 코리아 디스카운트를 종식할 가장 중요한 첫걸음이 될 것이다.

5

권력의 전쟁
: 조직도 부부처럼 장미의 전쟁을 치른다

"남녀 갈등의 근본 원인은 능력 차이가 아니라 서로 다른 렌즈로 세상을 바라보는 데 있다. 그 다름을 이해하고 존중할 때 조직의 집단지성이 작동한다."

세계적으로 엄청나게 흥행에 성공했던 마이클 더글러스 주연의 영화 「장미의 전쟁」의 결말은 너무나 충격적이다. 사랑해서 결혼한 남녀가 아이 둘을 키우며 상당한 부도 이루고 행복한 생활을 하다가 어느 날부터 사소한 일로 다투는 일이 많아졌다. 그러다 다툼은 점점 커지고 서로가 한 치의 양보도 없이 치열하게 싸우다가 결국 둘 다 부부싸움 중에 사고로 사망한다는 다소 황당한 블랙 코미디 영화다. 일반적으로 부부 갈등을 다룬 영화나 드라마에서는 배우자의 외도나 금전적인 문제와 같이 '명확한 사유'가 등장하게 마련이다. 그런데 이 작품에선 부부가 파국으로 치달을 때까지 이렇다고 할 설명이 없다.

이러한 장미의 전쟁은 비단 가정에만 있는 것이 아니다. 여성 대통령이 탄생하고 여성의 사회적 진출이 눈에 띄게 늘어나면서 양성평등이 잘 이루어지는 것처럼 보이지만 사실 직장 내에서도 남녀 사이에 다양한 전쟁이 벌어지고 있다. 조직에서 남녀가 함께 일하면서 양쪽 모두 성공적인 성과를 내고 싶어 하지만 사사건건 이 부딪히며 오히려 역시너지를 내는 경우가 많이 발생한다. 하지만 좋지 않은 결과에 대한 원인과 책임을 서로에게 전가할 뿐이다. '왜 그런 일이 계속해서 일어나는가?'에 대해서는 근본적인 이유는 알지 못한 채 갈등의 골은 깊어진다.

이러한 문제에 대해 심도 있는 논의와 연구들이 활발하게 진행되고 있다. 『화성에서 온 남자, 금성에서 온 여자』로 너무나 유명한 존 그레이 박사와 바버라 애니스 젠더 인텔리전스 전문가가 제시한 '블라인드 스팟blind spot' 개념이 가장 많은 공감을 얻고 있다. 이들은 포천 선정 500대 기업 중 60여 곳의 남녀 임원들을 인터뷰하고 10만여 명의 직장인을 대상으로 설문조사를 진행했다. 그 결과 남녀 모두 '이성에 대한 이해 부족'이 직장 내 다양한 갈등을 일으킨다는 사실을 밝혀내고 '남녀 간 블라인드 스팟The 8 Blind Spots Between Men and Women in Business'으로 명명했다.

1970년대 초 양성평등 운동이 시작된 이후로 지금까지 남녀는 똑같이 생각하고 행동한다는 믿음에 익숙해져 있으며 조직에서는 맹목적으로 동일한 기준으로 다루려 했다. 그러나 애니스 박사팀의 연구에 따르면 놀랍게도 남녀는 일 처리 방식, 의사소통, 문제 해결, 의사결정, 갈등 해결, 업무 우선순위 선정, 감정 처리, 스트레스 해소 방식 등 8개의 블라인드 스팟이 존재하는 것으로 나타났다.

그중에서도 가장 대표적인 차이는 남성들은 업무에서 무엇보다도 결과를 중시한다는 것이다. 그러다 보니 과정에서의 문제점을 간과하는 경우가 많이 있다. 그러나 여성들은 결과 못지않게 과정을 중요하게 생각한다. 그러다 보면 의사결정까지 시간이 지나치게 지연되는 경우가 많다. 이러한 차이는 무의식적으로 발생한다. 다시 말해 조직 내 블라인드 스팟은 상대방의 생각이나 말을 오해하고 서로를 명확하고 확실하게 보지 못하게 방해하는 장애물로 생산성을 떨어트리는 주범이 될 수 있다는 것이다.

남녀의 다른 점은 능력에서 나온 결과가 아니며 서로 다른 시각과 경험이 있기에 근본적으로 다른 렌즈로 세상을 보기 때문이라는 것이다. 각각 다른 렌즈로 세상을 보기에 서로가 보지 못하는 사각지대가 발생할 수밖에 없다. 그래서 서로에게는 보이지 않는 사각지대를 인식하고 해결하려는 젠더 인텔리전스Gender Intelligence가 중요하다는 것이다.

그러나 애니스 박사팀과는 달리 즐라탄 크리잔Zlatan Krijan 아이오와대학교 심리학과 교수는 이러한 고정관념은 성별에 따른 차이가 클 것이라는 믿음에서 비롯된 부풀려진 결과물이며 남녀의 심리는 크게 다르지 않다는 내용의 논문을 학술지『아메리칸 사이콜로지스트American Psychologist』에 발표했다.

또한 다프나 조엘Daphna Joel 이스라엘 텔아비브대학교 신경과학과 교수도 저서『젠더 모자이크Gender Mosaic』에서 '화성 남자 금성 여자'의 시각에 대해 의문을 제기하며 "남성과 여성은 결코 화성과 금성으로 구분할 수 없으며 인간은 모두 지구라는 같은 별에서 왔다."라고 했다. 성인 1,400명의 MRI 검사 결과 남녀의 차이가 존재하지 않았다는 것이다.

하지만 '화성 남자 금성 여자'를 과학적으로 뒷받침하는 연구가 최근 부쩍 늘어나는 추세다. 미국 로체스터대학교 신경과학 연구소, 백신 생물학과 면역학 연구센터, 환경의학과, 의과학 교육센터, 시각 과학 연구센터 공동 연구팀은 뇌의 기능에서 핵심적인 역할을 하는 '미세 아교 세포miCROglia'가 성별에 따라 차이가 있다는 내용을 생명 과학 학술지『셀 리포츠Cell Repots』에 실었다.

비노드 메논Vinod Menon 스탠퍼드대학교 정신의학과 교수는 인공지능과 뇌의 활동을 판단하는 기능적 자기공명영상fMRI를 활용해 남녀의 뇌 구조 패턴에는 확실한 차이가 있으며 생각과 행동에도 영향을 미친다는 연구 결과를 발표했다. 메논 교수는 단지 뇌 영상만으로 남녀를 90% 이상 정확도로 판별해 냈다. 이 연구 결과는 오랫동안 논란이 된 '뇌 조직에 상당한 성별 차이가 존재한다.'라는 이론에 힘을 싣게 했다. 의학계에서도 '화성 남자 금성 여자'가 화두다. 남녀 간의 근본적인 차이가 큰 만큼 질병의 진단과 치료에도 이런 부분을 반영해야 한다는 것이다. 의학자들은 이를 '성차의학sex specific medicine'이라는 학문 영역으로 확장하고 있다.

이러한 연구들이 진행되는 가운데 최근 남녀 갈등은 우리나라 사회에서 매우 민감하고 중요한 화두가 됐다. 특히 Z세대 남성과 여성 두 집단은 정치 성향은 물론 직장 생활, 결혼, 출산 등에서 생각 차이가 점차 벌어지고 있다. 이러한 상황은 심지어 외국 언론도 우려를 표명하고 있다. 영국의『파이낸셜타임스』는 '한국은 젊은 남성과 여성이 갈라설 때 어떤 일이 벌어질 수 있는지 다른 나라에 경고하는 역할을 한다. 이 사회는 둘로 갈라졌다. 결혼율은 급락했고 출산율은 세계 최저다.'라는 내용의 칼럼을 게재하기도 했다.

인공지능 시대에서는 무엇보다 다양성이 중요하다. 남녀 비율이 비슷한 조직에서 경영 성과가 더 우수하다는 결과들도 속속 등장하고 있다. 그러나 우리나라는 경제협력개발기구OECD 29개국 대상 유리천장지수가 2013년 조사를 시작한 이후 12년 이상 최하위를 기록하는 불명예를 안고 있다. 리더스인덱스가 2025년 기준 30대 그룹 내 239개 사의 사외이사 850명을 분석한 결과에 의하면 여성 사외이사는 174명으로 20.4%에 불과하다. 2022년 자본시장법 개정으로 자산 2조 원 이상 상장사는 특정 성별로만 이사회를 구성할 수 없다는 규정이 추가됐지만 여전히 낮은 수준이다. 여성 사외이사 의무화가 도입됐지만 대부분 최소 인원인 1명만 선임하고 있으며 그나마 위반 시 처벌 조항이 없다. 더욱 심각한 문제는 30대 그룹 중 20개 그룹에 여성 사내이사가 한 명도 없다는 점이다. 인공지능 시대를 선도하기에는 갈 길이 너무 멀다.

위기에 빠진 대한민국의 경제 재도약을 위해 그 어느 때보다 집단지성이 절실하다. '서로의 다름을 인정하고 존중'하는 조화로운 다양성이 가장 중요한 첫걸음이 될 것이다.

6

구조의 해체

: 생존을 위한 상시적 구조조정 시대다

"빅테크 기업들의 감원은 위기의 신호가 아니라 인공지능 시대를 대비하기 위한 생존 전략이다. 변화의 속도에 맞춰 끊임없이 뛰지 않으면 어떤 기업도 살아남기 어렵다."

마이크로소프트가 또다시 대규모 감원을 진행한다고 밝혔다. 2024년에 1만 명을 내보낸 상태에서 추가로 전체 인력의 3%에 해당하는 6,500명 정도를 줄이겠다는 것이다. 그러나 2025년 5월에 발표된 마이크로소프트의 실적을 보면 전년 대비 매출은 13%이고 순이익은 18%나 증가했다. 시장의 기대치를 훨씬 웃도는 실적이다. 그 결과 주가는 사상 최고를 기록하고 있다. 이런 상황에서 추진하는 대대적인 구조조정이라 시장에 엄청난 충격을 주고 있다.

이와 관련해 미국 온라인 커뮤니티에 마이크로소프트에서 25년간 일한 남편이 하루아침에 해고당했다는 글이 올라왔다. 결근 한 번 없이 성실히 회사에 다녔으며 근무 성과도 우수한데 단지 알고리즘이 정한 기준으로 해고하는 게 정당하냐는 내용이다. 이번 감원에는 고성과자들도 상당수 포함됐으며 소프트웨어 개발자가 40%나 되는 것으로 알려졌다.

마이크로소프트는 "변화하는 시장 환경에 대응하는 데 필요한 결정"이라며 개인들의 성과와는 무관하게 전 세계, 모든 부서, 직급에 걸쳐 진행될 것이며 2024년에 단행한 성과 기반 감원과는 성격이 다르다고 설명했다. 인공지능과 클라우드 중심으로 비즈니스 재편을 가속하기 위한 포석으로 해석된다. 실제로 데이터 센터와 인공지능 개발 투자는 계속해서 늘리지만 비핵심 부문에 대한 투자는 급격히 줄이는 분위기다. 오픈AI와의 파트너십 확대는 물론이고 인공지능 기능이 강화된 오피스 및 애저Azure 서비스를 출시하며 인공지능 주도 기업으로의 변신을 꾀하고 있다.

페이스북의 모회사인 메타플랫폼도 2025년 전체 인력의 5%인 3,600명을 해고했다. 거기에는 2021년에 회사 이름까지 메타로 바꿔가며 메타버스 사업에 사활을 걸면서 가장 중요한 핵심 부서로 자리 잡았던 리얼리티 랩스의 인력도 포함됐다. 구글도 2025년에 전체 인력의 6%에 해당하는 1만 2,000개 일자리를 감축하겠다고 발표하고 비핵심 부서를 중심으로 감원을 진행하고 있다. 클라우드 부문 인력을 감축했으며 플랫폼 및 디바이스 부문에서도 수백 명을 감원했다. 아마존은 비용 절감 차원에서 디바이스와 서비스 부문 400명을 내보내겠다고 했다.

이들 빅테크 기업들은 비록 실적은 양호하지만 대규모 감원을 통해 확보한 막대한 자금을 미래 먹거리로 떠오른 인공지능 분야에 집중적으로 투자하겠다는 것이다. 인공지능이 사람이 하던 업무를 대신할 수 있게 되고 경쟁이 치열해지면서 비록 지금은 회사 실적이 좋고 잘나가지만 선제적으로 미래를 준비하겠다는 것이다. 그래서 인력 감축을 추진하면서도 인공지능 관련 인력들은 적극적으로 채용하고 있다. 인공지능을 업무 전반에 도입하는 이른바 인공지능 전환ax으로 인해 저성과자와 불필요한 관리 인력을 줄이고 인공지능 관련 연구개발과 인프라에 비용을 집중하는 효율화 전략이다. 마이크로소프트, 메타, 구글, 아마존 등 4개의 빅테크가 2025년 인공지능에 투자하겠다고 밝힌 금액은 무려 3,200억 달러에 달한다.

구조조정 추적 사이트인 레이오프스에 따르면 2025년 1월부터 5월 26일까지 전 세계 135개 테크 기업들은 6만 1,814명을 해고했다. 2024년에도 빅테크 기업들은 15만 명 이상을 해고했다. 2023년에는 26만 명 이상 해고했다. 인공지능 시대로의 급격한 전환 속에서 빅테크들은 막대한 자본력과 유연한 노동시장을 무기로 거침없는 혁신과 투자를 이어가고 있다.

조직 내 중간 관리자를 인공지능으로 대체하는 움직임도 뚜렷해지고 있다. 인공지능을 통해 의사결정이나 보고체계 자동화가 가능해지면서 이를 담당하는 중간 관리직의 필요성이 줄어들었기 때문이다. 글로벌 리서치 회사인 가트너는 "2026년까지 전체 기업 중 20%가 인공지능을 활용해 조직 구조를 수평화하고 중간 관리직의 절반 이상을 없앨 것"이라 전망했다.

인텔은 2025년에만 전체 인원의 20%인 2만 2,000명을 감원했는데 상당수가 중간 관리직이었다. 립부 탄Lip-Bu Tan CEO는 "중간 관리자가 많으면 회사가 너무 느리고 복잡하게 움직인다."라며 "민첩하고 효율적인 조직이 되기 위해 불필요한 계층을 과감히 줄이겠다."라고 했다. 아마존도 비슷한 이유로 인력 재편에 나섰다. 앤디 재시 CEO는 "사람을 많이 뽑다 보면 중간 관리자가 많아진다.

그들은 모든 일에 자신만의 흔적을 남기고 싶어 한다"라며 "그렇게 되면 불필요한 회의가 많아지고 의사결정이 지연되며 책임 소재가 애매해진다."고 지적했다.

또한 부진한 실적을 보이는 글로벌 기업들도 대대적인 감원에 나서고 있다. 대표적인 업종이 전기차 전환과 경쟁 격화에 직면한 자동차 업계로 경영 효율화를 이유로 인력을 감축하고 있다. 경영난에 직면한 닛산자동차는 전체 직원의 15%인 2만 명을 내보내고 전 세계 공장을 17개에서 10개로 줄이기로 했다. 아우디는 7,500명을 감원할 계획이라고 밝혔고 폭스바겐도 3만 5,000명을 줄이기로 노사 간 합의했다.

이 와중에 트럼프 행정부가 수입 자동차에 25% 관세를 부과하면서 글로벌 자동차 업계는 초토화되는 분위기다. 크라이슬러, 푸조, 피아트, 지프 등의 모회사인 스텔란티스는 캐나다와 멕시코 공장 가동을 중단하고 부품 공장 직원들을 대규모로 일시에 해고했다. 볼보도 미국 사우스캐롤라이나 공장 직원을 수백 명을 줄였다. 그러나 오히려 가격경쟁력과 기술력을 갖춘 샤오미와 비야디BYD 등 중국 전기자동차 업체들은 승승장구하며 독일과 일본 등 전통적인 자동차 강자들을 밀어내고 있다.

세계 최대 커피 체인점 스타벅스도 정리해고에 돌입했다. 브라이언 니콜 CEO는 지원부서 인력을 1,100명 줄이겠다고 밝혔다. 실적 부진으로 스타벅스의 2025년 1분기 순이익은 2024년 동기 대비 반토막이 났다. 또한 몇 년간 이어진 부진한 실적으로 최근 새롭게 나이키의 '구원 투수'로 투입된 엘리엇 힐 CEO는 전략, 인사, 마케팅 등 주요 부서 책임자를 모두 교체하고 대규모 구조조정에 들어갔다. 나이키 시가총액은 2025년에만 22% 넘게 떨어졌으며 최근 3년 고점 대비 67%나 하락했다. 일론 머스크가 이끌었던 정부효율부 도지DOGE가 연방준비제도 인력 10% 감축을 한 것과 별개로 국방부 등 특정 부처에서만 이미 6만 명 이상의 인력이 줄어들었다. 연방 정부 전체로는 지난 1년간 약 24만 명(전체의 10%)에 달하는 대규모 인력 감축이 이루어졌다.

엄청난 흑자를 내고 있지만 미래를 위해 효율적으로 사업 재편을 한다며 대규모 해고를 감행하는 글로벌 빅테크의 사례는 그저 '남의 나라' 이야기다. 1등 기업이 기존의 성공 방식에 갇혀 몰락하는 현상을 '1등 기업의 역설' 또는 '이카루스 패러독스'라고 한다. 과거의 성공 경험에 안주하며 변화하는 시장 환경에 적응하지 못하는 것이다. 그러나 빅테크 기업들은 이러한 패러독스에서 벗어나기 위해 혁신을 게을리하지 않는다. 요즘과 같이 급격한 변화의 소용돌이에서는 누구도 생존을 장담할 수 없다. 언제 블랙스완이 나타날지 모르기 때문이다.

가젤과 사자가 공존하는 아프리카 대평원 세렝게티에서는 모두가 생존을 위해서 끊임없이 달린다. 가젤을 먹이로 삼고 있는 사자는 굶어 죽지 않기 위해서 달리고 가젤은 사자의 먹잇감이 되지 않기 위해서 달린다. 글로벌 빅테크는 오늘도 뛰고 있다. 과거 찬란했던 레거시 기업도 다시 뛰고 있다. 모두 생존을 위함이다. 성장 동력을 잃어가는 우리 기업들도 다시 힘을 내서 뛰어야 한다. 열심히 뛰어야 생존이 가능하다. 아프리카 평원이나 비즈니스 세계에서나 통용되는 불변의 진리다.

7

생존의 선택

: 기업 분할은 전략적 판단이다

"삼성바이오로직스의 인적 분할은 바이오 사업의 경쟁력을 높이기 위한 전략적 선택이자 향후 삼성그룹 지배구조 변화의 가능성까지 내포한 중요한 전환점이다."

삼성바이오로직스는 2025년 5월 말 기준 회사를 존속법인 삼성바이오로직스와 신설법인 삼성에피스홀딩스로 인적 분할한다고 전격적으로 발표했다. 핵심 내용은 기존 바이오로직스는 의약품위탁개발생산CDMO 사업에만 집중하고 바이오시밀러 사업을 전개하는 자회사 삼성바이오에피스를 신설회사 에피스홀딩스로 넘긴다는 것이다. 결국 1개의 상장회사를 2개의 상장회사로 나누는 것이다.

분할 비율은 현재 순자산 장부가로 계산해 존속법인 0.6503913, 신설법인 0.3496087로 결정됐다. 기존 바이오로직스 주주는 존속회사 바이오로직스와 신설회사 에피스홀딩스 주식을 각각 65대 35 비율로 받게 된다. 현재 바이오로직스 주식 100주를 보유하고 있다면 인적 분할 후 바이오로직스 65주와 에피스홀딩스 35주로 나눠 갖게 되는 것이다. 2025년 10월 29일까지 모든 절차가 완료

됐다.

삼성바이오로직스는 글로벌 제약회사의 의약품을 위탁개발생산 기업으로 2024년 매출 4조 5,473억 원에 영업이익 1조 3,201억 원을 기록했다. 2025년 1분기 매출액은 1조 2,983억 원에 영업이익은 4,867억 원이다. 전년 동기 대비 매출액은 37.1%이고 영업이익은 무려 119.9%나 증가했다. 2023년 기준 전 세계 시장점유율은 9.9%로 스위스 론자, 중국 우시바이오로직스, 미국 캐털런트에 이어 4위다. 시가총액은 2025년 6월 30일 기준 71조 원으로 위탁개발생산 기업 중 1위를 기록하고 있다. 2011년 설립돼 14년 만에 글로벌 선도기업으로 성장해 그룹의 새 먹거리로 자리 잡은 것이다. 미국 보스턴에서 열린 세계 최대 바이오 전시회인 '2025 바이오USA'에서 전임상 단계의 임상시험수탁CRO 서비스를 시작한다고 선언하면서 바이오 의약품 밸류체인 확장에도 나섰다.

자회사인 삼성바이오에피스는 특허가 만료된 바이오의약품을 생산하는 바이오시밀러 업체로 2024년 매출 1조 5,377억 원, 영업이익 4,354억 원을 기록했으며 2025년 1분기에도 매출 4,006억 원, 영업이익 1,280억 원으로 호조를 보이고 있다. 사실 바이오에피스는 얼마 전까지 큰 주목을 받지 못했다. 복제약 특성상 단기간에 가시화된 성과를 내기 힘들 뿐만 아니라 수백 개 회사가 치열하게 경쟁하고 있기 때문이다. 그러나 2023년을 기점으로 매출 1조 원을 넘기면서 가능성과 기대감이 커졌다.

현재 바이오시밀러 전 세계 시장점유율은 화이자, 암젠, 일라이릴리, 바이오젠, 테바파마슈티컬 등 5개 업체가 25%를 차지하며 확고한 선두그룹을 형성하고 있으며 400개 이상의 기업이 치열하게 경쟁 중이다. 삼성바이오에피스는 머크, 베링거인겔하임, 노보 노디스크, 셀트리온 등과 함께 2위 그룹이다.

삼성바이오로직스가 공식적으로 밝힌 이번 인적 분할 사유는 '이해상충 해소'다. 기존 바이오로직스는 고객사가 위탁한 의약품 위탁개발생산 기업이고 자회사인 바이오에피스는 자체적으로 바이오 복제약을 개발해 판매하는 회사라 자칫 바이오로직스가 수주한 고객사의 영업비밀이 자회사인 바이오에피스의 신약 개발에 활용되는 것 아니냐는 우려가 꾸준히 제기되고 있다는 것이다. 특히 최근 바이오에피스의 바이오시밀러 사업이 점차 성장하면서 바이오로직스의 수주 경쟁력에 일부 영향을 미치고 있기에 두 회사를 법적으로 완전히 독립시켜서 이해충돌 우려를 해소하겠다는 것이다. 인적 분할을 하게 되면 양사는 서로 지분을 전혀 보유하지 않는 남남이 된다. 결국 사업을 분리해 '고객사와 경쟁하지 않는 구조'를 만들겠다는 것이다.

또한 삼성은 분할을 계기로 바이오 사업의 성장 속도를 더욱 높이겠다는 전략이다. 그래서 신설돼 상장된 에피스홀딩스에 바이오에피스뿐 아니라 또 하나의 자회사를 만들어 신기술 개발에도 적극적으로 나서겠다는 것이다. 그러나 주주의 권익 침해를 피하기 위해 바이오에피스는 앞으로 5년간 상장은 하지 않겠다고 밝혔다. 이러한 내용은 정관에도 기재하겠다고 했다. 에피스홀딩스에 2개 이상의 자회사가 존재하면 혹시 그중 1개 회사를 또다시 상장시켜 홀딩스의 기업가치가 훼손될 것을 염려하는 주주들을 안심시키려는 것이다. 과거 LG에너지솔루션이 상장하면서 모기업인 LG화학 주가가 폭락한 사례가 있었기 때문에 오해를 사지 않겠다는 뜻으로 읽힌다. 그러나 오히려 한편에서는 5년 후에는 상장하겠다는 의지를 우회적으로 나타낸 것이라는 의견도 있다.

대체로 시장의 평가는 삼성바이오로직스 분할이 시기의 문제일 뿐 예견할 수 있었다는 것이다. 위탁개발생산로 벌어들이는 막대한 현금과 축적된 기술 역량을 지렛대 삼아 부가가치가 훨씬 높은 신약 개발에 뛰어드는 것이 글로벌 바이오 기업으로 자리매김하는 당연한 수순이라는 논리다.

그러나 이번 인적 분할을 다른 시각으로 해석하는 전문가들도 있다. 이재용 회장의 지배력 강화에 활용될 여지가 있다는 것이다. 최근 거론되는 보험업법 개정이 이뤄지면 삼성생명은 보유 중인 삼성전자 지분 8.5% 가운데 상당 부분을 매각해야 한다. 그렇게 되면 자칫 삼성전자 경영권이 위협받을 수 있다. 삼성그룹 지배구조의 핵심인 삼성물산이 추가로 지분을 확보해야만 할 거란 분석이다. 이재용 회장이 최대 주주인 삼성물산은 기존 삼성바이오로직스의 지분 43.1%를 갖고 있다. 이는 2025년 6월 말 기준 가치로 30조 원이 넘는 규모다. 그래서 삼성물산이 분할된 기업의 지분을 일부 매각해 삼성전자 주식을 매입할 가능성이 높다는 것이다. 현재 삼성물산은 삼성전자 지분 5%를 소유하고 있다.

이재용 회장이 직접 보유한 삼성전자 지분율이 1.65%에 불과해서 이번 분할을 활용해 지분을 지금보다 높이는 작업을 할 거란 의견도 있다. 그러나 이러한 시나리오에 대해 삼성은 "인적 분할 이유는 단 한 가지로 바이오 사업의 경쟁력을 강화해 기업의 가치를 높이려는 밸류업의 하나일 뿐 그룹 지배구조 개편과는 무관하다."라고 확실하게 선을 긋고 있다.

삼성의 전자부문이 주춤한 상태에서 상대적으로 짧은 시간에 글로벌 기업과 어깨를 나란히 하게 된 바이오 사업을 더욱 강화해 이재용 회장의 '트로피 사업'으로 부각시키려 한다는 시각도 존재한다. 선대 이건희 회장이 반도체를 초격차 반열에 올렸다면 바이오 부분은 이재용 회장의 역작이라는 것을 보여주려 한다는 분석이다.

다양한 전망이 나오고 있지만 이번 분할로 삼성그룹 내에 중간지주회사가 탄생했다는 점에서 어떤 형태로든 향후 지배구조에 대한 개편 작업도 있으리라 보고 있다. 그러나 삼성이 전격적으로 추진한 바이오로직스 인적 분할이 단순 바이오 사업 경쟁력 제고 목적에 그칠지, 아니면 그룹 전반의 지배구조 개편의 초석이 될지는 시간을 갖고 지켜봐야 알 수 있다. 다만 삼성물산-제일모직 합병의 여파로 수년째 재판이 진행되는 상황에서 그 중심에 있는 삼성바이오로직스의 인적 분할은 시장의 커다란 관심을 불러일으킬 만하다. 더욱이 새로 들어선 이재명 정부가 상법 개정 등을 통해 기업의 지배구조 투명성 제고와 소액주주 권익 강화 등을 핵심 정책으로 내세우고 있다.

그렇기 때문에 삼성바이오로직스는 이번 인적 분할이 순수하게 밸류업을 위한 필연적인 선택이었음을 결과로 보여주어야 할 것이다. 반도체에 이어 바이오 산업이 대한민국 경제 성장의 새로운 견인차가 되기를 기대한다.

8

이미지 착각

: 후광이 강력하면 판단력을 잃는다

"후광효과는 사람의 눈을 가려 혁신과 사기의 경계를 흐리게 만든다. 그 앞에서는 세계 최고의 금융기관도 예외가 아니다."

세계 최대 은행인 JP모건 체이스가 아주 작은 핀테크 스타트업에 사기를 당한 사건이 알려지면서 충격을 주고 있다. 2025년 3월 말 미국 법원은 학자금 대출 관리 스타트업 '프랭크Frank'의 CEO인 찰리 재비스Charlie Javice에게 유죄를 선고했다. 재비스는 고객 수를 허위로 부풀려 JP모건에 1억 7,500만 달러(약 2,500억 원)를 받고 회사를 매각한 혐의를 받았다. 결국 2025년 9월 29일 미국 맨해튼 연방법원에서 85개월(약 7년)의 징역형을 선고받았다.

그녀는 뉴욕 부유층 가정 출신으로 펜실베이니아대학교 와튼스쿨에서 금융학을 전공했으며 졸업 후 학자금 대출 중계 비즈니스 모델로 프랭크를 설립했다. 와튼스쿨 인맥을 활용해 유명 벤처캐피털로부터 거액의 투자를 유치했으며 경제방송 CNBC에 출연해 이름을 알렸다. 『포브스』 30세 미만 젊은 창업가 30인에 선정되기도 했다. 『포브스』는 나중에 이 선정을 후회하며 그녀를 '수치의 전당Hall of Shame' 명단에 올렸다.

2021년 JP모건은 여러 금융사와의 경쟁 끝에 프랭크를 인수했다. 재비스는 회사를 매각하고 JP모건에 합류해서 관련 프로젝트를 담당해 왔다. 그러나 인수 1년도 안 돼 JP모건은 프랭크의 고객 정보와 데이터가 조작됐다며 재비스를 증권사기와 부당이득 등의 혐의로 고발했다. 재판 과정에서 재비스가 직원에게 데이터 조작을 지시했으나 거부하자 외부 용역을 맡겨 실제 고객 30만 명을 425만 명으로 부풀린 것이 확인됐다. JP모건은 재비스가 회사를 높은 금액에 매각하기 위해 데이터 과학 교수에게 1만 8,000달러를 지불하고 400만 명이 넘는 가짜 학생 이름을 넘겨받은 것으로 밝혀졌다. 검찰은 재비스를 전신 사기, 증권 사기, 은행 사기, 공모 혐의로 기소했다. 증권거래위원회도 사기 혐의로 기소했다. 재비스는 선고 전까지 발목 감시장치 착용 명령까지 받기도 했다. 아이러니하게도 이러한 범죄를 저지른 회사의 이름이 '매우 솔직한'이라는 뜻의 프랭크frank다.

월스트리트에서는 프랭크 사례를 '제2의 테라노스 사건'이라고 부르고 있다. 한때는 '제2의 스티브 잡스'로 불리며 차세대 기술 혁신 아이콘으로 떠올랐으나 지금은 사기 혐의로 텍사스 형무소에 수감된 테라노스의 엘리자베스 홈스를 떠올리게 하기 때문이다. 스탠퍼드대학교 재학 시절 19세의 나이에 아주 간편하게 질병 유무를 알 수 있는 기술을 연구하고 학교를 중퇴한 후 메디컬 스타트업 테라노스를 창업한 금발의 젊은 미녀 창업가는 투자업계의 엄청난 관심을 끌었다. 피 한 방울만 있으면 암을 포함한 250여 개 질병을 10~20분 만에 진단할 수 있는 진단 키트를 개발했기 때문이다. 그런데 가격도 단지 15달러에 불과하다는 것이다. 투자자들이 몰리며 기업가치는 90억 달러까지 올라갔다. 한순간에 최연소 여성 억만장자가 된 홈스는 검은 터틀넥을 입고 미디어를 누비며 '여자 스티브 잡스'의 캐릭터를 완성했다.

하지만 너무나 비현실적으로 환상적인 기술의 실체는 『월스트리트저널』의 끈질긴 탐사 끝에 허구로 밝혀지면서 신화는 무너졌다. 테라노스의 기술은 처음부터 존재하지 않았던 사기였다. 무려 12년간을 주주와 언론은 물론이고 심지어는 회사 직원들까지 속여왔다는 사실이 들통난 것이다. 결국 회사는 문을 닫았고 홈스는 '실리콘밸리 역사상 최악의 사기꾼'이라는 오명을 쓴 채 2022년 11년 3개월 형을 선고받고 현재 복역 중이다.

사건의 면면을 뜯어보면 테라노스와 프랭크 사건은 마치 쌍둥이처럼 세세한 부분까지 똑같다고 해도 과언이 아니다. '명문대 출신 젊은 여성이 혁신적인 비즈니스 모델로 전세계의 주목을 받으며 억만장자가 됐지만 알고 보니 사기였다'는 것이다. 이 과정에 언론과 권력자들이 적극적으로 개입했다는 점도 닮았다. 홈스와 재비스는 모두 『포브스』 주목 인물로 선정되면서 이름값이 높아졌다. 두 회사 모두 직원들은 회사의 실체를 파악하지 못했고 젊은 여성 CEO는 노련한 사업가 출신 남성 임원의 보좌를 받으며 독재자로 군림했다. 그리고 두 사건 모두 '불가능한 일'이라는 냉정한 판단은 '혁신과 가능성을 인정하지 않는 시기와 질투'로 치부됐다. 그리고 가장 충격적인 공통점은 제대로 된 실체도 모르는 채 홈스나 재비스를 뜨겁게 지지하고 투자와 자문을 아끼지 않았던 미국 사회의 거물들이 존재하고 있었다는 것이다. 결정적인 순간에 이들이 나서서 문제 해결에 앞장서기도 했다.

테라노스의 12년 사기극이 가능했던 이유를 두고 분석이 쏟아졌다. 무엇보다 강력한 후광의 힘이 사람들의 눈을 가렸다는 것이다. 홈스는 기술을 증명한 적도 없었다. 오히려 내외부에서 의혹이 수없이 제기됐지만 철저하게 무시됐다. 각 분야 리더들이 그녀의 허술한 변명을 철석같이 믿었던 것이다. 미국 식품의약국FDA 승인도 받지 못했고 의학 분야 투자자가 한 명도 없었다는 사실도 간과했다.

'미모와 스탠퍼드대학교'의 조합이 세계적 명성을 가진 수많은 리더의 눈과 귀를 가린 '합리성'을 만들어냈다. 미모의 일류대학 여대생이 거짓말을 할 리가 없다는 것이다. 바로 후광효과다. 하나의 두드러진 특성이 자신도 모르게 다른 요소들을 평가하는 데 영향을 미친다는 인지편향이다. 필 로젠츠바이크Phil Rosenzweig 스위스 IMD 교수는 저서 『헤일로 이펙트』에서 전문가가 저지르는 최악의 실수가 후광효과에 빠지는 것이라고 강조했다.

JP모건도 마찬가지다. 세계 최고 금융기관이 '젊고 매력적인 성공한 여성 CEO라는 이미지'에 빠져 허우적댔기 때문이다. 허술한 실사 과정이 특히 도마 위에 올랐다. 재비스의 명성과 프레젠테이션에 현혹돼 기본적인 데이터 검증을 소홀히 했다는 비판이다. JP모건 내부 직원 일부가 인수 전 데이터에 대한 우려를 제기했지만 무시됐고 외부 업체의 심층 검증 제안도 두 차례나 거절당했다. 심지어 프랭크가 보유한 500만 고객을 고려하면 인수 금액은 오히려 지나치게 낮은 금액이라고 평가했다.

사실 JP모건은 프랭크 인수를 처음 제안받았을 때는 굉장히 부정적으로 평가했던 것으로 알려졌다. 그래서 JP모건 소속 데이터 과학자 윔스 모리스Wims Morris에게 프랭크 인수 검토를 맡겼다. 모리스는 개발, 제품, 소비자, 기술, 재무, 법무 등 다양한 인력을 총동원해 실사팀을 꾸렸고 외부 대형 로펌도 참여시켰다. 그러나 이렇게 막강한 실사팀이 작은 스타트업의 실체를 전혀 파악하지 못하고 좋은 조건으로 회사를 인수한다고 잘못 판단하고 말았다. 테라노스와 같이 강력한 후광효과 때문으로 분석하고 있다. 지나고 생각하면 어이가 없는 일이지만 그 당시에는 창업자의 외모, 학력, 인맥을 포함해 수많은 언론의 찬사가 전문가들의 판단을 흐리게 했다는 것이다. 예를 들면 실사용 제출 자료에 6,000개 이상의 학교가 고객이라고 했는데 실제로는 30개밖에 안 됐는데도 그냥 지나쳤다.

JP모건은 프랭크 웹사이트를 폐쇄했으며 프랭크 인수 보도자료까지 지웠다. JP모건 CEO이자 월스트리트의 최고 실력자 제이미 다이먼은 "큰 실수였지만 실패에는 항상 교훈이 남기 때문에 직원들에게 괜찮다고 했다."라고 언론과의 인터뷰에서 말했다. 역사적으로 보면 실수에서 교훈을 얻는다는 말은 명백한 사실이다. 하지만 실수 또한 반복된다는 것도 잊지 말아야 한다. 우리가 자신도 모르게 빠져드는 후광효과를 항상 경계하고 두려워해야 하는 이유다.

9

1달러 클럽

: 연봉 1달러는 경영자의 철학과 메시지다

"위대한 기업의 리더십은 거액의 연봉이 아니라 위기 속에서 스스로 보상을 줄이고 인재와 미래에 투자하는 결단에서 나온다."

테슬라 이사회는 2025년 일론 머스크가 향후 2년 동안 CEO직을 유지한다는 조건으로 약 42조 원에 달하는 스톡옵션 부여를 의결했다. 이사회는 여러 사업을 동시에 진행하는 머스크가 테슬라에만 전념할 수 있도록 보상안을 제시했다고 밝혔다. 스톡옵션의 행사가는 23달러에 불과해 2025년 8월 25일 주가 340달러가 유지된다면 약 15배의 차익을 거둘 수 있다.

지난 2018년에도 주주총회에서 머스크에게 78조 원의 스톡옵션 보상안을 승인했다. 하지만 이를 반대하는 소액주주가 소송을 제기해 델라웨어 법원이 2024년 말 보상안을 무효로 판결했다. 이 소송을 심리한 판사는 테슬라 이사회가 사실상 머스크의 통제하에 있었다는 것을 강조하면서 보상 패키지가 지나치게 과도해 소액주주들의 이익을 침해한다고 판단한 것이다. 머스크와 테슬라 이사회는 판결에 불복해 델라웨어 대법원에 상고했고 특별위원회를 구성해 새로운 보상안을 고민해왔다.

글로벌 빅테크 기업 CEO들의 연봉은 매우 높으며 수천억 원대에 달하는 경우도 있다. 2023년 기준 순다르 피차이 구글 CEO는 3,160억 원, 마이크로소프트의 사티아 나델라는 약 1,100억 원, 애플의 팀 쿡은 880억 원을 받았다. 이들은 모두 전문경영인이다. 그에 반해 메타의 마크 저커버그, 테슬라의 일론 머스크, 구글의 세르게이 브린과 래리 페이지, 오라클의 래리 엘리슨, 스냅의 에번 스피걸 등의 연봉은 단지 '1달러'이다. 세금 공제 후 약 93센트이고 2주마다 4센트를 받는다. 이들은 경영권을 보유한 대주주들이다.

'연봉 1달러'는 글로벌 IT 업계에서 관행처럼 자리를 잡았다. 개인 재산이 많은 빅테크 창업자들을 중심으로 스스로 연봉을 줄이고 객관적인 성과에 따라 스톡옵션 등으로 보상을 받겠다는 것이다. 연봉은 1달러이지만 경영 성과가 좋으면 주식 보상 등을 통해 실제 보수는 얼마든지 늘어날 수 있다. 1달러 클럽 멤버 중에는 이미 충분한 부를 축적했다며 무보수로 일하는 CEO도 있다. 스티브 잡스는 1997년부터 2011년 사망할 때까지 보너스까지 마다하며 연봉 1달러를 받았다. '애플은 창업자 것이 아니라 주주들의 것이다. CEO는 기업 성장에 집중해야 한다.'라는 잡스의 경영철학이 업계 후배들에게도 전수되고 있다.

구글 공동창업자인 페이지와 브린도 2004년 구글 상장 이후부터 경영진에서 물러날 때까지 10년간 매년 1달러의 연봉만 받았다. 유명 CEO들의 '1달러 클럽' 동참은 점차 늘어나는 추세다. 『LA 타임스』는 1달러 CEO를 '새로운 지위의 상징'으로 평가했다. 저커버그는 "나는 이미 충분히 돈을 벌었고 그것으로 좋은 일을 하는 데 집중하고 싶다.”라며 연봉 1달러를 선언했다.

한편 기업가치 수백조 원에 달하는 오픈AI의 CEO 샘 알트먼의 연봉은 한화로 1억 원 정도다. 그는 전문경영인이지만 ‘건강보험료를 낼 수준’만 받겠다고 했다. 「블룸버그」는 알트먼의 순자산을 최소 2조 8,000억 원으로 추산했다. 이 자산은 오픈AI가 아닌 우버, 에어비앤비, 레딧 등에 투자해 모은 것으로 알려졌다. 엔비디아의 젠슨 황 CEO의 연봉은 10년 만에 49% 인상돼 2025년에 21억 원이 됐다. 전 세계 시가총액 1위 기업의 CEO로는 상당히 소박한 금액이다. 글로벌 금융위기 당시 젠슨 황도 1달러의 연봉을 받았다.

연봉 1달러의 원조는 제2차 세계대전 중 미국 정부에서 무보수로 일했던 사람들이다. 당시에는 보수 없이 일하는 것이 금지돼 있어서 형식적으로 1달러를 받는 것으로 계약한 것이다. 언론에 ‘1년에 1달러를 받는 남자들’로 알려졌다. 그로부터 수십 년이 흐른 후 위기에 처해 있던 자동차회사 크라이슬러의 CEO였던 리 아이아코카가 정부에 도움을 요청하면서 자신의 연봉을 1달러로 삭감한 것이 오늘날 재계로 퍼져나간 전기가 됐다. 아이아코카의 노력으로 크라이슬러는 재기에 성공했고 1달러 연봉은 ‘솔직한 리더십’과 ‘희생정신’의 상징이 됐다. 또한 어려운 시기를 돌파하겠다는 CEO들의 의지를 보여주는 기본 홍보 수단이 되기도 했다.

반면 한국에서는 그룹 회장들이 실적이나 성과와는 상관없이 매년 엄청난 연봉을 받고 있어 논란이 되고 있다. 2025년 공개된 상반기 상장기업 임원들의 보수를 보면 가장 많은 보수를 받은 대기업 총수는 163억 1,000만 원을 받은 두산그룹 박정원 회장이었다. 2024년보다 70% 늘었다. 박지원 두산그룹 부회장도 104억 원을 받았다. 5개 계열사에서 124억 2,100만 원을 받은 김승연 한화그룹 회장은 2024년 대비 2.3배가 올랐다. 롯데그룹 신동빈 회장은 98억 8,100만 원, 조원태 한진그룹 회장 92억 2,400만 원, 이재현 CJ그룹 회장은 92억 900만 원을 받았다. 2025년에도 어김없이 대기업 오너들은 거액의 보수를 받았다. 심지어는 경영난으로 지배구조 개편을 추진 중인 두산그룹 회장이 최고 연봉을 받았다.

한편 에이피알의 정재훈 전무와 이민경 전무는 스톡옵션 행사로 각각 168억 2,000만 원, 166억 7,700만 원의 시세 차익을 거두며 총수들보다 많은 172억 7,800만 원, 171억 3,500만 원을 받아 화제가 됐다.

최대 주주인 총수는 회사 경영실적이 좋아지면 주가가 올라가기 때문에 주식만으로도 충분한 보상이 될 수 있다. 그래서 성과와 무관한 총수들의 막대한 연봉은 자제돼야 한다. 유일한 방법은 기업의 지배구조의 투명성을 강화해 객관적 보상체계를 만드는 것이다. 2025년 상법 개정으로 총주주의 이익을 대변해야 하는 사외이사의 역할이 중요한 이유다.

왜 한국은 '1달러 클럽' 같은 상징적 리더십이 부재할까? 해외 성공 기업의 CEO들은 어려운 상황에서도 미래 투자와 인재 유치에 적극적이었다. 글로벌 금융위기 당시 엔비디아가 적자를 기록했을 때 젠슨 황은 주주들에게 편지를 보내 자신의 연봉을 1달러로 삭감하는 대신 그래픽처리장치GPU 기반 소프트웨어 플랫폼을 구축할 인력에 투자하겠다고 설득했다. 경영자가 솔선수범해 손해를 감수하지만 인재를 확보하는 일은 포기할 수 없다는 것이다.

구조조정에 성공해 화려하게 비상한 히타치는 삼성과 LG 등 후

발주자의 추격에 밀려 8조 원이라는 일본 제조업 역사상 최대 규모의 적자를 냈다. 그러나 비주력 사업을 모두 매각하고, 디지털과 전력 인프라로 사업을 전환해 2025년에는 5조 원의 흑자를 기록하고 있다. 이러한 드라마틱한 성공에는 이사회가 있었다. 외국인 사외이사를 영입하는 등 독립성을 높였고 이사회 멤버의 75%를 사외이사로 채웠다. 중요한 안건은 반드시 치열한 논의를 거쳐 이사회에서 결정한다.

인텔의 CEO였던 앤드루 S. 그로브는 "위기가 오면 나쁜 기업은 사라지고, 좋은 기업은 살아남고, 위대한 기업은 발전한다."라고 했다. 위기에 빠진 한국 경제의 부활을 위해서는 경영자들이 자신에 대한 보상보다는 그 어느 때보다 인재를 적극적으로 확보하고 기업의 투명성을 높이는 일에 매진해야 할 것이다. 우리나라에서도 진정한 리더십을 보여줄 'K-1달러 클럽'의 등장을 기대한다.

10

양날의 검

: 하이퍼스케일러 광풍은 거품 논쟁을 부른다

"인공지능 인프라 경쟁은 미래 산업의 기반이다. 하지만 과잉 투자와 부채 확대가 겹칠 경우 또 하나의 거대한 버블로 이어질 위험도 안고 있다."

영화 「빅쇼트」로 유명한 사이언 자산운용의 마이클 버리는 2025년 자신의 소셜미디어를 통해 하이퍼스케일러hyperscaler들이 칩과 서버의 수명을 실제보다 길게 계산해 감가상각 비용을 줄여 인위적으로 수익을 부풀리는 분식회계를 하고 있다고 주장해 파문이 일었다. 특히 엔비디아 칩과 서버를 2~3년 주기로 대규모로 구매하면서도 사용 가능 기간을 길게 연장하는 방식으로 수익을 부풀려 왔다는 것이다. 일반적으로 기업은 고가의 자산을 구매하면 자산의 예상 수명에 따라 비용을 분산해 감가상각 처리한다. 자산의 수명을 길게 잡을수록 연간 감가상각 비용은 줄어들고 기업의 순이익은 늘어나게 된다. 버리는 오라클과 메타를 지목하며 2028년까지 이들 기업의 수익이 각각 약 27%, 21% 과대 계상될 수 있다고 추산했다.

버리는 2008년 금융위기를 촉발한 미국의 서브프라임 모기지에 공매도Short를 걸어 천문학적 수익을 내 유명해졌다. 최근에는 인공지능 열풍이 1990년대 닷컴 버블과 유사하다고 경고하며 엔비디아와 팔란티어에 대한 공매도 포지션을 공개했다. 2025년 9월 말 기준으로 엔비디아에 대해 1억 8,700만 달러, 팔란티어에 대해 9억 1,200만 달러 규모의 풋옵션을 보유한 것으로 나타났다.

하이퍼스케일러는 대규모의 컴퓨팅 성능과 스토리지 용량을 전 세계 기업과 개인에게 제공하는 대형 클라우드 서비스 제공업체를 의미한다. 수백만 명에서 수십억 명에 달하는 사용자 요구에 원활하게 대응하도록 설계된 대규모 데이터 센터를 운영하며 빅데이터와 클라우드 컴퓨팅 성장의 핵심 주체로 자리매김했다. 기업들이 자체 하드웨어 구축 없이 필요한 서버, 스토리지, 네트워킹 등의 인프라(IaaS)와 애플리케이션 개발 플랫폼(PaaS)을 빌려 쓸 수 있도록 다양한 서비스를 제공한다.

또한 인공지능 기술 발전에 필요한 막대한 인프라를 제공하며 기업들의 디지털 전환을 가속화하고 있다. 하이퍼스케일러는 인공지능 산업의 '토양'이자 '혈관' 역할을 하며 인공지능 기업은 그 토양 위에서 성장하는 열매와 같다. 이들은 서로의 성장을 촉진하고 있다. 하이퍼스케일러가 인공지능 모델 학습과 서비스 운영에 필수적인 고성능 컴퓨팅 자원(특히 그래픽처리장치GPU, 메모리)을 클라우드 형태로 제공하면 인공지능 기업들은 자체적인 대규모 데이터 센터 없이 효율적으로 혁신적인 서비스를 개발하고 비즈니스를 영위할 수 있다. 주요 하이퍼스케일러는 아마존(AWS), 마이크로소프트(Azure), 구글(GCP), 알리바바, IBM, 오라클 클라우드 등이 있다.

아마존은 미국 내에서 꾸준히 데이터 센터 설립 투자와 인공지능 사업 확장에 적극적으로 움직이며 시장 1위 자리를 굳건히 지키고 있다. 2025년 초 조지아주에 투자한 110억 달러를 포함 1,050억 달러를 투입할 계획이다. 마이크로소프트도 클라우드와 인공지능 데이터 센터 확장에 2024년 대비 74% 증가한 800억 달러를 투자했다. 구글은 2025년 자본지출 전망치를 910억~930억 달러로 상향 조정했다. 이는 2024년에 비해 2배 가까이 늘어난 금액이다. 메타 역시 660억 달러에서 700억 달러로 상향 조정했다. 오라클은 텍사스에 들어설 오픈AI의 데이터 센터에 400억 달러를 포함해 2030년까지 3,000억 달러를 투자하겠다는 계획이다.

이러한 대규모 투자에 대해 일각에서는 '딥시크 쇼크'에 놀란 하이퍼스케일러들이 더 공격적으로 경쟁력을 확보하려는 것이라는 분석도 나온다. 앞서 '저비용 고효율'을 강점으로 내세운 중국의 딥시크가 미국 빅테크의 인공지능과 견줄 만한 인공지능을 개발해 엔비디아 반도체 수요가 위축될 수도 있다는 우려가 나왔다. 하이퍼스케일러의 공격적 자본지출은 투자자들의 우려와 기대를 한몸에 받고 있다. 거액의 투자가 수익화로 이어질지, 아니면 과잉 투자와 감가상각 부담으로 리스크가 커질지에 촉각을 곤두세우고 있는 분위기다.

하이퍼스케일러들은 그동안 막대한 현금흐름과 탄탄한 재무구조를 바탕으로 설비투자를 진행해왔다. 하지만 최근 인공지능 경쟁이 격화되면서 투자 비용이 급증하자 채권 발행을 빠르게 늘리고 있다. 높은 신용도 덕에 낮은 금리로 자금을 조달할 수 있기 때문이다. 인공지능 투자의 핵심 자금원이 점점 더 채권시장으로 넘어가면서 인공지능 인프라 투자를 부채에 의존하는 경향이 커진 것이다. 그러나 시장에선 기업의 자금 조달 구조가 채권 중심으로 기울고 있는 데 대한 우려가 확산하고 있다. 인공지능 기업들에 대한 거품론이 나오는 상황에서 버블 붕괴 시 대량의 부실채권이 발생할 수 있기 때문이다.

하이퍼스케일러는 2025년 기준으로 약 3,500억 달러의 현금과 투자 자산을 보유하고 있으며 2026년에는 7,250억 달러의 영업현금흐름을 창출할 전망이다. 그럼에도 불구하고 2025년에만 무려 2,000억 달러 이상의 회사채를 발행한 것으로 나타났다. 메타 570억 달러, 알파벳 250억 달러, 오라클 180억 달러 등이다.

인공지능 거품 우려 속에 빅테크들이 발행한 회사채 수익률이 뛰고 있다. 인공지능 투자가 제대로 수익을 낼지 모르겠다는 불안감이 높아지자 투자자들이 자금 마련을 위해 회사채를 발행하는 이들 빅테크에 더 높은 금리(수익률)를 요구하고 있다. 인공지능의 핵심 인프라인 대형 데이터 센터를 구축해 클라우드 서비스를 제공하는 하이퍼스케일러들이 발행한 회사채 수익률이 치솟고 있다.

2025년 뱅크오브아메리카의 보고서에 따르면 투자자들이 빅테크 기업의 채권을 매도하고 있다며 '인공지능 과잉 투자'에 대한 불안감이 채권시장까지 번지고 있다고 분석했다. 특히 알파벳, 메타, 마이크로소프트, 오라클 등 하이퍼스케일러들이 발행한 회사채의 스프레드(미국 국채 대비 추가 수익률)는 0.78%포인트까지 상승한 점을 주목했다. 2025년 9월 0.5%포인트에서 크게 뛴 것으로 빅테크가 인공지능 설비투자를 위해 차입을 늘리면서 시장에서 리스크 프리미엄이 뚜렷하게 나타나고 있다는 뜻이다. 이런 상황에서 하이퍼스케일러인 코어위브의 주가가 4개월간 57%나 급락하면서 신용부도스왑CDS 프리미엄이 급등했다. 데이터 센터 확충을 위해 부채에 과도하게 의존하고 있어 금리 상승이나 경기 둔화 시 재무 건전성에 부담으로 작용할 수 있다는 우려가 커졌기 때문이다.

그러나 하이퍼스케일러들의 인공지능에 대한 경쟁적 투자가 지속될 거라 예상되기 때문에 앞으로 수년간 더 많은 회사채 발행과 시장 변동성이 이어질 수밖에 없다. 전문가들은 만일 인공지능 버블이 꺼지면서 부실채권이 급증한다면 금융시스템 전반에 부정적 영향을 미칠 수 있다며 규제와 공시 의무가 거의 없는 회사채의 위험성을 경고하고 있다. 회사채 추가 발행이 예상되는 상황에서 리스크 프리미엄의 상승은 시장의 정상적인 반응이지만 부채가 급증하고 있는 가운데 주가의 상승이 이어지는 랠리는 경계해야 한다는 것이다. 투자자들과 분석가들 사이에서 현재의 인공지능 투자 열풍이 지속가능한 성장인지, 언젠가 터질 거품인지에 대한 논쟁이 뜨거운 이유다.

하이퍼스케일러들의 경쟁적 투자는 한국 반도체, 정보통신기술ICT 산업 관점에서 양면성을 띠고 있다. 메모리 반도체, 서버용 프로세서, 인공지능 가속기 설비를 주도하는 삼성전자와 SK하이닉스는 하이퍼스케일러들의 인프라 확대 수혜가 기대되는 반면 동시에 투자 과열과 글로벌 설비 경쟁 심화, 감가상각 부담 증가라는 위험을 안고 있다. 특히 서버나 인공지능 가속기 수요가 예상만큼 빠르게 매출로 연결되지 않으면 가격 인하 압력이나 가동률 하락으로 투자 리스크가 증가할 수 있다. 또한 하이퍼스케일러가 자체 설비와 칩 제작 역량을 강화하면 한국 기업은 전략을 재정립해야 한다. 초대형 투자가 수익으로 연결될 가능성을 포착하면서도 설비 과잉, 비용 증가, 시장 기대 부응 실패라는 리스크에 대비해야 하는 것이다. 2025년 주요 하이퍼스케일러의 주가는 커다란 변동성을 보였지만 상당한 상승세를 기록했다. 이제는 주가에 걸맞은 실적을 보여줘야 할 때다.

11

인공지능 권력 재편

: 오픈AI를 둘러싼 위기론은 성장의 이면이다

"오픈AI에서 떠난 인재들이 '오픈AI 마피아'를 형성하며 인공지능 산업의 판을 흔들면서 경쟁과 분화의 시대로 들어가고 있다."

일론 머스크, 피터 틸, 리드 호프먼과 같이 페이팔 출신으로 페이팔을 넘어서는 엄청난 성공을 이룬 '페이팔 마피아'처럼 오픈AI를 나와 스타트업을 시작한 소위 '오픈AI 마피아'들이 인공지능 산업을 쥐락펴락하며 오픈AI의 최대 경쟁자로 떠올랐다. 이들의 등장으로 오픈AI 중심의 독점적 인공지능 생태계가 급격한 변화를 보이며 다변화되고 있다. 대표적으로 앤스로픽의 다리오 아모데이Dario Amodei, 퍼플렉시티의 아라빈드 스리니바스Aravind Srinivas, 세이프 슈퍼인텔리전스의 일리야 수츠케버Ilya Sutskever, 싱킹 머신스 랩의 미라 무라티Mira Murati 등이 있다.

아모데이는 2021년 앤스로픽을 창업했다. 인공지능 챗봇 클로드가 좋은 평가를 받으며 2025년 3월 기준 615억 달러의 기업가치를 인정받았다. 2026년 2월 시리즈 G 투자에서는 3,800억 달러(약 500조 원)의 기업가치를 기록하며 세계에서 가장 가치 있는 스타트업 중 하나가 됐다. 오픈AI의 2025년 10월에 기업가치 5,000억 달러에 이어 인공지능 스타트업 중 두 번째로 높은 몸값이다. 검색과 연계된 인공지능 기능으로 좋은 평가를 받는 퍼플렉시티는 2024년 초 5억 달러를 평가받았으나 2025년 7월 말 1년 반 만에 기업가치가 36배 상승하며 180억 달러로 급상승했다. 오픈AI의 연구원 출신인 스리니바스가 2022년 설립했다.

오픈AI의 공동창업자 수츠케버는 2024년 세이프 슈퍼인텔리전스를 설립했다. 창업한 지 1년도 안 된 2025년 4월에 무려 320억 달러 가치로 20억 달러를 투자받았다. 세이프 슈퍼인텔리전스는 아직 상용 제품이 없음에도 불구하고 인공지능 업계의 높은 관심을 받고 있다. 오픈AI의 CTO였던 무라티는 2025년 초 싱킹머신스랩TML을 설립했다. 그녀는 '챗GPT의 창조자'로 불리며 2023년 테크 전문 매체 「패스트컴퍼니」가 선정한 '세계에서 가장 혁신적인 인물'에 오르기도 했다. 창업 후 불과 4개월 만에 20억 달러라는 천문학적인 거금을 투자받으며 기업가치가 무려 140억 달러로 데카콘이 됐다.

이 밖에도 오픈AI의 뛰어난 인재들이 메타나 구글 등 빅테크로 자리를 옮겼다. 이렇게 수많은 전문가를 떠나보낸 오픈AI는 휘청거리고 있다. 재무 상황도 악화되고 있다. 2024년에 50억 달러의 적자를 기록했다. 창업 후 한 번도 흑자를 못 냈지만 앞으로도 최소한 몇 년간은 적자가 지속될 전망이다. 지금까지 600억 달러가 넘는 자금을 유치했지만 돈이 줄어드는 속도는 점점 빨라지고 있다. 그럼에도 올트먼은 수익성보다 성장을 우선시할 것이며 적자를 보더라도 투자를 지속해 나갈 계획이라고 밝혔다. 인공지능 모델이 점점 더 좋아지는 명확한 성장 곡선을 그리고 있는 한 상당 기간 적자를 감수하는 것이 합리적이라는 것이다. 2025년에도 소프트뱅크 등으로부터 400억 달러를 조달했다.

그동안 오픈AI는 만성적인 자금난을 해결하기 위해 영리화에 속도를 내왔다. '인류의 혜택을 위해 범용 인공지능AGI를 개발한다'는 사명 아래 2015년 비영리 단체로 출발했지만 더 나은 인공지능 모델을 개발하고 서비스를 확장할수록 이를 운영하기 위한 지출은 크게 늘었다. 이 때문에 대규모 투자를 유지해야 하는 상황에 이르자 '비영리 가치'만을 추구하기는 어려워진 것이다. 그러나 2025년 5월 영리법인으로의 전환을 반대하는 목소리가 커지자 더 이상 영리법인을 추진하지 않기로 선언했다. 오픈AI 초기 투자자인 일론 머스크는 "비영리로 운영하겠다는 약속을 어기고 영리를 추구해 투자자와의 계약을 위반했다."라며 소송을 제기했다. 또한 노벨 물리학상 수상자인 제프리 힌턴 토론토대학교 교수와 마크 저커버그 등도 영리화 반대 의견을 냈다.

이런 상황에서 심혈을 기울여 개발한 챗GPT-5가 시장에서 부정적인 평가를 받으며 위기론이 증폭되는 모습이다. 오픈AI 샘 올트먼 CEO는 GPT-5를 공개하며 "주머니 속 박사급 전문가 집단" 수준이라며 성능 향상을 강조했다. 아울러 그동안 심각한 문제로 대두됐던 '인공지능 할루시네이션Hallucination'이 대폭 개선했으며 사용자 의견에 과도하게 동조하는 '인공지능 플래터리Flattery' 성향을 억제했다고 밝혔다. 인공지능 할루시네이션은 인공지능 환각이라 부른다. 마치 환각을 보듯이 학습 데이터에 없는 사실이 아닌 정보를 생성하거나 맥락과는 전혀 관계없는 답을 마치 진실인 듯 답변하는 현상을 말한다. 또한 지금까지 챗GPT를 포함한 인공지능 챗봇이 사용자의 쿼리(질문)에 과도하게 긍정적인 반응을 보이거나 듣고 싶어 하는 말만 해주는 경향이 두드러지면서 오히려 이러한 플래터리에 대해 많은 고객이 너무 불편하고 짜증난다는 반응을 보였다. 이런 상황에서 2025년 4월 오픈AI가 공개한 업데이트된 GPT-4o 모델은 "지나치게 긍정적인 답변만 내놓는다." 지적받았다. 이러한 불만의 목소리가 커지자 결국 업데이트를 철회했다.

공개된 챗GPT-5는 코딩 벤치마크와 과학·수학 추론 시험에서 큰 폭의 향상을 보였으며 도구 호출과 긴 문맥 처리도 정교해지고 API 가격은 대폭 내렸다. 올트먼은 마치 '핵폭탄을 만든 기분'이라며 범용 인공지능AGI에 중대한 진전이 있었다고 했다. '한 줄 프롬프트로도 프로그램을 만들 수 있다'는 사례도 나오고 전문가들은 대체로 성능 향상을 높게 평가했다.

그러나 시장에서는 아직 긍정적으로 평가할 만한 부분을 찾기 어렵다며 전 세계 사용자들의 반발이 거세지고 있다. 공감 능력이 높았던 GPT-4o의 사용이 중단되자 '유일한 친구를 잃었다'며 미국 최대 온라인 커뮤니티 레딧, 엑스, 스레드 등 소셜미디어에는 GPT-4o 부활을 요구하는 서명 운동과 함께 'Keep4o(4o를 돌려달라)'라는 해시태그가 확산되고 있다. 출시 직후 오픈AI에 가장 빗발친 문의는 '이전 모델을 돌려달라'는 요청이었다. GPT-4o가 감정적으로 친근하고 일관된 답변을 하는 반면 GPT-5는 말투가 일관되지 않고 뒤바뀌거나 대화의 감정적인 맥락을 이어가는 능력이 낮다는 불평이 많았다. 인공지능을 친구처럼 대하는 사람들에겐 '체감 성능'이 이전보다 뒤떨어진다는 것이다. 논란이 퍼지자 올트먼은 "차가운 논리를 선호하는 사람도 있고 따뜻한 감성 지능을 선호하는 사람도 있다."라며 유료 플랜 이용자들에게 GPT-4o 선택 옵션을 제공하고 GPT-5를 더 따뜻하게 개선하겠다고 밝혔다.

2025년 말 영국의 『파이낸셜타임스』는 마이크로소프트와 오픈AI의 파트너십이 위기를 맞이했다는 보도를 했다. 오픈AI의 지배 구조 전환 과정에서 최대 주주인 마이크로소프트와 의견 차가 커서 합의하지 못하고 있다는 것이다. 『월스트리트저널』은 두 기업의 관계가 최악이며 오픈AI가 마이크로소프트를 반독점 혐의로 제소하는 것도 검토했다고 보도했다. 비영리화 체제 유지 결정으로 자금 조달에 차질이 생길 가능성도 커졌다. 400억 달러를 투자하기로 한 소프트뱅크는 오픈AI가 2025년 말까지 영리법인으로 전환하지 않으면 투자금을 200억 달러로 줄일 수 있다는 옵션이 포함돼 있기 때문이다.

끝없는 인재 유출, 파트너와의 심각한 갈등, 쉽지 않은 자금 조달, 막강한 경쟁자들의 출현, 그리고 심혈을 기울인 신기술에 비판적인 소비자의 평가. 그야말로 오픈AI를 위기로 내몰기에 충분하다. 그러나 오픈AI는 현재 주간 활성 이용자 수가 7억 명이 넘고 유료 구독자도 500만 명을 보유한 세계 최고의 인공지능 기업이다. 지금은 위기라기보다 '성숙기로의 전환기'라는 'GPT-5의 답변'이다.

12

혁신의 딜레마

: 기술 낙관론과 위기론은 동시에 작동한다

"인공지능 혁명의 선두에 선 오픈AI는 막대한 비용과 치열한 경쟁, 비영리 이상과 영리 현실 사이의 딜레마 속에서 새로운 전환기를 맞고 있다."

오픈AI CEO 샘 알트먼은 '코드 레드(비상 경영)'를 선언하고 회사 역량을 챗GPT 개선에 집중하겠다고 했다. 구글, 메타, 앤스로픽 등 경쟁사의 약진으로 인공지능 선두 자리를 내줄 것이라는 위기감이 반영됐다는 분석이다. 그에 따라 오픈AI가 추진하던 다른 사업들은 연기될 전망이다. 쇼핑과 건강 등을 자동화하는 인공지능 에이전트, 광고 사업, 맞춤형 리포트를 생성하는 '펄스Pulse'가 대표적이다.

2022년 11월 30일 큰 기대 없이 조용히 세상에 나온 챗GPT는 예상을 깨고 불과 3년 만에 글로벌 인공지능 기술 지형을 완전히 바꿔놓았으며 오픈AI는 인공지능 혁명의 선구자로 자리매김했다. 그 사이 5,000억 달러(약 735조 원)의 기업가치를 인정받으며 일론 머스크의 스페이스X를 제치고 세계에서 가장 비싼 스타트업에 등극하는 기염을 토했다. 그러나 이러한 고속 성장의 이면에는 '인류에 가장 큰 혜택을 줄 수 있는 범용 인공지능 개발'이라는 비영리적 이상과 '비즈니스 경쟁에서 승리해 투자자에게 수익을 안겨야 한다'는 영리적 목표 사이의 근본적인 딜레마가 자리하고 있다. 오픈AI를 둘러싼 이중적 서사는 단순한 기업의 흥망성쇠를 넘어 인류가 초지능ASI, Artificial Superintelligence을 향해 나아가는 과정에서 겪는 거대한 재정적, 경쟁적, 윤리적 줄타기를 반영하고 있다.

현재 오픈AI가 직면한 가장 현실적이고 강력한 위협은 지속가능성 문제, 그중에서도 대규모언어모델LLM 운영에 수반되는 천문학적인 컴퓨팅 비용이다. 챗GPT와 같은 서비스를 전 세계 사용자에게 실시간으로 제공하려면 상상을 초월하는 클라우드 컴퓨팅 인프라가 필요하며 사용자가 늘어날수록 운영 비용은 기하급수적으로 증가한다. 그렇기 때문에 폭발적인 매출 성장을 기록하고 있음에도 불구하고 대규모언어모델LLM 학습과 운영 비용 때문에 여전히 대규모 손실을 기록하며 고비용 성장의 덫에 갇혀 있다. 비용을 획기적으로 낮추는 기술 혁신이 이루어지지 않는 한 오픈AI의 비즈니스 모델은 수익성 확보에 근본적인 한계를 갖게 되는 것이다.

오픈AI는 이러한 재정적 질식financial asphyxiation 위기를 회피하기 위해 혁신적이면서도 논란의 여지가 있는 금융 전략을 취하고 있다. 파트너 회사들의 높은 신용도를 활용해 대규모 자금을 값싸게 조달하는 것이다. 오픈AI는 스타게이트 데이터 센터 구축을 위해 오라클과 소프트뱅크 등과 특수 목적 회사(SPV)를 설립해 금융권에서 대규모 자금을 차입했다. 이를 통해 1,000억 달러에 달하는 천문학적 거금을 확보했다. 그러나 놀라운 점은 이 과정에 오픈AI는 재무적 위험을 파트너사나 금융권에 이전하는 구조를 만들었다는 것이다. 예를 들어 오라클은 오픈AI와 5년에 걸쳐 3,000억 달러 규모의 클라우드 컴퓨팅 하드웨어를 공급하는 계약을 맺고 이를 담보로 은행에서 자금을 빌려 데이터 센터와 칩 설비에 투자했다. 인프라가 완성되면 오픈AI는 엄청난 컴퓨팅 파워를 확보하게 되지만 실제로 투자된 돈은 거의 없고 사용료만 내면 된다. 이러한 구조는 설사 비즈니스가 실패해도 오픈AI에는 재무적 부담이 없다. 자금 조달의 주체와 담보 제공이 파트너사에 집중돼 있다. 오픈AI는 사실상 재무적 위험을 파트너사나 금융권에 전가하는 구조이기 때문이다. 샘 알트먼은 이를 두고 "매우 흥미로운 새로운 종류의 금융 상품을 설계했다."라고 언급한 바 있다. 이러한 자금 조달 구조는 파트너사들이 오픈AI의 성공을 확신한다는 방증으로 해석되지만 동시에 금융 시장에 거대한 위험을 전가하는 행위라는 지적도 피하기 어렵다.

또한 한때는 압도적이었던 오픈AI의 기술적 리더십이 경쟁사들의 맹추격으로 빠르게 약화되는 것도 커다란 위험 요인이다. 구글의 제미나이, 메타의 라마, 앤스로픽의 클로드 등은 복잡한 코딩, 수학, 추론 등 다양한 벤치마크에서 GPT-4의 성능을 뛰어넘었다. 또한 구글은 TPU와 같은 자체 개발 인공지능 칩을 사용하고 메타는 오픈소스 전략을 통해 비용 효율성과 시장 영향력에서 오픈AI에 비해 차별화된 우위를 점하고 있다.

이런 상황에서 윈드스위프Windsweep 인수 무산은 오픈AI의 위기론에 불을 지폈다. 개발자 생태계 강화를 위해 인공지능 코딩 에이전트인 윈드스위프를 인수합병하려고 했으나 거래를 마무리하지 못했다. 그 원인은 최대 주주인 마이크로소프트의 존재였다. 마이크로소프트는 오픈AI 투자 조건으로 주요 기술에 대한 우선권을 가지고 있었다. 윈드스위프 측이 기술 권리가 마이크로소프트로 넘어갈 수 있는 구조에 반발해 협상을 파기한 것이다. 이 틈을 노려 구글이 윈드스위프프 CEO와 엔지니어들을 영입하고 기술 라이선스까지 확보했다. 결국 오픈AI는 성장 기회와 인재를 동시에 놓쳐버렸다.

인공지능 경쟁은 소프트웨어를 넘어 피지컬 인공지능 영역으로 확장되고 있다. 오픈AI와 대립각을 세우고 있는 일론 머스크는 그록, 자율주행 로보택시, 휴머노이드 로봇 옵티머스를 결합하는 전략을 본격화하고 있다. 반면 오픈AI는 아이폰 디자이너였던 조너선 아이브와 협력해 인공지능 하드웨어 기기를 개발하고 있지만 아직 실체가 공개되지 않아 해당 분야의 경쟁력에 의구심을 자아내고 있다.

기술적, 재무적 문제 외에도 오픈AI의 내부 거버넌스의 구조적 취약점이 도마 위에 오르고 있다. 샘 알트먼 해임과 복귀 사태는 비영리 단체로 시작한 오픈AI의 독특한 지배구조(비영리 이사회와 영리 자회사)와 영리화를 둘러싼 내부의 근본적인 철학적 충돌이 언제든지 다시 불거질 수 있음이 드러났다. 리더십의 불안정은 핵심 인재의 유출로 이어지고 있다. 일리아 수츠케버를 포함한 다수의 창업 멤버와 최고의 인재들이 퇴사하거나 경쟁사로 이직했다. 이는 초고속 성장 속에서 조직 안정성과 연구개발 역량이 흔들리고 있음을 보여준다.

그렇지만 오픈AI에 대한 낙관론은 여전히 강력하다. 이는 위기론을 상쇄하는 근본적인 힘이다. 챗GPT의 대중적 성공은 오픈AI

에 압도적인 '선점 효과'를 제공했다. 오픈AI가 전 세계 사용자로 부터 얻는 방대한 '피드백 루프'와 실제 사용 데이터는 경쟁사보다 빠르고 현실 세계에 최적화된 모델을 만들 수 있는 강력한 자산이 됐기 때문이다.

결정적으로 오픈AI는 개발자와 기업 사용자를 위한 API 생태계 를 구축하는 데 성공했다. 이는 인공지능 시대를 위한 '사실상의 표 준De Facto Standard'으로 자리매김했다. 수많은 스타트업과 대기업이 오픈AI의 API 위에 자신들의 서비스를 구축하고 있다. 이 강력한 네트워크 효과는 후발주자들이 쉽게 따라잡기 어려운 진입 장벽을 형성했다. 유료 구독 모델과 기업 대상 API 서비스를 통한 매출 규 모는 폭발적으로 성장하고 있다. 이는 시장의 견고한 수요를 입증 한다. 이러한 혁신 능력과 성장 잠재력 덕분에 오픈AI는 투자자들 사이에서 여전히 '가장 투자하고 싶은 인공지능 기업' 상위권에 이 름을 올리고 있다. 이런 상황에서 엔비디아는 오픈AI에 최대 1,000 억 달러를 투자하는 초대형 딜을 검토하는 것으로 알려졌다. 그러 나 이 같은 행보는 월가의 '인공지능 버블' 논쟁에도 불을 지피고 있다. 엔비디아가 투자한 인공지능 스타트업들이 다시 엔비디아의 그래픽처리장치GPU를 대량 구매하면서 투자와 매출이 서로를 키 우는 '순환거래' 구조 아니냐는 지적이 나오고 있기 때문이다.

결론적으로 오픈AI는 폭발적인 기술 발전과 시장 성장세를 주도 하고 있지만 초기 선두 주자의 부담, 경쟁 격화, 내부 거버넌스, 그 리고 사업의 지속가능성이라는 본질적인 도전에 직면하고 있다. 오 픈AI의 미래는 막대한 비용 지출을 상쇄할 수익 모델 혁신과 후발 주자를 압도할 다음 세대 기술 혁신, 비영리적 이상, 영리적 목표

사이의 갈등 해소라는 세 가지 핵심 질문에 대한 답을 찾는 데 달려 있다. 이 복합적인 위기론과 낙관론의 교차는 앞으로 몇 년 동안 인공지능 분야에서 가장 중요하고 흥미로운 화두가 될 것이다.

4장 [법의 규칙]

새로운 게임 룰

: 법이 시장을 바꾼다

1

패권의 신호

: 트럼프의 해방의 날 선언은 경제 전쟁의 선포다

"트럼프의 상호관세 정책은 단순한 통상 조치가 아니라 미국의
경제 패권과 산업 재건 의지를 드러내는 권력의 신호다."

트럼프는 관세 전쟁의 핵심 쟁점인 상호관세의 세부 내용을 발표하면서 관세 부과의 당위성을 역설했다. 그 자리에서 트럼프는 "오늘은 미국 역사에 남을 경제적 독립기념일"이라고 의미를 부여하면서 2025년 4월 2일을 '미국 해방의 날Liberation Day'로 선언했다. 세계화에 따른 무역 자유화로 인해 미국의 제조업 근로자와 농민들이 "50년 이상 착취당하며 심각한 고통을 받았다."라고 주장하며 관세정책으로 늘어난 세금과 일자리가 "미국을 더 위대하게" 만들고 "미국을 다시 부유하게 만들 것"이라고 강조했다. 관세정책으로 6조 달러(약 8,715조 원)에서 7조 달러(약 1경 168조 원)에 이르는 그야말로 천문학적인 세수가 발생할 거라는 것이다. 인플레이션 우려와 함께 관세정책에 반대하는 여론이 60%를 기록하는 상황에서 자신의 주장을 정당화하기 위해 온갖 미사여구와 과장된 표현까지 동원한 트럼프는 "미국의 황금기가 돌아오고 있다"고 하면서

"하느님의 축복이 미국에 내리길God bless America"이라며 연설을 끝냈다.

이미 예고됐던 관세 전쟁은 미국이 상호관세를 부과하는 행정명령을 발표함으로써 본격화되는 분위기다. 미국에 대해 불공정한 관세 및 비관세 무역장벽을 부과하는 국가들에 대응한다는 명목으로 만들어진 상호관세는 미국도 이에 상응하는 수준의 관세를 부과하겠다는 것이며 곧바로 시행될 예정이다.

이번 상호관세는 2025년 3월 31일 미국 무역대표부USTR가 발표한 2025년도 국가별 무역장벽보고서를 토대로 만들어진 것으로 알려졌다. 특정 국가들의 무역정책이 미국의 대규모 무역적자를 일으키고 국가안보를 위협한다고 판단한 트럼프는 국가비상사태를 선포했으며 대통령에게 부여된 국제비상경제권한법IEEPA과 국가비상사태법NEA 등의 비상권한법률을 활용해 이 같은 위협을 해결하기 위해 상호관세를 부과한다는 것이다.

주요 내용을 살펴보면 2025년 4월 5일부터 전 세계 모든 국가로부터의 수입품에 대해 일괄적으로 10% 추가 관세를 부과하고 4월 9일부터는 특정국가(총 57개국)에 대해 국가별 개별 관세율이 적용된다. 이 관세율은 해당 국가가 미국산 제품에 부과하는 관세·비관세 무역장벽에 상응해 계산했다는 것이다. 한국은 25%로 상당히 높은 수준의 추가 관세가 부과되게 됐다.

미국 무역대표부USTR의 보고서에는 한국이 월령 30개월 이상 소고기 수입 제한, 망 사용료 부과 입법 동향, 무기 대량 구매 시 기술이전 등을 요구하는 '절충교역' 등 미국 업계가 한국에 대해 '비관세 장벽'이라고 주장하는 내용들이 총망라돼 있다. 또한 미국과의 자유무역협정FTA 체결국으로서 관세를 대부분 폐지한 한국의 대미관세율을 50%로 책정하고 25%의 상호관세율을 적용한 것은 한국의 부가가치세와 원·달러 환율 등을 관세에 준하는 것으로 간주했다는 의미로 해석된다. 이미 체결된 한미 자유무역협정FTA은 일방적으로 파기된 것이다.

참고로 관세율은 베트남 46%, 미얀마 45%, 태국 37%, 중국 34%, 대만 32%, 인도네시아 32%, 스위스 31%, 남아공 31%, 인도 26%, 말레이시아 24%, 일본 24%, 유럽연합 20%, 이스라엘 17% 등이다. 캐나다와 멕시코는 이미 별도로 25%의 추가 관세가 적용되고 있어 이번 상호관세에는 포함되지 않았다.

이 같은 상호관세는 무역적자 및 관세·비관세 장벽이 더 이상 미국에 미치는 영향이 없다고 판단될 때까지 지속된다고 했다. 그러나 이러한 트럼프의 정책은 세계적으로 엄청난 비난을 받고 있다. 크리스탈리나 게오르기에바 국제통화기금IMF 총재는 미국의 상호관세 정책이 "성장이 둔화된 시기에" 세계 경제 전망에 "상당한 위험"을 가져온다고 경고했다. 캐나다와 유럽연합은 보복 가능성을 공식 언급했다. 마크 카니 캐나다 총리는 "우리도 보복에 나설 것"이라고 하면서도 캐나다 산업에 미치는 영향을 최소화하는 맞춤형으로 조처하겠다고 강조하며 미국과 포괄적 경제 안보 협상을 추진키로 했다.

우르줄라 폰데어라이엔Ursula von der Leyen 유럽연합 집행위원장은 "모든 수단이 테이블 위에 있다"며 강력한 대응과 협상을 병행할 것임을 명확히 했다. 라이엔 위원장은 "무역 시스템이 일부 불공정하다는 데는 동의하지만 전면적 관세는 상황을 악화시킬 뿐"이라고 강조했다. 유럽연합은 과거에도 미국의 철강·알루미늄에 대한 관세 조치에 대응해 미국의 대표 수출제품인 위스키, 청바지, 오토바이 등에 보복관세를 부과한 전례가 있다. 이번에도 유사한 방식의 대응이 나올 가능성이 있다. 그러나 미국은 유럽연합의 디지털·기술 관련 규제까지 무역장벽으로 간주해서 단순한 보복을 넘어 기술, 서비스, 지적재산권 영역으로 확장될 가능성도 보이고 있다.

트럼프의 관세정책은 미국 내에서도 논란의 중심에 있다. 증시 불안, 중소기업의 비용 부담 증가, 소비자물가 상승 등의 부작용이 가시화되고 있으며 일부 업계와 소비자 단체는 정책 철회를 요구하고 있다. 상호관세 발표 직후 미국 증시는 폭격을 맞았다. 그야말로 '검은 목요일'이었다. M7 종목은 7~9% 폭락했으며 중소형주 위주의 러셀2000 지수는 최고치 대비 20% 이상 빠졌다. 그럼에도 국가재정 건전성 회복과 제조업 부활이라는 정치적 목적 하에 당분간 강경한 통상 정책을 유지할 것으로 보인다. 또한 트럼프의 주요 지지층인 제조업 종사자들에게 어필하고 있다는 점에서 단기간이 아닌 중장기 전략으로 이어질 가능성이 매우 높다. 이번 조치는 일시적인 통상 압박이 아니라 미중 전략경쟁과 그에 따른 공급망 재편 흐름 속에서 등장한 구조적 변화로 보는 시각이 많다.

이러한 상황에서 큰 폭의 대미 무역흑자를 기록하는 한국은 자동차, 반도체, 철강, IT 등 미국의 관세 표적이 되는 산업과 밀접하게 연결돼 있어 심각한 타격을 피하기 어렵다. 그렇기 때문에 우리 기업은 무엇보다 먼저 무역장벽보고서에 적시된 규제 동향을 상세하게 모니터링하고 법적·제도적 변화에 대한 대응력을 강화하는 것이 중요하다. 원산지 표시 및 검증과 관련된 내부 컴플라이언스 시스템을 정비하고 국내 규제 강화 및 정부 조사에 대비해 자유무역협정FTA 특혜 요건 충족 자료를 갖추는 것이 필수적이다. 또한 관세법 및 대외무역법의 개정 방향을 상시 체크하고 자유무역협정FTA 관련 유권해석, 원산지판정 기준의 세부 사항 등을 자세히 검토하는 것도 필요하다. 마지막으로 무역 규제가 강화되는 상황에서 규정 해석은 사소한 차이도 중대한 제재로 이어질 수 있으므로 세세한 부분까지 확인해야 한다.

이번 관세 전쟁은 단순히 미국 시장에 대한 진입 장벽이 높아지는 것을 넘어 우리 기업의 수출과 글로벌 밸류체인 전략에 복합적으로 상당한 영향을 끼치게 될 것이다. 예를 들면 미국에서 경쟁하는 타국 기업에 비해 한국산 제품에 더 높은 관세가 부과되면 경쟁력이 약화될 수 있다. 또한 우리 기업이 해외에 보유한 제조기지인 베트남, 인도 등이 개별관세 대상국에 포함되기 때문에 이러한 국가를 통한 미국 수출 공급망 재편도 불가피하다. 그리고 관세는 '국가별'로 적용되는 만큼 글로벌 조달·생산·물류 전반을 고려한 공급망 전략을 조속히 수정해야 한다.

이번 위기는 우리에게만 닥친 것이 아니다. 경쟁국들도 비슷한 처지에 놓여 있다. 이런 혼란한 상황이 오히려 우리에게는 기회가 될 수 있다. 단기 대응을 넘어 뉴노멀을 선도할 '글로벌 혁신전략'이 절실한 이유다.

2

규제의 설계

: 인공지능 기본법은 최초보다 최고가 중요하다

"인공지능 기본법의 진짜 의미는 세계 최초가 아니라 혁신을 살리면서 신뢰를 만드는 규제 모델을 만들 수 있느냐에 있다."

대한민국은 '세계 최초 인공지능 기본법 시행 국가'라는 타이틀을 거머쥐게 됐다. 유럽연합이 한국보다 앞서 법안을 발표했지만 일부 국가들이 거세게 반발하면서 2026년 8월로 시행 시기를 늦췄다. 그래서 2026년 1월 22일 한국이 세계에서 가장 먼저 인공지능 산업에 대한 제도적 규제와 진흥을 동시에 시작하는 국가가 된 것이다. 이는 인공지능 기술의 속도가 통제 불가능할 정도로 빠르다는 위기감과 동시에 표준을 선점하겠다는 국가적 의지가 반영된 결과다. 우리나라의 인공지능 기본법과 유럽연합 인공지능법AI Act 은 모두 인공지능의 안전성과 신뢰성을 확보하려는 목적을 공유한다. 한국의 인공지능 기본법은 기업이 인공지능을 잘 만들고 안전하게 쓰도록 돕는 '가이드라인형 지원법'에 가깝고 유럽 인공지능법은 넘지 말아야 할 선을 명확히 긋고 어기면 막대한 책임을 묻는 '강력한 규제법'이라 볼 수 있다.

인공지능 기본법의 정식 명칭은 '인공지능 발전과 신뢰 기반 조성 등에 관한 기본법'이다. 주요 핵심 내용은 고영향 인공지능 규제, 생성형 인공지능의 '워터마크 의무화', 인공지능 산업 '진흥과 안전'의 조화다. 생명, 신체 안전, 기본권에 중대한 영향을 미칠 우려가 있는 인공지능을 고 영향 인공지능으로 정의하고 해당 사업자에게 위험 관리와 이용자 보호 의무를 부여하겠다는 것이다. 그리고 인공지능이 생성한 결과물에는 반드시 인공지능 생성물임을 알리는 표시(워터마크)를 하도록 규정해 정보의 투명성을 높인다는 것이다. 아울러 인공지능 산업 육성을 위한 기술개발 및 스타트업 지원책과 함께 인공지능 안전연구소 설립 및 국가인공지능위원회 운영의 법적 근거가 포함됐다.

법 시행 초기에 기업 부담을 줄이기 위해 과태료 부과와 사실 조사 등에 대해 최소 1년 이상의 계도 기간을 가질 예정이다. 또한 과학기술정보통신부는 기업들이 스스로 고영향 인공지능 여부를 판단할 수 있도록 가이드라인을 제공하고 맞춤형 컨설팅을 지원할 예정이다. 규제 대상은 국내 시장 또는 이용자에게 영향을 미치는 해외 사업자에게도 적용되며 국내 대리인 제도를 도입하기로 했다. 투명성, 안전성 확보 의무, 이용자 고지 의무가 포함되며 과태료가 부과될 수 있다.

인공지능 기본법의 취지는 명확하다. 인공지능은 이미 인간의 삶에 깊숙이 들어온 만큼 그 부작용을 예방하고 신뢰할 수 있는 생태계를 구축하겠다는 것이다. 모든 인공지능을 일괄 규제하는 것이 아니라 위험도에 따라 크게 고영향 인공지능, 생성형 인공지능, 고성능 인공지능 등 세 가지로 분류해 차별화된 규제를 하겠다는 것이다. 예를 들어 병원에서 환자의 암 여부를 진단하거나 은행에서 대출 가능 여부를 결정하고 기업이 면접 점수를 매기는 경우처럼 개인의 생명이나 경제적 기본권에 직접적인 영향을 미칠 수 있다. 고영향 인공지능은 안전성과 신뢰성을 확인할 수 있는 문서를 작성하고 보관하도록 했다. 사람의 기본권에 대한 '영향 평가'도 받아야 한다.

우리가 흔히 사용하는 제미나이나 챗GPT와 같은 생성형 인공지능은 반드시 '인공지능 제작물'임을 표시하는 워터마크 등의 투명성 의무를 부여했다. 최근 사회적 문제가 된 딥페이크 가짜 뉴스나 정교하게 조작된 보이스 피싱으로부터 국민들을 보호하고 사회적 혼란을 막을 수 있는 최소한의 장치를 만들겠다는 것이다. 아울러 막대한 데이터를 학습하는 고성능 인공지능은 그 파급력이 워낙 크기 때문에 설계 단계부터 위험 관리 체계를 갖추도록 강제하고 있다. 이러한 법제화는 사용자 입장에서 보면 '내가 사용하는 인공지능 서비스를 믿어도 되는가?'라는 의문에 국가가 보증을 서는 격이기에 시장의 신뢰도를 높여 산업 전체의 파이를 키우는 긍정적인 효과를 가져오게 된다는 것이다.

정부의 의도와 달리 인공지능 기본법에 대한 시장의 반응은 엇갈린다. '규제가 너무 느슨해서 실효성이 없다.'라는 입장과 '그럼에도 규제로 인해 성장을 방해한다.'라는 우려로 양분되고 있다. '혁신을 방해하지 않으면서 국민의 안전도 보장하겠다.'라는 두 마리 토끼를 잡으려다 결국 누군가에게는 '알맹이 없는 진흥법'으로 또 누군가에게는 '잠재적인 족쇄'로 인식되면서 어느 하나도 제대로 이루지 못하리라는 것이다. 여러 비판이 제기되지만 산업계의 가장 큰 지적은 인공지능 기본법의 규제적 성격과 '기준의 모호성'이다. 고영향 인공지능의 범위가 어디까지인지와 안전성 입증을 위해 기업이 제출해야 할 구체적인 데이터가 무엇인지가 명확하지 않다는 것이다. 영업비밀 침해 우려도 커지고 있으며 단순 자동화 프로그램까지 규제 대상에 포함될 수 있다는 볼멘소리도 나온다.

하지만 다른 시각도 존재한다. 시민 단체에서는 오히려 인공지능 기본법이 산업 진흥에만 편향됐으며 인권과 정보 보안에 대해선 도외시했다고 주장하고 있다. 인공지능의 영향을 받게 될 구직자, 노동자, 소비자 등 이해관계자들이 발언하거나 참여할 기회가 전혀 없다는 것이다. 그래서 인공지능의 안전성 확보 의무 적용 대상을 더 넓게 규제하고 공개된 인공지능 기본법의 시행령도 인권 보호 관점에서 대폭 보완돼야 한다고 강조한다.

유럽연합이나 미국이 산업 현실을 반영해 시행 시기를 늦추거나 규제 수위를 조절하는 '속도 조절'에 나선 것과 달리 우리나라는 '세계 최초'라는 기록에만 매몰돼 성급하게 시행한다는 냉소적 반응도 만만치 않다. 특히 속도전 양상으로 치달은 이번 입법이 글로벌 규제 샌드박스의 시험대가 될 가능성이 높고 글로벌 스탠더드와 괴리되면 국내 기업들은 갈라파고스식 규제에 갇힐 위험이 크다는 것이다.

한편 스타트업과 혁신 생태계 입장에서는 이 법이 기회보다는 '거대한 장벽'으로 다가올 가능성을 걱정하는 분위기다. 현재 국내 인공지능 스타트업의 98%가 법적 대응 준비가 전무하다는 통계가 현장의 심각성을 고스란히 보여준다. 스타트업얼라이언스가 2025년 말 공개한 보고서 「AI 기본법과 스타트업」에 따르면 스타트업

101개사 가운데 단 2개사만이 '인공지능 기본법 대응 계획을 수립하고 준비하고 있다'고 응답했다. 대기업은 대규모 법무팀을 동원해 규제에 대응할 수 있지만 기술개발에만 매진해도 자금이 부족한 스타트업에 복잡한 컴플라이언스(준법 감시) 의무는 성장의 걸림돌이 될 수밖에 없다. 이는 결국 벤처캐피털의 투자심리를 위축시켜 스타트업의 자금난을 심화시키고 생존을 위협하게 된다. 또한 규제 대응 비용이 증가하면 창의적인 아이디어가 시장에 나오기도 전에 고사할 위험이 있다. 이는 국가 전체의 혁신 역량 저하로 이어진다.

정부는 인공지능 기본법이 규제 중심의 법이 아니라는 점을 강조하면서 1년의 계도 기간을 두고 규제보다는 지원에 힘쓰겠다는 입장이다. 하지만 현장의 목소리를 충분히 녹여내지 못한 채 너무 성급하게 닻을 올렸다는 평가다. 과거 5G 상용화 당시 세계 최초 타이틀에만 집착하다 정작 품질 논란과 소비자 불만을 일으켰던 전철을 되풀이해서는 안 된다. 법 시행 이후에도 실제 현장에서 어떤 병목 현상이 발생하는지 자세히 살피고 수정과 보완을 통해 규제의 범위를 유연하게 조정하는 세밀한 행정력이 뒷받침돼야 한다. 중요한 것은 현장이 납득하고 산업 발전을 가로막지 않는 실질적인 안전망을 구축하는 일이다.

인공지능 기본법 자체를 반대하긴 어렵다. 다만 현장에서 들리는 걱정은 '존재'가 아니라 '속도와 방식'이다. 결국 인공지능 기본법이 혁신의 마중물이 될 것인지, 아니면 성장을 가로막는 걸림돌이 될 것인지는 법 자체가 아니라 그 법을 운용하는 과정에서 기업들의 역동성을 얼마나 보호하고 진흥책을 실질적으로 체감하게 하느냐에 달려 있다. 기술은 법보다 멀리 가고 속도는 법보다 빠르기에 굳어진 규제로 혁신의 싹을 자르기보다 신뢰라는 토양 위에서 창의성이 마음껏 꽃필 수 있도록 끊임없이 소통하고 보완해 나가는 유연한 거버넌스가 절실한 시점이다. 지금 필요한 것은 기술을 통제하려는 욕심보다 기업들이 안심하고 도전할 수 있는 세밀한 안전망과 지속적인 소통이다. 인공지능 기본법이 남겨야 할 것은 '세계 최초'라는 훈장이 아니라 한국 기업을 '세계 최고'로 밀어 올릴 가장 단단하고 정교한 디딤돌이어야 한다.

3

규칙의 전환

: 자사주 소각 강제는 권력 균형을 흔든다

"자사주 소각 의무화는 코리아 디스카운트를 해소하려는 강력한
조치지만 기업의 경영권 방어와 장기 투자 사이에서 균형을 요
구한다."

'세지고 독해졌다.' 3차 상법 개정안에 대한 평가다. 2025년 7월
에 통과된 1차 상법 개정안은 이사의 충실 의무 대상을 기존 '회
사'에서 '회사와 모든 주주'로 확대해 이사가 대주주의 이익만을
우선시하는 관행을 견제하고 소액주주의 이익도 함께 고려하도록
의무를 강화했다. 또한 '사외이사'의 명칭을 '독립이사'로 변경하고
이사회 내 비율을 높여 경영진으로부터의 독립성을 높였다. 2025
년 8월에 추진된 2차 상법 개정안은 대규모 상장회사의 경우, 감사
위원과 이사를 분리 선출하도록 해 대주주의 입김이 감사위원 선
임에 미치는 영향을 줄였다. 또한 자산 2조 원 이상 상장사는 집중
투표제를 의무화해 이사 선임에 소액주주 의견이 적극적으로 반영
되도록 했다.

1, 2차 상법 개정에 이어 주가 조작과 불공정 거래에 대한 엄정
대응과 '코리아 디스카운트' 해소를 목적으로 '자사주 소각 의무화'

를 핵심으로 하는 '3차 상법 개정안'이 국회에 복수 발의돼 2026년 상반기 처리를 목표로 추진되고 있다. 이에 대해 재계는 자사주 의무 소각이 경영권 방어 수단 상실과 기업 활동 위축의 이유로 1, 2차 개정 때보다 훨씬 더 강하게 반발하고 있다. 2차 개정안이 1차에 비해 '더 센' 상법이었다면 3차 개정안은 '더 독한'이란 수식어가 붙는다.

자사주는 시장에서 유통되는 자사의 주식을 회사 자금으로 사들여 보유한 주식을 의미한다. 일반적으로 주가가 지나치게 낮게 평가됐다고 판단될 때 유통되는 주식 수를 줄여 주가를 안정시키거나 상승시키기 위해 자사주를 취득한다. 스톡옵션이나 양도제한조건부 주식RSU 등 임직원에 대한 성과 보상을 위해서도 취득한다. 또한 자사주는 의결권이 없기 때문에 자기 회사의 주식을 매입하면 유통 주식 수가 줄어들어 최대 주주의 지분율이 상대적으로 높아지기 때문에 대주주가 경영권을 강화할 목적으로 활용하기도 한다.

2011년 상법 개정으로 자사주 취득과 처분이 전면 자유화되면서 많은 기업이 자사주를 보유하고 있다. 전체 상장사 중 자사주를 보유한 곳은 71.5%다. 기업 한 곳당 보유 자사주 비중은 전체 주식 대비 평균 4.5%다. 유가증권시장은 2019년 5.4%에서 2024년은 5.8%로 더 높아졌다. 심지어 자사주 비중이 40%에 달하는 증권사도 있다.

그러나 지금까지 자사주의 긍정적인 측면보다는 꼼수로 대주주의 지배력을 강화하는데 악용된 경우가 많았다는 지적이 3차 상법 개정의 명분이 됐다는 평가다. 복수안이 상정됐지만 가능성이 높은 개정안은 신규 자사주는 즉시 소각하고 기존 보유 자사주는 6개월 이내에 소각해야 한다는 법안이다. 개정안이 통과되면 6개월 뒤 공포된다는 점을 고려하면 기존에 자사주를 보유한 기업은 1년 내 처리해야 한다. 또한 자사주 취득 후 1년 내 소각한다는 안과 1년 이내에 소각하도록 하되 자사주 비율이 3% 미만일 때는 2년 이내에 소각하도록 하는 법안도 함께 발의된 상태다. 법이 시행되면 임직원 보상용 주식을 제외한 나머지 자사주는 모두 소각해야 한다.

2025년 상장회사협의회의 「상장기업 자기주식 운용 실태와 제도 변화의 영향」 보고서에 따르면 상장사가 소각해야 하는 자사주 규모는 72조 원에 달한다. 2025년 상반기 기준 전체 자사주(76조 9,000억 원) 중 주가 부양 목적으로 자진 소각하는 물량(4조 2,000억 원)과 임직원 보상용 주식(1조 원)을 제외한 금액이다. 이는 상장사가 보유한 전체 현금과 현금성 자산의 52.1%에 해당한다.

이번 개정안이 통과되면 기업이 취득한 자사주를 일정 기간 내에 의무적으로 소각해야 한다. 자사주가 경영권 방어 수단으로 악용될 소지는 줄어들고 주주가치는 제고될 것으로 기대된다. 그렇기 때문에 증권가에선 자사주 의무 소각이 증시에 긍정적 영향을 미칠 것으로 전망하고 있다. 일반적으로 자사주를 소각하면 주식 수가 감소하기 때문에 주당 순이익EPS과 주당 순자산BPS이 높아지는 효과가 생기며 주가가 올라가기 때문이다.

미국을 비롯한 선진국에서는 자사주를 경영권 방어 목적으로 활용하는 사례는 없고 임직원을 위한 보상과 주주 가치 제고를 위해 매입한다. 한국에서는 '자사주를 소각해야만 주주 가치가 상승한다'고 하지만 미국에서는 자사주를 매입하면 기업회계기준GAAP에 따라 매입 금액만큼 자본에서 차감된다. 자사주를 더 이상 유통되지 않는 주식으로 간주하는 것이다. 그래서 시장은 자사주 매입만으로도 소각과 동일한 주가 부양 효과가 나타나게 된다. 애플은 2013년부터 2023년까지 10년간 전체 주식 수의 약 39%에 달하는 100억 주 이상을 매입해 소각했다. 이 기간 애플의 주가는 약 10배 이상 상승했고 주당 순이익EPS은 연평균 15.7% 성장했다.

3차 개정안은 일반 주주들의 지지를 얻고 있지만 기업들은 매우 곤혹스럽다. 적대적 인수합병을 방어하거나 유동성 위기에 빠졌을 때 자사주를 활용한 자금 조달 수단이 사라졌기 때문이다. 그동안 국내 기업들은 자사주를 취득한 뒤 소각하지 않고 보관해 왔다. 이렇게 보유한 자사주는 의결권이 없지만 경영권을 위협하는 상황이 발생하면 우호 세력에 매각해 '백기사'로 썼다. 과거 SK는 헤지펀드 소버린의 경영권 위협에 자사주를 금융권에 매각해 우호 지분을 강화했다. 삼성도 엘리엇의 공격으로 보유 중인 자사주를 KCC에 매각해 경영권을 방어했다.

자사주를 활용한 자금 조달에 제약이 생길 것을 우려한 기업들은 교환사채EB, Exchange Bond 발행을 서두르고 있다. 금융감독원 자료에 따르면 자사주 대상 교환사채EB 발행 신고 건수는 2023년 25건, 2024년 28건에서 2025년 9월 말까지 50건으로 올해 들어 급증했다. 그러나 교환사채EB 발행이 단순히 자금 조달 목적이 아니라 우호 세력에게 지분을 넘기기 위한 '편법'이 아니냐는 비판도 나오고 있다. 자사주 활용 교환사채EB는 기업이 보유한 자기주식을 교환 대상으로 삼아 발행하는 회사채이다. 기업이 자금을 조달하면서 나중에 자사주로 교환할 수 있는 권리를 부여하는 채권이다. 그러나 2025년 9월 중 교환사채 발행을 공시한 36곳 중 25곳이 다음 날 주가가 하락하며 소수 주주의 이익을 침해한다는 비판을 받았다. 교환권을 행사하면 자사주와 달리 의결권이 되살아나 지분 희석 효과가 발생하기 때문이다.

2025년 9월 발간된 대한상공회의소의 「자기주식 소각 의무화의 문제점 연구」 보고서에 의하면 이번 개정안에 대해 "기업의 자사주 취득 유인 약화로 주가 부양 효과가 사라져 주주 권익 제고에 부정적 영향을 미칠 수 있다"고 비판했다. 또한 "1·2차 상법 개정으로 경영권 위협이 커진 상황 속 소각 의무화는 기업의 방어 무장 해제와 같다"며 경영권 방어수단 도입 논의가 병행돼야 한다고 강조했다. 경영권 방어에 대한 최소한의 안전장치도 없다면 기업은 단기적 성과에 집착해 장기 투자에는 소홀하게 된다. 소액주주 보호와 더불어 기업의 근본적인 체질 개선과 성장 잠재력 확충이라는 목표를 훼손하지 않도록 균형점을 찾아야 하는 것이다.

자사주 소각 의무화는 단기적으로 주주 가치 제고에는 매우 긍정적이다. 그러나 기업 입장에서는 연구개발, 설비투자, 신성장 동력 등 장기적 성장 잠재력 확충의 기회를 상실할 수 있다. 따라서 정부는 기업의 자본 배분이 단기적인 주가 부양을 넘어 장기적이고 혁신적인 투자로 이어지도록 지원 방안도 제시해야 한다.

1차(이사의 충실 의무 확대), 2차(감사위원 분리 선출, 집중투표제 의무화), 3차(자사주 소각 의무화)로 이어지는 상법 개정의 흐름은 '주주 가치 제고'와 '지배구조 개선'이라는 강력한 메시지를 던지고 있다. 그러나 이러한 움직임이 자칫 외국계 투기 세력들의 놀이터로 전락하게 될 것이라는 우려를 불식시키기 위해 주가 조작과 불공정 거래에 대한 엄정 대응 기조는 일관성 있게 유지하되 개정 상법이 실제 기업 경영에 미치는 영향을 지속적으로 모니터링해 시장의 예측 가능성을 높여야 한다. 아울러 기업들이 새로운 제도적 변화에 적응하고 '미래 먹거리'를 찾을 수 있도록 포용적인 시각으로 격려하고 지원해야 할 것이다.

4

균형의 전환

: 상법 개정은 지배구조 힘의 균형을 바꾼다

"이번 상법 개정은 주주권익 강화와 지배구조 개선을 목표로 한
국 기업 경영의 패러다임 변화를 요구하는 제도적 전환이다."

최근 상법 개정안이 국회를 통과하면서 기업들이 비상이다. '이
사의 주주에 대한 충실의무 명시' '상장회사 사외이사 독립이사로
변경' '감사위원 선출 시 대주주 및 특수관계인의 의결권 3%로 제
한' '대규모 상장회사 전자주주총회 도입 의무화' 등 기존 지배 주
주 입장에서는 매우 부담스러운 조항들을 담고 있기 때문이다. 전
문가들은 이번 개정으로 기업 지배구조와 주주권익 보호에 획기적
인 변화가 예상된다.

가장 주목받는 건 '이사의 충실의무' 조항이다. 개정 전 '이사는
회사를 위해 그 직무를 충실하게 수행해야 한다'가 개정 후 '회사
와 주주를 위해'로 주주가 추가된 것이다. 당연한 표현이 추가된
것 같지만 나름의 의미가 작지 않다. 또한 '이사는 그 직무를 수행
함에 총주주의 이익을 보호해야 하고 전체 주주의 이익을 공평하
게 대우해야 한다'는 조항이 신설됐다. 특정 대주주가 아닌 주주

전체의 이익을 보호해야 하고, 특히 소액주주의 권익이 부당하게 침해돼서는 안 된다는 것이다.

재계는 지금까지는 일부 주주에게 손해가 발생해도 회사에 손해가 없으면 처벌되지 않았던 경영 관행들까지 앞으로는 배임죄로 처벌될 수 있다는 점을 가장 크게 우려한다. 전문가들도 확실히 배임죄 성립 범위가 넓어질 것이라는 입장이다. 그동안 법원은 '이사는 위임계약에 따른 회사의 사무처리자'일 뿐이며 주주에 대한 사무처리자는 아니라는 입장이었다. 그런데 개정법이 시행되면 주주에 대한 사무처리자로도 볼 가능성이 커진다. 그렇게 되면 그동안 배임죄를 엄격하게 묻지 않았던 '신주발행 시 가장납입' '불공정한 합병비율' '저가의 제삼자 배정 전환사채 발행' 등에 대한 법원의 판단이 달라질 수 있다는 것이다.

또한 지금까지 논란이 많았던, 상장회사가 핵심사업 부문을 물적 분할해 자회사를 만들어 상장하는 이른바 '쪼개기 상장'처럼 회사에는 손해가 없지만 주주에게는 손해가 생기는 경우에도 배임으로 처벌될 가능성이 높아진다. 소수 주주가 이사의 책임을 묻는 주주대표소송이 급증할 것이란 전망도 많다. 지배주주의 이익을 고려한 이사의 의사결정이 주주에 대한 충실의무나 총주주 이익 보호 의무 위반에 해당할 수 있기 때문이다. 대법원은 일부 대표소송의 절차적 하자에 대해 유연한 태도를 보이고 있어 소수 주주가 더욱 적극적으로 나설 것으로 보인다.

주주가 직접 특정 이사를 상대로 손해배상 책임을 묻는 사례도 증가할 것으로 판단된다. 그동안 법원은 고의나 중과실 행위로 주주에게 직접손해를 입힌 경우에만 이사의 책임을 인정했지만 이제는 충실의무 위반으로 문제를 제기할 수 있기 때문이다.

이사의 충실의무 못지않게 사외이사의 독립이사로의 명칭 변경도 기업의 긴장감을 높이고 있다. 개정 상법에는 상장회사의 이사회 독립성을 높이는 방안의 하나로 기존 상장회사 '사외이사' 제도의 명칭을 '독립이사'로 전환하고 독립이사의 이사회 내 의무 선임 비율을 기존 4분의 1 이상에서 3분의 1 이상으로 상향한다는 내용이 포함됐다. 독립이사는 회사 내의 대리인 문제, 특히 소유와 경영의 분리에 따른 경영진의 대리인 문제를 최소화하고 주주를 보호하기 위해 미국에서 시작된 제도다. 그동안 우리나라의 사외이사 제도는 실질적인 독립성은 결여된 채 거수기에 불과하다는 비판을 받아왔다. 단순히 회사 바깥에 있는 교수, 회계사, 관료 출신 인사 등을 사외이사로 두는 게 중요한 게 아니라 경영진으로부터 독립돼 있어 견제의 목소리를 낼 수 있는 독립 사외이사가 있느냐, 없느냐가 핵심이다.

다만 이번 개정 상법에 실질적인 변경이 있는 것은 아니며 기존 상장회사 사외이사 요건과 결격사유는 유지하면서 용어를 독립이사로 변경해 독립성과 책임을 더 명확히 하려는 목적이 있다. 상장회사 특례규정상 사외이사가 독립이사로 대체되는 구조다. 독립이사에게 요구되는 구체적인 의무가 무엇인지, 독립이사의 실질적인 독립성을 보장하기 위해 어떠한 조치를 해야 하는지 등에 관해서는 구체적으로 정하지 않았다. 그러나 향후 기업들의 이사회 구성과 운영 방식에 구조적인 변화를 가져올 것으로 전망되고 있으며 독립이사의 역할과 책임에 대해서도 종전보다 엄격한 기준이 적용될 것으로 예상된다. 향후 상법 시행령이 개정돼 독립이사 자격 요건이나 결격사유가 강화될 가능성이 크다.

독립이사 의무 선임 비율의 증가로 추가 선임이 필요한 기업들은 후보자 물색에 나서고 있으나 구인난에 애를 먹고 있는 것으로 알려졌다. 보수보다 감당해야 할 법적 리스크가 커졌기 때문이다. 거기에 향후 매년 임기가 만료되는 사외이사들을 대체할 적합한 독립이사를 확보하기도 쉽지 않을 거란 전망이다.

이번 개정 상법에는 상장회사 감사위원 선임·해임 시 '3% 룰'에 대한 내용이 포함됐다. 상법상 일정한 자산 규모 이상의 상장회사가 의무적으로 설치해야 하는 감사위원회의 경우 '사외이사인 감사위원'을 선임·해임하는 때는 최대 주주와 특수관계인이 소유한 주식을 합산하지 않고 각각 3%씩 의결권을 행사할 수 있다. 반면 '사외이사가 아닌 감사위원'을 선임·해임하는 때는 최대 주주와 특수관계인이 소유한 주식을 합산해 최대 3%까지만 의결권을 행사할 수 있도록 규율하고 있다. 대부분의 회사는 감사위원 선임·해임 시 '사외이사인 감사위원'을 선임하고 있다. 그러나 개정 상법으로 독립이사인 감사위원 선임과 해임 안건의 경우에도 최대 주주와 특수관계인이 소유한 주식을 합산해 최대 3%까지만 의결권을 행사할 수 있게 됐다. 감사위원 선임과 해임에 대한 최대 주주의 영향력이 크게 줄어든다.

또한 지금까지는 전자주주총회 개최가 이사회 결의 사항이었으나 2027년부터는 대규모 상장회사의 전자주주총회 개최가 의무화된다. 일부 상장회사에서 시행 중인 전자주주총회는 참석한 주주가 실시간으로 의결권을 행사할 수 없는 현장병행형 주주총회 중 '참관형 주주총회'였다. 그러나 개정 상법은 전자주주총회 참석 주주들도 실시간으로 의결권을 행사하고 결의 과정에 참여할 수 있도록 해 '참가형 주주총회' 실시를 명문화했다.

전자주주총회 도입 의무화로 인해 주주총회 참석이 더 쉽게 돼 소수주주의 주주총회 참여율이 높아지고 의결권 집중 현상이 완화될 것으로 예상된다. 이와 관련해 어떻게 원격 출석 주주가 실제 주주인지 확인할 것인지, 또 질문권과 동의권을 어떻게 보장할 것인지가 새롭게 해결해야 할 문제로 떠오르고 있다. 회사로서는 일차적으로 IT 인프라 구축 등 기술적인 준비를 철저히 하는 것은 물론이고 전자주주총회의 도입에 따른 주주총회 운영 방식의 변화에 대해서도 대비할 필요가 있다.

이번 상법 개정으로 이사의 주주에 대한 충실의무 조항은 공포 즉시 시행되는 반면 전자주주총회 도입은 2027년 1월부터이고 나머지 조항들은 1년간의 유예 기간을 두고 시행될 예정이다. 이번 개정 상법에는 대규모 상장회사의 집중투표제 의무화는 포함되지 않았다. 해당 제도는 여야가 공청회 등을 거친 뒤 추후 검토하는 것으로 합의했으므로 추가개정이 있을 수 있다.

상법 개정에 따라 앞으로 기업들은 '주요 의사결정 시 총주주 이익 고려' '의사결정 근거의 확보 및 공시' '독립위원회 설치를 통한 절차적 정당성 확보' '적극적인 IR 및 주주와의 긴밀한 소통' 등에 신경을 써야 한다. 또한 주주의 이익이 곧 회사의 이익이고 주주의 손해는 곧 회사의 손해라는 인식의 변화가 필요하다. 이번 개정 상법이 코리아 디스카운트를 해소하고 가치를 높이는 진정한 첫걸음이 되기를 기대한다.

5

지배구조 압력

: 의무 공개매수는 시장 신뢰를 재편한다

"의무 공개매수 제도는 소수주주 보호와 인수합병 시장의 효율성 사이에서 균형을 요구하는 자본시장 제도 변화다."

3차례 상법 개정에 이어 '자본시장과 금융투자업에 관한 법률(자본시장법)'의 개정을 통한 '의무 공개매수 제도MTO, Mandatory Tender Offer Rule' 도입이 추진되고 있다. 의무 공개매수 제도란 상장회사의 경영권이 제삼자에게 넘어갈 경우, 인수자는 최대 주주의 주식과 함께 소수주주의 주식도 동일한 가격으로 일정 비율 이상을 공개매수 방식으로 반드시 취득해야 한다는 것이다. 인수합병 과정에서 발생하는 주주 간 불공정 문제를 해소하고 주주 평등의 원칙을 실현하자는 취지다. 현재 미국을 제외한 대부분의 주요 선진국에 도입됐다.

유럽 사모펀드인 EQT파트너스는 2025년 소프트웨어 상장기업 더존비즈온 대주주 지분 37.6%를 인수하는 계약을 체결했다. 거래대금은 1조 3,000억 원으로 계약일 종가에 28% 프리미엄이 붙은 가격이다. 그러나 일반주주에 대한 공개매수는 전혀 없었다. 대

주주만 웃돈을 받고 주식을 팔고 소수 주주는 배제된 것이다. 또한 2025년 10월 태광산업이 애경산업 지분 63%를 인수할 때도 일반 주주에 대한 공개매수 없이 지배주주만 86%에 달하는 경영권 프리미엄을 받았다. 이 밖에도 한국에서는 대주주만 주식을 비싸게 팔고 일반주주는 소외되는 현상이 비일비재하다.

이처럼 지배주주만 경영권 프리미엄을 누리고 일반주주는 제외되는 거래가 속출하면서 의무 공개매수 제도가 해법으로 논의돼 왔다. 금융위원회는 2022년에 상장사 지분의 25% 이상을 확보해 최대 주주가 되면 잔여 주주들의 주식 중 최소 '50% + 1주' 이상을 지배주주와 동일한 가격으로 의무적으로 공개 매수하는 방안을 추진했다. 그러나 다시 추진되는 이번 제도는 의무 매수 비율이 상향되는 분위기다. 주식을 전량(100%) 매수하거나 기존안(50% + 1주)과 100%와의 중간점을 찾을 것으로 보인다. 현재 관련 자본시장법 개정안은 6건 이상 발의돼 있다. 6건 중 5건이 100% 전량 매수를 골자로 한다. 정부는 2026년 상반기 도입을 목표로 구체적인 방안을 논의 중인 것으로 알려졌다.

해외 사례를 보면 영국은 의결권 주식의 30% 이상 취득 시 의무적으로 주식 전체를 매수하도록 해 주주 평등의 원칙을 철저히 고수하고 있다. 유럽연합 대부분의 회원국(독일, 프랑스, 스페인 등)도 30% 안팎의 지분 취득을 기준으로 삼고 경영권 취득 시 전부(100%) 공개매수 의무를 부여하는 경우가 대부분이다. 일본의 경우에는 3분의 1 이상 취득 시 시장 외 거래는 반드시 공개매수 방식으로 해야 하며 보유 비율이 3분의 2 이상이 되는 경우에는 전량(100%) 공개매수 의무를 부과하고 있다.

미국은 연방 차원에서 의무 공개매수 제도를 채택하고 있지 않다. 그러나 인수합병을 포함한 중대한 결정 시 이사회는 모든 주주(소수주주 포함)의 이익을 위해 최선의 의무를 다해야 한다는 '이사회의 충실 의무Fiduciary Duty'와 상장폐지를 진행할 경우, 주법으로 소수 주주에게 공정하고 합리적인 가격을 지급해야 할 의무인 '공정 가격 매수 청구권Control Cash Out'을 부여해야 한다는 등 다른 법적 장치와 법원의 판례를 통해 소수 주주를 보호하고 있다. 미국이 연방 차원에서 의무 공개매수를 도입하지 않는 이유는 인수합병 시장의 유동성과 효율성을 최대한 보장하겠다는 의미로 해석된다.

우리나라는 다른 선진국에 비해서는 다소 낮은 의무비율이 적용될 것으로 예상되는 가운데 제도 도입에 따른 찬반 논리가 팽팽하게 양립하고 있다. 찬성하는 측은 한국 자본시장의 고질적인 문제인 '코리아 디스카운트 해소에 도움이 되고 주주 평등 원칙이 확립되는 계기가 된다는 논리를 펴고 있다. 기존에는 경영권이 이전될 때 인수자가 지배주주에게만 경영권 프리미엄을 지급하고 소액주주들은 매도할 기회를 얻지 못했다. 하지만 제도가 도입되면 일반 주주들도 지배주주와 동일한 가격으로 주식을 매각할 수 있기 때문에 주주 평등의 원칙이 확립된다는 것이다. 결국 최대 수혜자는 소수주주라는 것이다. 한국 증시가 저평가받는 주요 원인 중 하나로 소액주주 권익 보호 미흡이 지적돼왔는데 이 제도로 지배주주와 소액주주 간의 불공정 거래 관행을 없애면 한국 자본시장에 대한 신뢰도가 높아질 거란 주장이다. 또한 적대적 인수합병을 시도하는 인수자가 막대한 자금 부담으로 적대적 인수 시도 자체가 대폭 줄어들게 되면서 기존 경영진의 경영권 방어가 유리하다는 것도 찬성의 주요 원인이다. 공개매수를 진행하려면 상당한 시간과 복잡한 절차가 필요하기 때문에 기존 경영진은 충분한 방어 전략을 수립하고 실행할 시간을 벌 수도 있다.

그러나 제도의 도입을 반대하는 주장도 만만치 않다. 주로 인수합병 시장의 활력을 떨어뜨리고 기업 구조조정의 효율성을 떨어뜨릴 수 있다는 우려에 근거한다. 인수합병 거래 비용이 과도하게 증가해 시장을 위축시킬 수 있다는 것이다. 인수자가 잔여 주식의 상당 부분까지 의무적으로 매입해야 한다면 천문학적인 자금을 준비해야 한다. 그러다 보면 기업들은 인수합병을 통한 사업 재편이나 성장을 포기할 수 있고 자본력이 약한 기업의 구조조정(워크아웃 등)을 위한 것까지 어려워질 수 있다는 것이다. 물론 이러한 비용 증가로 인해 단기 차익을 노리는 재무적 투자자FI나 소규모 인수자는 시장 참여가 어려워질 수 있다. 일부 지분만으로 기업을 인수한 후 핵심 자산이나 기술을 매각해 단기간에 이익을 실현하려는 '약탈적 기업 인수' 사례를 미리 방지하는 효과도 기대된다.

또한 기업의 성장에 기여한 지배주주는 경영권 프리미엄을 받는 것이 정당한 보상이라고 강조한다. 경영 부실에 대한 책임을 지배주주가 지듯이 경영권 프리미엄은 당연히 지배주주의 몫이어야 한다는 것이다. 그러나 의무 공개매수 제도가 도입되면 이 프리미엄을 일반주주와 나누게 되므로 지배주주는 자신의 주식을 매각할 유인이 줄어들게 된다. 이는 자발적인 경영권 이전을 어렵게 만들어 바람직한 자본 이동의 효율성을 떨어뜨릴 수 있다는 것이다. 아울러 제도가 경영권 방어에 유리하게 작용할 수 있다는 점은 역으로 단점이 되기도 한다. 쉽게 경영권을 지킬 수 있기 때문에 무능한 경영진도 시장에서 퇴출되지 않는다는 것이다. 결국 건강하고 공정한 지배권 경쟁 환경이 저해될 수 있다는 우려가 나오는 이유다.

이러한 찬반 논리를 극복하고 제도를 성공적으로 도입하기 위해서는 의무 매수 비율 조정과 소규모 기업 인수합병 예외 적용 등 우리나라 현실에 맞는 세부 조정이 필요하다. 또한 제도의 과도한 남용을 막고 시장의 불필요한 위축을 방지하기 위해 소수 주주 보호라는 취지를 훼손하지 않는 범위 내에서 의무 공개매수 의무가 면제되는 예외 사유들을 명확히 해 시장의 혼란을 방지해야 한다. 예를 들어 경영권 프리미엄이 없는 거래로 장기간에 걸쳐 단순히 증권시장에서 주식을 매수해 25% 이상이 되면 채권 회수를 위해 금융기관 등이 주식을 취득하거나 회사의 정리 절차나 파산 등의 법정 절차에 따라 주식을 취득하는 경우, 지분 50% 이상을 보유한 최대 주주가 추가로 주식을 취득하는 등 지배권에 변화가 없는 경우, 회사의 경영 안정화를 위한 제삼자 배정 유상증자에 참여하거나 신주인수권을 행사해 지분을 취득하는 경우, 감자 또는 주식 소각으로 인한 상대적 지분율 상승 등과 같은 경우다.

다양한 편법이 등장할 가능성도 미리 점검해야 한다. 공개매수 의무를 회피하기 위해 여러 명이 나눠서 각각 25% 미만으로 지분을 분산해 취득하거나, 경영권 프리미엄을 우회적으로 지급하는 복잡한 거래 구조를 시도할 가능성도 있다. 합병Merger이나 분할 Spin-off 등을 활용해 우회적으로 경영권을 통합하거나 필요한 사업 부문만 확보하려는 방식이 증가할 수 있다. 또한 경영권 확보를 목표로 하지 않고 소수 지분(25% 미만)만을 확보해 주주 행동주의를 표방하며 자본적 이득을 취하려는 세력들이 늘어날 수 있다는 분

석도 있다. 인수합병 시장의 위축을 최소화하면서 자본시장의 공
정성을 확립하는 혜안이 필요한 때다.

6

책임의 경영

: D&O 보험은 경영 판단의 전제가 됐다

"기업 지배구조 규제가 강화되면서 사외이사와 경영진의 법적 책임이 확대되고 있다. 그에 따라 임원배상책임보험과 같은 리스크 관리가 중요해졌다."

에퀴팩스Equifax 해킹 사건은 역대 최악의 개인 정보 유출 사건 중 하나다. 에퀴팩스는 정보 솔루션과 아웃소싱 서비스 전문 기업으로 뉴욕증권거래소에 상장돼 있었다. 2017년에 부실한 보안 관리로 1억 4,700만 명에 달하는 미국 소비자의 민감한 개인정보가 유출됐다. 이에 대한 책임을 지고 최고정보책임자CIO, 최고보안책임자CSO, 최고경영자CEO가 사임했다. 주주들은 회사를 상대로 소송을 제기해 4억 2,500만 달러의 배상금을 받아냈다. 이와는 별도로 이사회가 회사의 기본적인 보안 정책을 제대로 감독하지 못했다며 멤버들에게도 소송을 제기해 3,300만 달러의 합의금을 받았다.

뉴욕주 금융감독국은 에퀴팩스 이사회에 정보 보안 프로그램을 연례적으로 평가하고 인증해야 하는 의무를 부여했으며 정보 보안 프로그램을 감독할 담당자를 지정하고 보안 조치를 강화하도록 강제했다. 또한 이사회 내에 독립적인 위원회를 구성해 사이버 보안과 개인정보보호 문제를 전문적으로 감독하도록 하는 조치도 포함시켰다.

테슬라 CEO 일론 머스크는 2018년 소셜미디어에 '테슬라 주식을 주당 420달러에 공개 매수해 비공개 회사로 전환하는 것을 검토하고 있다. 자금은 확보됐다.'라고 적었다. 당시 342달러인 주식을 30%가량의 웃돈을 주고 사들여 상장폐지를 시킨 후 외부 간섭 없는 회사로 만들겠다는 것이다. 이러한 메시지에 주가는 400달러로 폭등했다. 그러나 3주 만에 머스크는 상장폐지 계획을 번복했고 테슬라 주가는 260달러까지 급락했다. 미국 증권거래위원회SEC는 머스크의 '테슬라 상장폐지' 발언 한 달 뒤 투자자와 규제기관을 기만했다며 사기 혐의로 고소하면서 '경영권 박탈'까지 요구했다. 테슬라 주주들도 별도의 손해배상 소송을 제기했다.

소송 끝에 뉴욕 법원은 머스크에게 투자자 3,350명에게 4,153만 달러를 배상금으로 지급하라고 명령했다. 증권거래위원회SEC는 이와는 별도로 머스크가 소셜미디어에 테슬라 관련 글을 올릴 때마다 사내 변호사의 사전 승인을 받도록 했다. 이에 머스크는 증권거래위원회SEC가 입에 재갈을 물리고 표현의 자유를 침해한다며 소송을 제기했다. 하지만 법원은 머스크의 주장을 받아들이지 않았다.

2001년 발생한 엔론의 대규모 회계 부정 스캔들로 인한 소송으로 회사는 물론 임원들도 개인적으로도 막대한 책임을 지게 됐다. 소송 결과 72억 달러에 달하는 배상금에 합의했다. 이 중 상당 부분은 보험이 커버했지만 관련 임원들도 대부분의 개인 재산을 내놔야 했다. 또한 2002년 월드컴에서 터진 또 다른 대규모 회계 부정 사건으로 회사의 이사들은 180억 달러에 달하는 천문학적 금액의 손해배상을 해야 했다. 보험으로 수억 달러를 지불하고 일부 사외이사들은 개인적으로 수천만 달러를 물어냈다.

미국은 오래전부터 주주 권리 보호와 관련된 법적 제도가 발달했고 집단 소송이 활성화돼 있어 기업의 임원을 상대로 한 소송이 빈번하다. 특히 증권 집단소송securities class action은 임원배상책임보험D&O, Directors and Officers 소송의 주요 원인이 되며 수십억 달러에 달하는 대규모 합의가 이루어지기도 한다. 임원배상책임보험 소송은 회사의 임원을 상대로 한 소송을 말한다. 주로 증권거래법 위반, 인수합병 반대, 부실 경영 등 다양한 이유로 주주들이 제기하며 주주뿐만 아니라 직원, 고객, 경쟁사, 규제기관 등 다양한 이해관계자가 참여한다. 증권거래위원회와 같은 규제기관도 사외이사 등 경영진의 개인 책임을 추궁하는 경우가 많아 임원배상책임보험 소송에 따른 회사 임원들의 위험은 더욱 높다.

그러나 한국은 지금까지 주주 권리 보호 장치가 미흡해 임원배상책임보험 소송이 많지 않았다. 그러나 최근 몇 년간 상황이 빠르게 변화하고 있다. 상법 개정안과 중대재해처벌법 등 임원의 법적 책임을 강화하는 법규가 도입되면서 소송 리스크가 커진 것이다. 또한 소액 주주들의 권리 의식이 높아지고 주주 행동주의가 활성화되면서 소송이 늘어나는 추세다.

기존에는 회사를 위한 충실 의무만 있었다. 하지만 개정 상법에서는 '회사의 이익과 주주의 비례적 이익'을 위한 충실 의무를 명시해 사외이사의 책임 범위를 넓혔다. 이는 사외이사가 주주들의 이익까지 고려해야 함을 의미하며 특정 주주에게 불리한 의사결정시 배임 등의 책임 문제가 발생할 수 있다. 또한 지금까지는 고의 또는 중과실이 입증돼야 했다. 하지만 개정 후에는 이사의 주의 의무 위반만으로도 손해배상 책임이 부과될 가능성이 커졌다. 더욱이 주주 대표 소송의 요건 완화나 다중 대표소송 도입 등으로 주주들이 사외이사를 상대로 손해배상 소송을 제기하기가 더욱 쉬워졌다.

그러나 갈수록 복잡해지는 기업 경영 환경과 다양한 이해관계자들의 요구 속에서 사외이사가 모든 정보를 파악하고 올바른 판단을 내리기는 점점 어려워지고 있다. 이런 상황에서 ESG(환경·사회·지배구조) 등 기업의 사회적 책임에 대한 요구도 커지면서 사외이사가 이러한 요소들을 충분히 고려하지 못하면 비판과 책임 추궁에 직면할 수도 있다. 외부 감사의 역할이 강화되면서 사외이사의 역할 또한 더 엄격하게 평가될 가능성도 있다.

이렇게 상법 개정으로 사외이사의 리스크가 커지면서 향후 발생할 수 있는 법적 책임(손해배상 청구 등)으로부터 개인의 재산을 보호해주는 임원배상책임보험의 필요성이 부각되고 있다. 사외이사나 회사 임원들이 소송 등으로 손해배상 책임을 지게 될 경우, 개인이 부담해야 할 재정적 위험을 덜어주는 보험을 의미한다. 임원배상책임보험은 사외이사들이 소송으로 인한 책임 부담 때문에 회사의 중요한 의사결정에 소극적으로 임하거나 목소리를 내지 못하는 것을 방지해 적극적인 경영 참여를 유도한다. 결국 유능한 인재들이 사외이사직을 수락하는 데 법적 책임에 대한 부담을 줄여주어 우수 인력 유치에 도움이 된다.

엔론이나 월드컴과 같은 대규모 회계 부정 사건에서 경영진에게 부과된 책임 총액은 수십억 달러에 달했으며 임원배상책임보험 보험이 이 중 상당 부분을 부담했다. 이러한 사례들은 임원배상책임보험이 경영진의 리스크를 관리하는 데 얼마나 중요한 역할을 하는지 보여준다. 그러나 임원배상책임보험은 특정 소송의 전체 합의금을 보장하는 것이 아니라 보험금의 규모에 따라 임원들의 법률 비용과 개인적인 책임 한도 내에서만 보상한다.

최근 미국에서 임원배상책임보험과 관련된 대규모 소송 사례를 살펴보면 과거와 마찬가지로 회계 부정, 증권 사기, 그리고 새로운 유형의 리스크인 ESG 관련 이슈, 사이버 보안 문제, 그리고 인수합병 실패 등에서 발생하고 있다. 그중에서 가장 눈에 띄는 특징은 최근 몇 년간 '스팩SPAC, Special Purpose Acquisition Company'을 통한 상장이 급증하면서 합병 과정에서의 정보 미공개, 부실기업과의 합병, 또는 합병 후 실적 부진 등으로 인한 주주 소송이 급증하고 있다. 스팩SPAC 경영진과 이사들은 이러한 소송의 주요 대상이 되며 임원배상책임보험 보험료가 급격히 상승하는 원인이 되고 있다.

한국에서도 미국처럼 수십억 달러 규모의 초대형 배상금이 선고되는 경우는 상대적으로 드물지만 이사나 임원의 개인적인 책임을 묻는 소송은 여러 형태로 제기되고 있다. 가장 흔한 배임 또는 횡령 사건부터 부실 경영과 경영 판단 실패 등이 대표적이다. 임원배상책임보험이 리스크를 줄이는 효과적인 수단이 될 수 있다. 하지만 그렇다고 모든 리스크가 해소되는 것은 아니다. 그 한계와 문제점을 명확히 인지해야 한다. 이제는 사외이사 스스로 거수기 역할에서 벗어나 윤리 의식 강화, 정보 습득 노력, 기업 내부 통제 시스템 강화 등을 통해 진정한 독립이사로 거듭나야 할 때다.

7

승계의 도구

: 가족법인 논란은 구조적 문제를 드러낸다

"가족법인은 절세와 자산 승계의 수단으로 빠르게 확산되고 있다. 하지만 편법 상속과 조세 회피 논란이 커지면서 정부의 규제와 감시도 강화되고 있다."

최근 증여세나 상속세는 물론 여러 방면으로 절세 효과가 있다고 소문이 나면서 가족법인에 대한 설립과 문의가 급격히 늘고 있다고 한다. 가족법인은 별도로 법적으로 존재하는 용어가 아니라 단지 주주가 가족만으로 구성된 주식회사를 말한다. 주주 구성은 상황에 따라 다르게 설정할 수 있다. 예를 들어 부부 60% 자녀 40%, 혹은 부부 20% 자녀 80%, 아예 자녀 100%인 회사도 가능하다. 자녀만으로 구성된 법인을 '자녀법인'으로 부르기도 한다. 미성년자인 자녀도 주주로 올릴 수 있다. 법인의 주된 목적은 절세다. 하지만 상속 및 증여와 같은 승계 수단으로 활용하기 위해 대부분 자녀의 지분율을 높게 한다는 특징이 있다. 가족법인이 늘어남에 따라 금융권, 회계법인, 법무법인도 패밀리오피스 팀을 만들어 다양한 절세 방법을 자문하고 있다.

기본적으로 가족법인을 만드는 이유는 개인과 법인에 적용되는 세율이 다르다는 점을 활용해 절세하자는 것이다. 소득에 따라 개인이 내야 하는 소득세는 6~45%지만 법인에 부과되는 법인세는 9~24%이다. 따라서 동일한 소득이 발생한다면 상대적으로 개인보다는 법인이 유리하다. 특히 고소득자일수록 차이가 크다. 또한 개인과는 달리 법인은 사업과 관련된 각종 비용을 회삿돈으로 처리할 수 있다. 그래서 가족 명의로 연예기획사를 차리는 연예인들이 많은 것이다. 다만 법인에서 발생된 소득을 주주가 갖고 가려면 상황에 따라 법인세 이외에 근로소득, 양도소득, 또는 배당소득 등의 소득세가 한 번 더 발생하게 된다. 따라서 단순히 법인세율이 낮다고 법인이 무조건 세금이 유리하다고 생각하는 판단은 지양해야 한다.

부동산 시장이 침체기에 접어들었지만 법인의 부동산 투자는 여전히 활발하다. 이는 가족법인의 증가와 무관치 않다. 가족법인은 주로 규모가 비교적 작은 꼬마빌딩이나 상가 등 상업용 부동산에 투자하지만 아파트를 비롯한 주거용 부동산도 사들인다. 법원 등기정보에 따르면 2024년 12월 아파트, 빌라, 오피스텔 등 주거용 부동산을 법인이 매입한 건수가 6,000건이 넘는데 2023년 5월 이후 가장 큰 규모다.

법인을 설립하고 사업자금을 조달하는 것도 비교적 단순하다. 예를 들어 부모가 각각 20%, 아들과 딸이 30%씩을 보유한 1억 원 자본금 회사를 만든다고 해보자. 자녀는 3,000만 원의 돈을 내야 하는데 부모가 5,000만 원까지 증여세 없이 증여할 수 있기 때문에 쉽게 자금 확보가 가능하다. 설립 후 은행 대출이나 부모의 대여금으로 사업을 하는 것이다. 대출에 대한 보증은 재력가인 부모가 선다. 그리고 이 법인을 활용해 수익을 내면 기업가치도 올라가고 자녀들의 거액의 자금출처도 확보되는 것이다.

그래서 자녀를 주주로 둔 가족법인은 차등배당을 한다. 차등배당이란 주주들이 지분 비율에 따라 배당을 받지 않고 대주주가 본인의 배당 일부 또는 전부를 자녀에게 몰아주는 것을 말한다. 현행세법에서는 차등배당을 하면 소득세와 증여세를 비교해 더 큰 금액을 과세하도록 규정하고 있다. 하지만 배당을 받아 이 돈을 나중에 자녀에게 증여하려면 배당소득세와 증여세를 이중으로 납부해야 한다. 한 가지 세금만 내면 되는 차등배당이 매력적인 절세 통로가 되는 것이다.

가족법인이 증여 수단으로도 활용된다. 만약 자녀에게 대출이 없는 시가 20억 원 아파트를 증여할 경우 증여세율 40%를 적용해 4억 4,000만 원(일괄공제 5억 원)의 증여세를 내야 한다. 가족법인을 설립해 20억 원의 아파트를 넘기면 2억 6,800만 원(취득세율 13.4%)의 취득세를 내면 된다. 부모가 최대 21억 7,000만 원까지 가족법인에 무이자로 대여할 수 있어 부동산 취득 자금으로 활용할 수 있다. 현행법상 자녀가 '개인' 자격으로 부모에게 돈을 빌릴 땐 이자(이자율 연 4.6%)가 연 1,000만 원이 넘어가면 증여세가 부과된다. 즉 2억 1,700만 원까지는 증여세 없이 빌릴 수 있다. 그런데 법인은 이 무상 대여 한도를 10배 늘릴 수 있다. 법인은 연이자 1억 원까지(대여금 21억 원) 빌려도 증여로 보지 않기 때문이다. 그래서 부모와 자식 간 거래도 가족법인을 통해 거래하는 것이 훨씬 유리하다.

그러나 가족법인으로 주거용 부동산을 매입하게 되면 오히려 취득세 폭탄을 맞는다. 법인으로 주거용 부동산을 매입하면 취득세는 지역과 관계없이 12%를 적용한다. 그리고 지방교육세 1.2%, 농어촌특별세 0.2%를 포함 총 13.4%의 세금을 내야 한다. 4.6%인 개인 취득세율과 비교하면 3배가량 높다. 개인이 시가 20억 원의 아파트를 구입할 경우 취득세는 9,200만 원이지만 법인으로 사면 취득세만 2억 4,000만 원을 내야 한다. 또한 법인이 내야 하는 주거용 부동산 종부세는 2주택은 2.7%, 3주택 이상은 5%를 내야 한다. 개인의 경우 다주택자는 9억 원까지 공제되고 장기보유 세액공제 최대 80%가 적용된다. 공제 초과분의 60%에 대해서만 과세되며 세율은 0.5~2.7%다. 3주택 이상이면서 과세표준 12억 원 초과 시 최대 5%까지 세율이 중과된다. 세액공제를 고려하면 종부세도 법인이 불리하다.

이러한 가족법인이 합법적인 절세가 아니라 탈세나 편법 상속에 악용되는 사례가 늘면서 논란을 키우고 있다. 가족법인은 한 가족을 위해 존재하는 법인이다 보니 '사적인 일'과 '공적인 일'의 경계가 모호하다. 그러다 보니 사적으로 쓴 돈도 업무를 위해 공적으로 사용한 것처럼 법인 비용으로 처리해 세금을 줄이는 것이다. 자동차 구매 비용이나 해외여행 경비는 물론 심지어는 개인적으로 주거할 아파트도 법인 자금을 사용한다. 정부가 작년부터 법인 명의 고가 자동차에 녹색 번호판을 달도록 한 것도 이 같은 조세 회피 행위를 막기 위한 것이다.

당국에 불법으로 적발된 구체적인 사례들을 살펴보면 부모가 자녀 법인에 광고료 명목으로 지급한 수십억 원으로 고가의 아파트를 구매했거나 보유 중인 강남 일대 수십 채의 아파트를 여러 개의 가족법인에 현물출자 형식으로 분산 이전해 사업소득을 누락하고 편법으로 증여한 경우가 있다. 또한 IT 회사를 운영해 수십억 원의 수익이 발생하자 별도로 1인 법인을 설립해 허위로 컨설팅비, 외주 용역비, 홍보비 등 명목으로 회사 자금을 빼돌려 초고가 아파트와 고급 외제 차를 구매해 탈세 혐의로 적발되기도 했다. 이 밖에도 아주 다양한 불법과 편법 사례들이 있다.

이렇게 불법과 편법 사례가 증가하자 정부도 법인이 절세 통로로 악용되는 걸 막기 위해 다양한 대책을 내놓고 있다. 아울러 가족기업에 대한 강도 높은 세무조사가 이루어지고 있다. 앞으로는 세금을 회피하고 편법으로 자산을 지키기 위한 법인 설립은 제동이 걸릴 전망이다. 그렇다고 주주구성이 가족들이기 때문에 별도의 기준을 적용할 수는 없을 것으로 보인다.

선진국에서는 이미 최상위 부자들과 그 가족들의 자산관리를 하기 위한 '패밀리 오피스'가 자리를 잡았다. 이들은 우리나라와는 달리 단순히 자산 증식에만 관심을 가지는 것이 아니고 가문의 가치, 문화, 규범 등을 바탕으로 건전하고 투명한 투자를 기본으로 하고 있으며 혁신기업을 육성하는 사회적 소명도 다하고 있다. 우리나라도 이제 존경받을 만한 패밀리 오피스가 나와야 할 때다.

8

투자의 규율

: 페이투플레이는 투자의 기본이다

"페이투플레이 조항은 기존 투자자들에게 추가 투자와 책임을 요구하고 참여하지 않는 투자자에게는 강력한 불이익을 부과하는 투자 규율 장치다."

스타트업 투자시장은 철저히 합리주의와 힘의 논리로 움직인다. 창업 초기 단계의 성공 가능성에 베팅했던 투자자들은 회사가 어려움에 부닥쳤을 때 그 책임과 부담을 공유할 의무에 직면한다. 이러한 냉혹한 현실을 반영하는 가장 대표적인 조항이 바로 '페이투플레이P2P, Pay-to-Play' 조항이다.

페이투플레이P2P 조항의 기본 철학은 포커 게임과 유사하다. 플레이어는 최종 승자가 결정될 때까지 카드를 받을 때마다 반드시 추가 베팅Pay을 해야 한다. 베팅을 멈추고 패를 접는 순간 이전에 아무리 많은 돈을 넣었더라도 더 이상 게임에 참여할 수 없으며 자기 몫을 주장할 권리를 잃는다.

페이투플레이는 스타트업이 새로운 투자 라운드, 특히 기업가치가 하락한 '다운 라운드Down Round'를 진행할 때 빛을 발한다. 회사가 자금난으로 생존의 갈림길에 섰을 때 기존 투자자들에게 '계속 지원하고 투자할 것인가, 아니면 불이익을 감수하고 떠날 것인가'를 강제하는 장치다. 이는 회사의 재정적 안정성을 확보하고 무임승차를 하려는 주주를 걸러내 장기적인 성장 동력을 유지하게 한다.

스타트업은 회사 운영에 필요한 돈을 한꺼번에 조달하지 않고 보통 1년에서 1년 반에 한 번꼴로 투자받아서 회사를 운영한다. 투자는 시드Seed, 시리즈A, 시리즈B, 시리즈C로 이어진다. 기업공개나 인수합병으로 엑시트할 때까지 시리즈D, E, F로 투자 라운드는 계속된다. 투자는 대부분 투자자를 보호하는 여러 조건이 붙은 우선주로 진행된다.

일반적으로 잘 성장하는 회사는 시리즈가 거듭될수록 기업가치가 계속해서 상승하지만 스타트업 특성상 밸류에이션이 낮아지는 경우도 자주 발생한다. 그래서 투자 라운드는 후속 투자의 기업가치가 직전보다 높은 업라운드, 동일한 밸류에이션인 플랫라운드, 오히려 가치가 떨어진 다운라운드로 구분된다. 업라운드면 기업이 잘 성장하고 있다는 것이다. 플랫라운드는 투자받은 후 실질적인 성장이 없었다는 뜻이므로 부정적으로 인식된다. 다운라운드는 투자유치 후 회사 가치가 오히려 떨어진 것으로 망할 가능성이 높아졌다고 평가된다. 따라서 다운라운드에 참여하는 투자자는 죽어가는 기업을 살리는 것인 만큼 향후 회사가 문을 닫거나, 매각하거나, 기업공개를 할 경우 상대적으로 높은 수익률을 요구하며 기존 투자자들에게는 페이투플레이 조건을 걸게 된다.

페이투플레이는 기존 투자자들이 후속 라운드에 참여하도록 유도해 회사가 운영을 지속하고 미래 성장에 투자할 수 있는 충분한 자금을 확보하도록 돕는다. 특히 어려운 경제 상황이나 다운 라운드 시기에 투자자들이 투자를 외면해 회사가 자금난에 빠지는 것을 막을 수 있는 방어 장치 역할을 한다. 또한 투자자들이 회사의 장기적인 성공에 대한 기득권을 유지하도록 한다. 회사의 성장을 위해 더욱 적극적으로 노력하고 전략적 결정에 참여하도록 동기를 부여한다. 아울러 투자만 하고 후속 라운드에 참여하지 않고도 회사의 가치 상승에 따른 이익만 누리려는 투자자들의 무임승차를 방지한다. 신규 라운드가 이루어질 때 기존 투자자들도 함께 재투자에 참여함으로써 모두가 회사의 성공을 위해 노력하고 있다는 신뢰를 주어 신규 투자유치를 더 쉽게 한다.

페이투플레이P2P 조항의 핵심은 강력한 패널티에 있다. 기존 투자자들이 신규 라운드에 자신의 지분율만큼 추가 투자를 하지 않을 경우 치명적인 불이익을 받게 된다. 대표적으로 기존에 보유한 우선주Preferred Stock가 보통주Common Stock로 강제 전환돼 청산 우선권, 우선 배당권, 동반 매도권 등 모든 보호 장치와 특권을 상실하게 되거나 감자를 통해 지분율이 크게 하락한다. 예를 들어 100억 원의 다운라운드 투자가 진행된다면 기존 투자자가 50억 원을 투자한다는 조건으로 신규투자자가 50억 원을 투자하겠다고 조건을 다는 경우가 대부분이다. 만약 기존 주주에게 할당된 50억 원을 지분율만큼 투자하지 않는 투자자에 대해서는 기존 우선주를 보통주로 전환시키고 10대 1로 감자시키는 것이다. 참여하지 않는 기존 투자자는 보유 주식을 포기하라는 뜻이다.

유니콘 기업 중 일부가 런웨이(Runway, 회사가 버틸 수 있는 기간)를 확보하기 위해 대규모 다운라운드를 진행했다. 일부 플랫폼 기업들은 직전 라운드 대비 절반 이하 또는 10분의 1 수준의 기업가치로 투자유치를 시도하는 상황에 놓이기도 했다. 그러나 생존을 위해서는 다운라운드라도 반드시 성공시켜야 한다. 이때 신규 투자자들은 희석 방지Anti-Dilution 조항은 물론이고 강력한 페이투플레이 조건을 요구해 기존 투자자들의 추가 자금 투입을 강제하는 것이다. 그러나 다운 라운드는 종종 매몰비용의 오류로 치부되기도 한다. 다운라운드 상황은 일견 위기로 보이지만 관점을 달리하면 절호의 기회가 될 수 있다. 성장성이 높은 상장기업의 주가가 산업과 경제 상황에 따라 일시적으로 하락하면 투자자들에게는 저가 매수의 찬스가 된다.

결국 페이투플레이Pay-to-Play는 스타트업이 생존하고 지속적으로 성장하기 위해 투자자들의 책임감과 재정적 지원을 확보하는 데 필수적인 조항이다. 단순한 계약을 넘어 스타트업 생태계의 건전성을 확보하는 안전장치다. 최종 승리의 열매는 위험 감수를 해야만 얻을 수 있다. 마지막 패를 보려면 베팅을 해라. 스타트업 생태계의 기본 원칙이다.

9

상장 리스크

: 기술특례 상장은 혁신과 위험을 동시에 낳는다

"기술특례 상장제도는 혁신기업의 자금 조달을 돕기 위해 도입됐다. 하지만 일부 기업의 부실 상장과 실적 부진이 이어지면서 논란이 커지고 있다."

기술특례 상장제도가 도입된 지 20년 이상 지났다. 2021년 31개, 2022년 28개, 2023년 35개, 2024년 42개, 2025년 7월 초까지 14개 기업이 기술특례로 상장됐다. 20년 동안 260개가 넘는 기업이 이 제도를 통해 상장했다. 일반상장보다 오히려 특례상장이 많아지면서 특례라는 용어가 어색할 정도로 활성화됐다. 초기에는 바이오 업종에만 한정됐으나 2016년부터 대상 업종이 확대됐다.

기술특례 상장제도는 기술력과 미래 전망은 밝으나 상장에 필요한 재무 요건이 충족되지 못한 혁신기업이 코스닥에 쉽게 상장해 대규모 자본을 조달할 수 있도록 지원하는 제도로 2005년 3월에 도입됐다. 혁신기업을 지원해 국가 경쟁력을 높이자는 취지에서 시행된 제도다. 기술 혁신성과 성장성을 인정받으면 자기자본 10억 원 이상 또는 시가총액 90억 원 이상의 요건만으로 상장 예비심사 청구가 가능하다.

기술특례 기업은 상장 심사 전에 기술 평가기관에서 2개에서 기술에 대한 검증을 받아야 한다. 논문이나 특허 등을 고려해 등급을 매기는데 A등급과 BBB등급 이상이 나와야 심사 청구 자격이 생긴다. 딥테크 기업의 경우, 한 곳의 평가기관에서 A등급 이상을 받으면 된다.

기술특례 상장이 혁신 기술을 보유한 기업이 연구자금을 쉽게 조달할 수 있도록 돕는 중요한 제도다. 하지만 다양한 분야의 첨단 기술을 평가하는 데는 한계가 있으며 미래 시장성에 대한 예측은 더욱 어렵다. 그러다 보니 '뻥튀기 상장' 또는 '사기 상장'이라고 비판받기도 하며 제도의 실효성에 대한 의문이 제기되기도 한다.

이런 상황에서 2023년에 있었던 반도체 팹리스 기업 '파두'의 충격이 가시기 전에 또다시 기술특례로 상장한 바이오 기업이 얼마 전 상장폐지됐고 추가로 1개 회사가 상장폐지 결정이 난 상태이다. 그리고 9개의 특례상장 기업이 관리종목으로 지정되면서 기술특례 상장에 대한 논란이 증폭되고 있다.

2023년 3만 1,000원의 공모가로 특례 상장한 파두는 상장 직후 주가가 4만 7,100원까지 올랐으나 상장 후 실적이 공개되면서 주가는 폭락했다. 파두는 연간 예상 매출액을 1,203억 원으로 제시했고 기업가치는 1조 5,000억 원으로 평가받았다. 사실 순이익도 아니고 매출액이 1,000억 원을 약간 넘는 기업이 1조 원 이상의 가치를 인정받는다는 것이 극히 이례적이긴 했다. 하지만 당시에는 엔비디아 열풍으로 반도체 팹리스가 시장에서 가장 주목받는 종목이었기에 고평가 논란은 살짝 비켜 갔다. 그러나 투자자들이 당황한 것은 상장 후 실적 발표에서 예상치와는 너무나도 다른 황당한 실적이 나왔기 때문이다. 예상 실적을 1,203억 원으로 내놨는데 실제 매출은 단지 몇억 원에 불과했다. 이 같은 파두의 심각한 도덕적 해이는 사회적으로 큰 파장을 일으켰고 투자자들은 큰 손실을 보았다. 파두의 주가는 2025년 7월 초 기준 1만 3,000원대이다.

한때 시가총액 3조 원을 넘기며 코스닥 9위까지 오르기도 했던 바이오 기업 셀리버리는 2025년 3월 상장 폐지됐다. 셀리버리는 '파킨슨병 치료제' 상용화를 내세우며 2018년 특례상장을 했다. 당시 투자보고서에는 2019년 예상 매출액을 190억 원이라고 했지만 실제 매출은 45억 원에 불과했고 그나마 2020년엔 20억 원이었고 2021년에는 7억 원으로 떨어졌다. 그 와중에 신약 개발 계획이 허위였다는 혐의가 드러나고 부당이득을 취한 혐의로 대표는 구속기소됐다. 주가는 최고점 대비 92.2% 쪼그라든 상태로 결국 상장폐지됐다. 이로 인해 투자자 5만여 명의 1조 원은 사실상 공중분해됐다.

2019년 상장한 항체 신약 개발사 파멥신은 7년 연속 매출 30억 원 미만을 기록하는 등 매출 부진과 연구개발 비용 증가로 적자가 누적돼 관리종목 지정을 거쳐 상장폐지가 결정됐다. 하지만 파멥신이 법원에 '상장폐지 효력정지 가처분' 신청을 하면서 애초 예정된 2025년 6월 11일 상장폐지가 보류된 상태다.

또한 비록 상장폐지에는 이르지 않았지만 관리종목으로 지정된 기업들도 속속 늘고 있다. 브릿지 바이오 테라퓨틱스는 기술이전 계약 해지와 임상 지연으로 실적이 나빠져 2년 연속 법차손(법인세 차감 전 계속사업손실)이 자기자본의 50%를 초과했다. 디엑스앤브이

엑스는 진단사업 부진 속에 100억 원대 순손실을 기록하며 상장 유지 요건을 충족하지 못했다. 셀루메드도 사업구조 재편과 신규사업 추진 과정에서 수익성이 급격히 나빠져 지정 기준에 미달됐다.

에스씨엠생명과학 역시 매출 부재와 대규모 손실이 2년 연속 지속됐고 애니젠은 정부 과제 축소의 여파로 실적이 급감하며 상장 유지 요건에 미달한 상태다. 카이노스메드는 항바이러스 치료제 임상에 집중해왔지만 미흡한 성과로 인해 누적 적자가 커지면서 관리종목으로 지정됐다. 이들 기업은 모두 상장 이후 일정 수준의 매출과 수익을 확보하지 못하며 상장 유지 요건을 충족하지 못했다.

이렇게 기술특례로 상장한 기업들이 상장 후에 재무구조가 안정화되지 못하면서 관리종목이나 상장폐지까지 거론되는 기업들이 늘어나고 있다. 특례제도를 통해 상장한 기업들은 일반 상장사와는 달리 상장 유지 요건 적용에서 일정 기간 매출 및 이익 기준 적용이 유예되는 특혜도 주어진다. 보통 매출 요건은 상장 후 최대 5년간 면제되고 법 차손 기준은 3년간 유예된다. 이후에는 일반 기업과 동일한 기준이 적용된다. 그래서 최근 2018~2019년을 전후해 특례상장 기업들의 실적 유예 종료 시점이 다가오면서 정량 요건을 충족하지 못한 많은 기업이 관리종목이나 상장폐지 위기에 몰리고 있다.

벼랑 끝에 몰린 일부 특례상장 기업들은 회계기준 충족을 위해 본업과 무관한 사업에 뛰어들고 있다. 관리종목 지정이나 상장폐지를 피하기 위한 일종의 '생존형 인수합병' 전략이다. 백신 개발사 셀리드는 제빵 프랜차이즈 업체인 '포베이커'를 인수해 외형을 키웠고 압타바이오는 건강기능식품 업체를 인수했다. 바이오 기업인 유틸렉스는 IT 기업을 흡수합병하면서 1억 원대였던 매출을 90억 원 규모로 확대했다. 티움바이오는 화장품 위탁생산OEM 기업 페트라온을 인수했다.

2005년부터 2024년까지 기술특례로 상장한 회사 248개 중 3개는 상장폐지됐고 무려 85%인 208개사가 2025년에 영업손실을 기록했다. 또한 70%가 넘는 172개사가 상장 이후 시가총액이 감소했다. 업종별로는 전기전자, 반도체, 바이오 순으로 하락 폭이 컸다. 이는 대부분의 특례상장 기업들이 기업가치를 부풀리기 위해 미래 성장성을 지나치게 과장하고 있다는 것으로 해석된다. 동시에 주관사도 동조했거나 실사를 제대로 하지 않았다는 뜻이기도 하다.

이 같은 혼란은 예견된 위기라는 평가가 지배적이다. 일단 상장이 되고 나면 일반상장이나 기술특례 상장이나 차이가 없다. 결국 '기술'은 상장 심사 때만 본다는 얘기다. 심사만 통과하면 그 이후에는 무풍지대인 셈이다. 첨단기술을 개발하겠다고 특례상장을 했다면, 상장 후에도 최소한 그 기술을 지속해서 개발하고 있는지에 대한 모니터링이 돼야 하지만 그런 규정은 없다. 그러다 보니 기술개발보다는 상장을 통한 자금 조달이나 구주 매각만 부추긴다는 비판도 제기되고 있다. 특례상장 제도가 상장 문턱을 낮추는 데는 기여했지만 결과적으로 확실한 비즈니스 모델 없이 자본시장에 진입하는 경로로 악용된다는 지적도 나온다. 기관투자자만을 위한 엑시트 수단으로 변질됐다는 극단적인 평가도 있다. 그로 인해 개인투자자들에 대한 피해 우려와 제도 신뢰성이나 효율성에 의문을 제기하는 사람들이 늘어나고 있다. '혁신기업과 자본시장과의 만

남'이라는 기술특례 상장제도의 실효성을 냉철하게 되돌아봐야 하
는 이유다.

10

노사의 전환

: 노동조합법 개정은 경제질서의 계산식을 바꾼다

"노란봉투법은 노동권 보호를 강화해 노사관계의 판을 바꾸는 법이지만 동시에 기업 경영의 불확실성과 산업 경쟁력 약화도 우려되고 있다."

'노란봉투법'으로 불리는 「노동조합 및 노동관계조정법 일부 개정안」이 국회 본회의를 통과했다. 핵심 내용은 노동자의 교섭 대상이 되는 '사용자'와 '쟁의행위' 범위를 확대하고 파업 등에 대한 기업의 손해배상 청구를 제한한다는 것이다. 오랜 염원이었던 노란봉투법이 통과되자 노동계는 환호를 보냈지만 재계는 기업경영과 한국 산업 경쟁력이 큰 타격을 입을 거라며 심각한 우려를 표명했다.

2009년 쌍용자동차 공장 점거 파업으로 입은 손실에 대해 회사 측이 손해배상 소송을 제기해 2014년 대법원은 파업 대상자들에게 49억 원을 배상하라고 판결했다. 이에 대해 일부 시민들이 노동자들을 후원하자는 취지에서 당시 월급봉투 색깔과 같은 노란색 봉투에 4만 7,000원씩을 넣어 성금으로 보내자는 노란봉투 캠페인을 시작했다. 이번 노동조합법 개정안이 '노란봉투법'으로 불리는 이유다.

그동안 노동계는 노란봉투법이 하청 노동자의 권익을 보호하고 노동권 위축을 방지한다고 주장했지만 경제계에선 '불법 파업을 조장하고 경영 예측 가능성을 파괴한다'고 강력하게 반발해왔다. 관련 법이 통과되자 국내 주식시장에서는 '로봇주'들이 일제히 급등했다. 기업들이 앞으로 산업 현장에서 신규 채용을 줄이는 대신 위험 회피 차원에서 산업용 로봇을 늘리거나 관련 투자를 늘릴 가능성이 있다는 기대감에 매수가 몰린 것으로 풀이된다.

이번 개정안을 구체적으로 살펴보자. 첫째, 사용자의 범위를 확대했다. 현행 노동조합법에서는 직접 고용주만을 사용자로 보았으나 개정법은 근로자의 근로조건을 실질적으로 지배하고 결정할 수 있는 자도 사용자에 포함함으로써 하청회사, 파견회사, 자회사, 계열사 등 간접 고용 근로자나 직접 근로계약 관계가 없는 근로자로 구성된 노동조합도 원청이나 모회사 등에 교섭을 요구할 수 있게 됐다. 둘째, 노동조합의 가입 및 활동에 대한 권리를 강화했다. 현행법에서는 근로자가 아니면 노조 가입이 불가능했지만 개정법은 이 조항을 삭제해 특수고용직과 플랫폼 근로자 등도 노동조합에 가입할 수 있게 했다.

셋째, 노동쟁의의 범위를 확대했다. 현행 노동조합법은 근로조건 '결정'만을 노동쟁의 대상으로 했지만 개정안은 근로조건에 영향을 미치는 사업 경영상의 결정과 단체협약의 중대한 위반 행위까지 노동쟁의 대상으로 확대한 것이다. 애초 근로조건 전체를 노동쟁의의 대상으로 개정하려 했다. 하지만 그러면 쟁의행위가 과도하게 확대되고 노동쟁의로 인한 현장 갈등 비용이 늘어날 것이 우려돼 개정 과정에서 대상이 일부 축소됐다. 넷째, 노조의 손해배상

책임과 손해배상액을 제한했다. 쟁의행위로 인해 발생하는 회사의 손해에 대한 사용자의 노동조합 상대 손해배상 청구를 제한했기 때문에 불가피한 경우를 제외하고 노동조합과 근로자는 대규모 손해배상 소송으로부터 보호받게 됐다.

다섯째, 손해배상에 대한 책임을 면제할 수 있게 했다. 사용자가 단체교섭, 쟁의행위, 그 밖의 노동조합 활동으로 인한 노동조합 또는 근로자의 손해배상 등 책임을 임의로 면제할 수 있는 법률상 근거 규정을 신설했다. 이는 사용자가 배임 우려에서 벗어나 노동조합 등의 손해배상 책임을 면제할 수 있도록 하려는 것이다. 개정 노동조합법은 6개월 후 시행될 예정이다. 다만 사용자의 노동조합 근로자에 대한 책임 면제 규정은 개정법 시행 전 발생한 손해에 대해서도 소급해 적용된다.

개정안은 사용자의 범위, 노동쟁의 범위, 노동조합 등에 대한 손해배상 제한 등을 담고 있어, 기존 노사관계의 패러다임이 획기적으로 바뀌게 된다. 노동조합의 자주권과 노조 활동에 대한 폭넓은 권리 강화가 예상되지만 기업 입장에서는 회사의 존립을 흔드는 악법이라는 주장이다.

이번 개정안은 사용자 범위와 노동쟁의 개념이 확대됐지만 사용자가 정확하게 누구인지와 노동쟁의 대상 경영 의사결정이 어디까지 해당하는지가 불분명해 향후 노사 간 법적 분쟁이 발생할 수밖에 없다. 또한 노동조합법상 사용자의 개념 요소로 실질적이고 구체적으로 지배하고 결정한다는 의미가 앞으로 노동위원회 판정과 법원의 판례 등을 통해 구체화될 것으로 예상된다. 당분간은 그 범위를 둘러싸고 혼란이 불가피해 보인다. 지금까지 사용자 개념은 명시적 또는 묵시적으로 근로계약이 있는 자로 보는 것으로 해석됐지만 개정안은 이를 하도급 노동자까지 확대해 민법상 도급 계약을 사실상 뒤엎었다. 이렇게 되면 수백 개의 하청업체 노조가 교섭을 요구하면 원청 사업주는 1년 내내 교섭해야 하는 상황이 벌어질 수도 있는 것이다.

파업 사유를 '노동 처우'뿐 아니라 '경영진의 주요 결정'까지 포함해 확대했다. 투자 결정, 사업장 이전, 구조조정 등 거의 모든 경영 판단이 노동쟁의 대상에 포함돼 경영권의 본질적 사항까지 침해될 가능성이 크다는 뜻이다. 그러나 기업의 손해배상 청구는 극히 제한해 폭력적 불법행위에만 한정했다.

이에 대해 재계는 파업에 대한 손해배상을 제한한 만큼 균형을 맞추는 차원에서 대체 근로자 투입을 허용해야 한다고 주장했다. 현행법은 노조의 쟁의행위 시 당해 사업과 관계없는 자를 채용하거나 대체할 수 없다고 규정하고 있기 때문이다. 이러한 '대체근로 금지'는 1953년 노조법 제정 이래 70여 년간 이어져 왔다. 도급 또는 하도급이나 파견을 사용할 수 없도록 한 것이다. 그러나 미국, 영국, 독일, 프랑스, 일본 등 주요국들은 기업의 방어권 보장 차원에서 대체근로를 다양한 형태로 허용하고 있다. 또한 노동쟁의 시 직장 점거가 허용되는 한국과 달리 선진국들은 직장 점거를 위법으로 간주해 대체 근로자를 투입할 수 있는 길을 열어줬다. 경제 6단체가 대체근로 허용 등 주요 선진국에서 보장하는 사용자의 방어권도 입법해 노사관계의 균형을 맞춰달라고 주장하는 배경이다.

경제계는 보완 입법과 대체근로 허용 등 후속 조치가 이뤄지지 않으면 기업 경영활동이 크게 위축되고 국내 산업 경쟁력이 저하

될 것으로 보고 있다. 특히 협력업체가 많은 자동차, 조선, 철강, 건설 등에 미칠 타격이 클 것이란 전망이다. 하청기업 노조가 원청기업을 협상 테이블로 불러낼 수 있기 때문에 자동차, 조선, 건설 등 업종별 다단계 협업체계로 구성된 주요 국내 산업의 상황을 고려하면 원청을 상대로 한 쟁의행위가 상시로 발생해 원하청 간 산업 생태계가 흔들릴 가능성이 커진다.

금리는 동결되고 경기침체 상황에서 관세 전쟁과 상법 개정안 통과로 그야말로 사면초가에 빠져 있는 기업들에 노란봉투법은 그야말로 핵폭탄과 같은 느낌일 수밖에 없다. 국내에 진출한 외국 기업들도 우려의 목소리를 내고 있다. 주한미국상공회의소는 노란봉투법이 원청에 대한 과도한 책임 전가와 법적 불확실성 확대를 가져올 수 있다고 지적했다. 주한유럽상공회의소는 이번 개정안으로 기업의 사법 리스크가 커지면 한국 시장에서 철수할 수도 있다고 경고했다. 이에 따라 경제계는 보완 입법을 통해 관련 개념을 명확히 해 산업 현장의 혼란을 줄여 줄 것과 6개월의 유예 기간 기업들과 긴밀한 소통해 최대한 문제점을 줄여줄 것을 국회와 정부에 요청했다.

좋으나 싫으나 노사관계의 새로운 시대가 열리게 됐다. 위기에 빠진 한국 경제를 살리기 위해서는 기업은 경영활동을 더욱 투명하게 공개하고 적극적으로 소통해 사회적 공감대를 형성해야 한다. 아울러 갈등을 최소화하고 상생할 방안을 모색해야 한다. 이는 노조도 예외가 될 수 없다. 기업이 살아야 노조도 존재할 수 있다. 전 국민의 지혜가 필요한 시점이다. 상생의 시너지를 기대한다.

엑시트와 혁신

: 위기 속 새로운 부의 주역

1

언더독 전략

: 미중 인공지능 격차 축소는 새 기회를 만든다

"미국과 중국이 인공지능 패권을 놓고 정면 충돌하는 시대에 한국은 정면 경쟁이 아닌 틈새 기술을 선점하는 '매력적인 언더독 전략'으로 돌파구를 찾아야 한다."

한국의 10대 주력 산업 경쟁력이 미국은 물론 중국에도 이미 뒤처져 있다는 충격적인 설문결과가 나왔다. 2025년 한국 경제인협회의 보고서에 따르면 한국 기업의 경쟁력을 100으로 가정할 때 중국은 102.2로 우리보다 높았고 5년 후인 2030년에는 한국과 격차가 더 벌어져 112.3까지 높아질 것으로 예상됐다. 미국(112.9)과 맞먹는 수준이다. 현재 시점에서 중국의 경쟁력은 철강(112.7), 일반기계(108.5), 이차전지(108.4), 디스플레이(106.4), 자동차·부품(102.4) 등 5개 업종에서 한국을 앞질렀으며 반도체(99.3), 전기전자(99.0), 선박(96.7), 석유화학·석유제품(96.5), 바이오헬스(89.2)는 한국이 근소하게 앞섰다. 하지만 2030년에는 반도체를 포함한 10개 업종 모두 중국이 앞설 것으로 전망됐다.

이런 상황에서 중국의 첨단 인공지능 기술 또한 최근 몇 년간 놀라운 속도로 발전하며 오랫동안 이 분야를 주도해 온 미국과의 격차를 빠르게 줄이고 있다. 일부 영역은 대등하거나 오히려 능가하는 수준에 도달했다는 분석이 나오고 있다. 인공지능 모델인 대규모언어모델LLM 등 소프트웨어 분야에서는 '거의 동등' 수준에 도달했고 인공지능 반도체 등 하드웨어 분야는 여전히 큰 격차가 있다는 평가다.

중국 인공지능 기술의 약진은 대규모언어모델 등 소프트웨어 분야에서 가장 두드러지게 나타나고 있다. 알고리즘 효율성과 성능을 획기적으로 개선해 소프트웨어 혁신을 이룬 것이다. 스탠퍼드대학교 인간 중심 인공지능 연구소HAI의 「인공지능 인덱스 2025」보고서에 따르면 미중 모델 간 성능 격차는 2023년 말 두 자릿수에서 2024년 말에는 0.3~3.7% 포인트 수준으로 급격히 줄었다. 인공지능 성능 평가 플랫폼인 LMSYS의 '챗봇 아레나Chatbot Arena' 기준으로 2025년 2월 미국과 중국 최고 모델 간 격차는 불과 1.7%다.

이러한 평가는 중국이 하드웨어의 열세를 알고리즘과 모델 설계 혁신으로 성공적으로 우회했음을 보여준다. 중국 스타트업 딥시크는 미국의 강력한 반도체 제재에도 불구하고 전문가 혼합(MoE) 등 효율적인 인공지능 모델 설계와 알고리즘 혁신을 통해 미국과 동등한 추론 성능을 입증했다. 또한 '문샷 AI'가 개발한 '문케이크' 플랫폼은 기존 방식보다 최대 5배 더 효율적인 알고리즘을 사용해 컴퓨팅 파워(그래픽처리카드GPU 등) 학습 비용을 절감한 것으로 알려졌다.

중국 인공지능 모델들은 단순한 성능 추격을 넘어 압도적인 비용 효율성과 오픈소스 생태계를 무기로 미국 시장을 직접적으로 위협하고 있다. 오픈소스 모델의 확산은 개발자 접근성 확대와 커뮤니티 기여 증가 등 소프트웨어 혁신을 가속화하거나 미국 빅테크의 독점적 지위를 무너뜨리는 파괴력을 갖는다. 중국 인공지능 모델들은 미국 경쟁사보다 50% 이상 저렴한 비용으로 서비스를 제공하고 있다.

이러한 성능 대비 저렴한 비용 때문에 알리바바의 '큐원Qwen' 등 중국 인공지능 모델을 채택하는 미국 기업들이 늘어나고 있다. 에어비앤비 CEO인 브라이언 체스키는 중국 모델이 "(미국 모델보다) 빠르고 저렴하다"며 보안 이슈가 있음에도 불구하고 중국 모델 선정 배경을 공개적으로 밝히기도 했다. 중국은 '오픈소스 인공지능의 부흥'을 주도하며 '허깅페이스' 등 관련 생태계에서 영향력이 급속히 커지고 있다.

그러나 인공지능 경쟁에서 가장 중요한 반도체 분야는 미국과 동맹국이 3나노미터 이하 공정에서 중국을 2세대 이상 앞서는 명백한 격차가 존재한다. 이러한 문제를 중국은 '스케일아웃Scale-out' 전략과 정부의 강력한 지원을 통해 극복하고 있다. 스케일 아웃이란 장비의 사양을 높이는 '스케일업Scale-up'과 대비되는 개념으로 시스템 성능이나 용량 확장을 위해 동일하거나 유사한 사양의 칩을 대규모로 연결해 전체 컴퓨팅 성능을 극대화하는 방식이다.

미국의 첨단 인공지능 칩 수출 제한 조치에 중국은 상대적으로 성능이 떨어지는 칩을 대규모로 사용해 시스템 레벨을 극대화한 것이다. 단일 칩의 성능은 엔비디아의 최신 칩보다 떨어지지만 화웨이와 캠브리콘과 같은 중국 기업들이 자체 개발한 인공지능 칩 수만에서 수십만 개를 병렬로 연결해 연산 능력을 획기적으로 끌어올렸다. 이러한 스케일 아웃 전략은 중국이 개별 기술의 성능 격차를 뛰어넘어 인공지능 분야에서 빠르게 경쟁력을 확보하는 핵심 전략이 됐다.

이 전략은 막대한 전력 소모와 복잡한 엔지니어링을 필요로 한다. 중국 정부는 이를 지원하기 위해 파격적인 인센티브를 제공하고 있다. 대규모 인공지능 데이터 센터 운영에 필수적인 전력 수요를 충족시키기 위해 재생에너지 등 전력 인프라 확충에 적극적으로 투자하고 있다. 『파이낸셜타임스』에 따르면 중국 정부는 기업들이 자국산 인공지능 칩으로 데이터 센터를 운영하면 전력 비용의 50%까지 보조하고 있다.

미중 인공지능 경쟁의 동력은 대규모 투자와 인재이다. 미국의 민간 주도 모델과 중국의 정부 주도 모델의 극명한 차이를 보여준다. 민간투자에서는 미국이 압도적이지만 국가 연구개발 투자는 중국이 미국보다 2배 많다. 또한 미국의 민간투자가 세계 최고 수준의 '당대 최고 수준SOTA, State-of-the-art' 모델을 추구하는 '고위험 고수익' 베팅이라면 중국의 국가 연구개발은 인공지능 개발의 기초 체력을 다지는 데 집중하고 있다. 중국 정부는 부족한 민간투자를 메우기 위해 2025년 3월 1,380억 달러 규모의 새로운 국가 벤처캐피털 펀드를 발표하기도 했다.

인공지능 기술의 발전은 양질의 대규모 데이터에 크게 의존한다. 중국은 세계에서 가장 많은 인터넷과 모바일 사용자 수를 보유하고 있다. 인공지능 모델 학습을 위한 방대한 데이터 풀을 자연스럽게 형성하고 있다. 중국의 빅테크 기업 바이두, 알리바바, 텐센트 등은 14억 인구의 일상생활에서 발생하는 엄청난 양의 데이터를 수집하고 처리한다. 상대적으로 덜 엄격한 데이터 규제 환경 또한 기업들이 혁신적인 인공지능 애플리케이션을 개발하고 대규모 테스트를 진행하는 데 유리하게 작용하고 있다.

인공지능 연구개발의 핵심은 결국 인재다. 인력에서는 전통적으로 중국은 '양'이고 미국은 '질'에서 우위를 보였다. 하지만 최근 이 구도가 흔들리고 있다는 분석이다. 양적인 측면에서 중국의 우위는 확고하다. 세계지식재산기구wipo에 따르면 2023년 기준 중국은 전 세계 인공지능 특허의 69.7%를 차지했다. 2024년 중국의 인공지능 연구 논문 편수는 전 세계 논문의 40% 이상을 차지했다. 또한 중국은 수많은 이공계 졸업생을 배출하며 인공지능 분야에 진출할 수 있는 거대한 인재 기반을 갖추고 있다. 최고 수준의 인공지능 연구소를 설립하고 해외 우수 과학자들을 영입하는 '해외 인재 유치 프로그램'을 적극적으로 추진하고 있다. 중국 빅테크 기업들도 세계 최고 수준의 연봉과 연구 환경을 제공하며 인재를 끌어 모으고 있다.

중국은 초기에는 선진 기술을 빠르게 학습하고 모방하는 '카피캣 전략'에 주력했다. 하지만 이제는 중국 특유의 시장 환경에 최적화된 독자적인 혁신을 창출했다. 미국의 기술 제재에 맞서 외부 의존도를 낮추고 반도체 설계, 생산, 소프트웨어까지 아우르는 독자적인 인공지능 생태계를 구축한 것이다. 중국의 놀라운 약진으로 글로벌 인공지능 패권 경쟁에 지각변동이 일어나는 가운데 최근 엔비디아의 젠슨 황은 "중국이 인공지능 레이스에서 미국을 '10억 분의 1초' 차이로 뒤쫓고 있다."라며 중국의 승리 가능성까지 경고했다.

미중 인공지능 패권 경쟁의 심화는 한국 경제에 심각한 위협이자 새로운 기회를 동시에 제공한다. 단기적으로 글로벌 인공지능 인프라 투자 증가는 한국의 주력 산업인 메모리 반도체를 견인하는 강력한 호재다. 하지만 장기적으로는 심각한 리스크도 존재한다. 중국이 미국의 제재를 피해 반도체 자립에 성공할 경우, 한국 반도체 산업의 최대 시장이 사라질 위험이 있기 때문이다.

강대국 중심의 경쟁 구도 속에서 쉽지 않지만 한국은 초거대 인공지능 경량화 모델, 특정 산업 특화 인공지능, 인공지능 반도체 후공정 기술 등 특정 틈새시장 선점, 독립적 인공지능 서비스 플랫폼 구축, 고성능-저비용 알고리즘 집중 등 차별화된 '매력적인 언더독Attractive Underdog' 전략으로 인공지능 패권 경쟁에 뛰어들어야 할 것이다.

2

메모리 전쟁

: 마이크론의 부상은 반도체 전쟁을 가속한다

"마이크론의 공격적 투자와 기술 추격은 메모리 반도체 패권 경쟁을 격화시키며 한국 반도체 산업에 국가적 대응을 요구하는 새로운 위기를 예고하고 있다."

미국 메모리 반도체 회사 마이크론 테크놀로지는 2025년에 2,000억 달러라는 천문학적 규모의 투자 계획을 발표했다. 정부의 추가 보조금 없이 미국 내 6개의 첨단 공장을 신설해 D램의 40%를 자국에서 생산하겠다는 것이다. 이 트럼프의 반도체 '온쇼어링On-Shoring' 정책에 발맞춘 전략적 선택으로 해석된다. 삼성전자와 SK하이닉스에 이어 만년 3위에 머물러 있던 마이크론의 이러한 대규모 투자는 한국 반도체 기업에 엄청난 위기감을 조성하고 있다.

세계반도체무역통계기구WSTS는 2025년 글로벌 반도체 시장이 전년 대비 11.2% 성장해 6,970억 달러에 달할 것으로 전망했다. 2026년 상승률은 8.5%로 예상했다. 세계반도체무역통계기구WSTS는 인공지능 시장 확대로 인한 고대역폭메모리HBM 수요가 늘어났기 때문에 메모리 부문이 반도체 시장의 성장을 견인할 것으로 내다봤다. 고대역폭메모리뿐 아니라 가전 업체들도 인공지능 기능이

들어간 전자제품을 내놓으면서 고부가가치 메모리의 수요는 더욱 확대될 것으로 전망했다. 반도체 시장은 크게 D램, 낸드NAND, 고대역폭메모리 등 메모리 반도체와 중앙처리장치CPU, 그래픽처리장치GPU 등 로직 칩을 포함하는 시스템 반도체로 나뉜다. 삼성전자와 SK하이닉스는 D램과 고대역폭메모리 중심으로 고성능 메모리 시장에서 뚜렷한 우위를 점하고 있다.

미국반도체산업협회SIA가 발표한 '2025 팩트북'에 따르면 2024년 전 세계 메모리 반도체의 매출은 전년 대비 79.3% 급증했다. 전체 시장 규모로 보면 아직 로직 반도체(2,158억 달러)가 메모리 반도체(1,655억 달러)보다 약 1.3배 더 크다. 하지만 같은 기간 로직 시장의 성장률은 20.8%였던 것을 고려하면 조만간 역전될 가능성도 크다.

2024년에는 메모리 반도체를 주력으로 하는 한국 기업들이 글로벌 반도체 시장에서 두드러진 성장세를 보였다. 시장조사업체 가트너에 따르면 삼성전자는 반도체 매출액 665억 달러를 기록하며 시장점유율 10.6%로 1위에 올랐다. 2023년 대비 62.5% 증가한 수치다. SK하이닉스는 428억 달러로 무려 86.0% 성장했다. 전세계 반도체 상위 10개 업체 중 가장 높은 성장률을 기록했으며 시장점유율은 6.8%였다.

마켓 리서치 회사 옴디아에 따르면 2025년 1분기 기준 글로벌 D램 시장점유율은 SK하이닉스 36.9%, 삼성전자 34.4%, 마이크론 25.0%이다. D램 점유율에서 SK하이닉스가 1위를 차지한 것은 삼성전자가 1992년 D램 시장 세계 1위를 기록한 이후 33년 만의 일이다. 메모리 시장에서 D램이 차지하는 비율은 60%다. SK하이닉스가 D램 1위에 오른 데는 고대역폭메모리의 역할이 컸다. 고대역폭메모리 시장의 가장 큰손인 엔비디아의 물량 대부분을 소화하며 70% 이상의 시장점유율을 기록하고 있기 때문이다.

이런 상황에서 마이크론이 차세대 메모리 모듈인 소캠SOCAMM을 엔비디아에 가장 먼저 납품할 것으로 전해지면서 시장에 충격을 주고 있다. 엔비디아는 삼성전자, SK하이닉스, 마이크론 등 세 곳에 소캠 개발을 의뢰했는데 그중 마이크론 제품을 가장 먼저 승인했다. 1, 2위인 삼성전자와 SK하이닉스를 제치고 마이크론이 주도권을 쥔 것이다. 마이크론은 최근 양산을 시작한 것으로 알려졌다. 소캠은 엔비디아의 차세대 인공지능 가속기 '루빈'에 들어갈 예정이다. 삼성전자와 SK하이닉스도 소캠 개발은 완료했지만 아직 납품으로 이어지지는 않고 있다.

소캠SOCAMM은 'System-On-Chip Advanced Materials & Manufacturing'의 약자로 시스템 반도체의 첨단 소재와 제조 기술을 의미한다. 인공지능 반도체에서 높은 전력 효율과 저렴한 가격으로 새로운 혁신을 가져올 첨단기술이다. 고대역폭메모리에 이어 인공지능 반도체 시장의 판도를 바꿀 수 있는 핵심기술로 평가하기도 한다. 전문가들은 2026년부터 소캠 관련 시장이 폭발적으로 성장할 것으로 전망하고 있다. 마이크론은 뛰어난 기술력으로 경쟁사보다 20% 이상 높은 전력 효율을 보인다고 홍보하고 있다.

소캠은 엔비디아가 개발 중인 개인용 슈퍼컴퓨터 '디지츠'에도 적용될 가능성이 높아서 수요가 크게 늘어날 수 있다. 메모리 3사가 촌각을 다투며 기술개발과 양산을 서두르는 이유다. 그런데 만년 3위였던 마이크론이 가장 빨리 공급을 시작하고 선두에 나선 것이다.

더 심각한 문제는 마이크론이 2025년 6세대 고대역폭메모리인 고대역폭메모리4의 샘플을 엔비디아에 제공했다는 점이다. SK하이닉스는 마이크론보다 3개월 빠른 2025년 3월에 고대역폭메모리4 샘플을 공급하고 하반기 양산을 준비하고 있지만, 삼성전자는 아직 고대역폭메모리4의 전 단계 제품인 고대역폭메모리3E의 '퀄 테스트(품질 인증)'에 머물러 있는 상태다. SK하이닉스가 세계 최초로 고대역폭메모리4 샘플을 공급했지만, 마이크론이 3개월 만에 바짝 따라붙었다. '고대역폭메모리4 최초 양산' 타이틀을 누가 차지할지 주목된다. 향후 전 세계 D램 시장을 장악하려면 가장 먼저 고대역폭메모리4 경쟁력을 선점해야 한다. 최대 고객사 엔비디아의 선택에 달렸다.

심지어 마이크론은 2025년 나온 갤럭시S25 시리즈에서 삼성 반도체를 제치고 저전력 D램의 초도 물량을 대부분 공급한 것으로 알려졌다. 마이크론이 삼성 스마트폰의 '1차 메모리 공급자'가 된 것이다. 마이크론의 시가총액은 2025년 초부터 6월 16일까지 31.5% 상승했으며 최근 2년 반 동안 237% 올랐다. 전 세계 반도체 기업 중 시가총액 11위이며 SK하이닉스는 12위다.

이렇게 마이크론은 예상보다 빠르게 기술력을 좁히며 빠른 속도로 전 세계 1, 2위인 삼성전자와 SK하이닉스를 추월하려고 하고 있다. 현재 고대역폭메모리 시장은 SK하이닉스가 독주하고 있지만 향후 경쟁은 더욱 격해질 것으로 전망된다. SK하이닉스는 2025년 3월 고대역폭메모리4를 업계 처음으로 엔비디아에 샘플을 제공했고 2025년 하반기 양산이 목표다. SK하이닉스는 고대역폭메모리 시장을 선도해온 기술 경쟁력과 생산 경험을 바탕으로 애초 계획보다 빠르게 차세대 고대역폭메모리4 샘플 인증 절차를 마무리하고 양산도 철저히 준비해 계속해서 인공지능 메모리 시장의 선두를 굳건히 지키겠다는 것이다. 후발 주자인 삼성전자는 비록 엔비디아 테스트를 통과하지 못하고 있지만 다른 기업들보다 한 세대 앞선 D램(1c)를 고대역폭메모리4에 적용할 계획이다. 1c D램은 이전 세대인 1b D램보다 성능이 향상되고 전력 소비가 적은 가장 최신 기술로 평가받고 있다.

마이크론은 뛰어난 저발열 기술을 활용해 고대역폭메모리 점유율도 높여 나갈 것으로 예상된다. 고대역폭메모리는 세대를 거듭할수록 많은 수의 D램을 수직으로 쌓아야 한다. D램의 숫자가 늘어나면 필연적으로 더 많은 열이 발생하기 때문에 마이크론의 기술이 유리한 입장이다. 마이크론이 고대역폭메모리에 뒤늦게 뛰어들었지만 뛰어난 저발열 기술과 미국 기업이라는 이점을 바탕으로 급성장하고 있다. 중국과 일본도 고성능 메모리 시장에 뛰어들면서 차세대 메모리 주도권 경쟁이 치열해지고 있다. 범용 메모리 시장은 중국으로 넘어가는 분위기고 일본은 고대역폭메모리를 대체할 차세대 메모리에 투자하고 있다. 이는 곧 한국 반도체의 위기를 의미한다.

반도체 산업은 사실상 '국가 대항전'이다. 이재명 대통령은 기회가 있을 때마다 "대한민국 미래는 반도체에 달려 있다."라고 강조해왔다. 그러나 단순히 구호에 그쳐서는 안 된다. 승리를 위해서는 뛰어난 기술, 막대한 자금, 그리고 국가의 무한한 지원이 필수다. 그 어느 때보다 새 정부의 역할이 중요한 이유다. 다시 한번 반도체 강국의 영광이 재현되기를 기원한다.

3

중국 혁신

: 중국 혁신기업은 서구와 다른 경로를 간다

"중국 혁신기업의 약진은 거대한 내수시장, 국가 산업정책, 그리고 공학 인재가 결합해 '중국 제조'를 넘어 '중국 혁신'의 시대로 전환되고 있음을 보여준다."

최근 들어 중국 혁신기업들의 약진이 놀랍다.

'중국판 M7인 텐센트, 알리바바, 샤오미, 비야디, 메이투안, SMIC, 레노버'의 주가가 일제히 급격한 상승 곡선을 그리며 이들이 주축을 이루는 홍콩 항셍테크 지수는 2024년 무려 63%나 올랐다. 미국 주식시장을 선도하는 7개의 빅테크 기업 애플, 구글, 아마존, 마이크로소프트, 메타, 테슬라, 엔비디아를 일컫는 '매그니피센트 7'과 비견되는 중국의 대표적 혁신기업들이다.

텐센트는 메신저 위챗으로 유명하지만 사실 게임 분야 세계 1위다. 1년간 주가가 58% 이상 상승했다. 2025년 9월 8일 기준 시가총액 6,901억 달러로 전 세계 14위에 올라 있다. 알리바바는 명실상부한 중국 최고의 이커머스 기업이다. 클라우드 컴퓨팅, 물류, 핀테크 등 분야로 사업을 확장했으며 인공지능 분야에서도 두각을 나타내고 있다. 1년간 주가가 77% 상승하며 시가총액 2,824억 달러로 세계 37위다.

샤오미는 '대륙의 실수'라 불리며 가성비 좋은 IT 제품으로 사랑받았다. 이후 다양한 기술 사업 분야로 영역을 확장해 성공했다. 특히 2024년에 출시한 첫 번째 전기차 SU7이 호평받으며 자동차 회사로도 엄청난 가능성을 보이고 있다. 1년간 주가가 무려 185% 이상 올랐다. 비야디BYD는 혁신적인 '블레이드 배터리' 기술로 안전성과 원가 경쟁력을 모두 잡은 세계 1위 전기차 기업이다. 글로벌 자동차 기업 중 가장 많은 11만 명의 엔지니어를 보유하고 있고, 1년 주가 상승률은 30%다.

메이투안은 이른바 '중국판 배달의 민족'으로 통하는 세계 1위 음식 배달 플랫폼 기업이다. 생활 편의성을 개선했다는 평가를 받는다. 시가총액은 110조 원이 넘는다. 중신궈지SMIC는 중국 대표 반도체 기업으로, 중국의 아킬레스건으로 꼽히는 반도체 분야에서 글로벌 격차를 따라잡기 위해 대대적인 투자와 연구개발을 아끼지 않고 있다. 1년간 주가가 무려 274% 이상 올랐다. 레노버는 세계 1위 PC 기업이다. 가성비 좋은 노트북으로 명성을 얻으며 글로벌에서 가장 높은 시장점유율을 차지하고 있다.

이러한 분위기를 반영하듯 2025년 8월 상장지수펀드ETF 수익률 상위 10개 중 9개가 중국 관련 상품이다. 중국 정부의 반도체 산업 육성 정책 등에 힘입어 최근 중국 혁신기업들의 주가가 크게 뛰었기 때문이다. 특히 상하이 시장에 상장된 '미니 엔비디아'라고 불리는 캄브리콘의 주가는 2025년 8월에만 110% 상승했으며 1년 동안 500% 이상 폭등했다.

또한 2025년 9월 8일 기준 1년간 중국 '선전 컴포넌트 지수SZI,

SZSE Component'는 47% 오르며 전 세계 주식시장 상승률 1위를 기록했다. 선전은 실리콘밸리와 같이 중국 혁신 생태계를 선도하고 있으며 선전 거래소SZSE는 중국판 나스닥으로 통하며 주로 첨단기술 기업들이 상장돼 있다. 선전 컴포넌트 지수SZI는 혁신기업들의 성장을 파악하는 데 중요한 지표로 활용된다. 참고로 항셍지수가 44% 상승하며 5위고 상해종합지수는 35% 올라 7위를 기록했다. 26% 상승한 나스닥은 12위, 24% 오른 코스피는 15위, 11% 상승에 그친 코스닥은 28위로 하위권에 머물렀다.

2차 전지 세계 1위인 닝더스다이CATL는 한국 배터리 3사의 점유율을 모두 합쳐도 닝더스다이CATL의 절반에도 못 미칠 정도로 글로벌 시장을 완벽하게 장악하고 있다. 2025년 1월부터 7월까지 닝더스다이CATL가 전 세계 시장점유율 37.5%로 1위, 비야디BYD가 17.8%로 2위로 두 기업이 글로벌 시장의 55% 이상을 차지했다. 한편 LG에너지솔루션은 9.5%로 3위, SK온이 4.2%로 4위, 삼성SDI가 3%로 8위를 기록했다. 또한 500조 원 이상으로 평가되는 틱톡의 운영사인 바이트댄스, 상업용 드론 세계 1위 DJI, 2025년 초 전 세계를 충격에 빠트렸던 딥시크 등 중국에는 혁신기업들이 너무나 즐비하다.

더욱이 얼마 전 후룬연구소가 발표한 '글로벌 유니콘 지수 2025'에 따르면 중국은 유니콘 기업도 343개나 보유하고 있는 것으로 나타났다. 이는 미국에 이어 세계에서 두 번째이다. 한국은 18개다. 유니콘 기업이 많다는 것은 혁신이 활발하게 일어나고 있으며 미래 전망도 매우 밝다고 해석할 수 있다.

그야말로 중국 혁신기업 전성시대다. 이제 유럽의 어느 도시에

서나 비야디BYD 전기차를 마주치거나 2차 전지 전 세계 1등 기업이 닝더스다이CATL라는 중국 기업이라는 것이 더 이상 낯선 일이 아니다. 닝더스다이CATL의 배터리가 없으면 전기차 시장이 유지되기 어려운 상황이 된 것이다. '중국 제조Made in China'라는 꼬리표를 넘어 이제는 특정 산업 분야에서 세계 시장의 표준을 만드는 중국 혁신기업이 속속 등장하고 있다. 단순히 제품을 싸게 만드는 수준을 넘어 압도적인 기술력과 시장 지배력으로 글로벌 산업지도를 다시 그리고 있다.

중국 혁신기업들의 놀라운 성장을 이해하기 위한 첫 번째 키워드는 '국가 산업 정책'이다. 중국 정부는 '작은 거인小巨人' 프로젝트를 통해 특정 분야에서 세계 최고가 될 잠재력을 지닌 기업을 국가 차원에서 전폭적으로 지원한다. 기술 자급자족을 달성하고 국가 공급망을 강화하려는 거대한 전략의 일환이다. 이러한 지원 정책이 14억 인구의 거대한 내수시장과 만나면서 상상하기 힘든 빠른 속도로 성장하고 글로벌 무대의 주역으로 발돋움한 것이다.

2015년 중국 정부는 향후 10년 이내에 첨단기술을 획기적으로 발전시켜 산업 경쟁력을 세계 최고 수준으로 끌어올리겠다는 「중국제조 2025」를 발표했다. 당시에는 중국이 미국을 위협할 첨단 분야 강국이 될 가능성은 전혀 없어 보였다. 하지만 예상을 깨고 2025년 기준 첨단 분야에서 세계 1위 기업이 7개나 탄생했고 수많은 기업이 선두권에 포진하고 있다. 유니콘 기업도 수백 개나 만들어졌다. 「중국제조 2025」의 목표는 대부분 달성됐으며 2035년을 목표로 다음 단계에 집중하기 시작했다. 미국이 중국의 기술 굴기를 꺾기 위해 각종 제재를 강화해 왔지만 중국 첨단 제조업은 막대한 정부 지원을 발판으로 기술 자립을 단계적으로 이뤄가며 미국의 기술 패권을 위협하는 수준으로 성장했다.

미국 로디움그룹Rodium Group의 보고서 「중국제조 2025는 성공적이었나?」에 따르면 "오늘날의 중국은 2015년의 중국과는 완전히 다르며 전례 없는 정부의 막대한 자금 지원을 바탕으로 한 정책의 결과다. 중국이 계속해서 미국과의 격차를 좁히고 경쟁력을 높일 것이라는 데는 의심할 여지가 없다"고 분석했다. 중국 혁신기업의 부상은 더 이상 '저렴한 노동력'에 기반한 '중국 제조Made in China'의 시대가 저물고 '중국 혁신Innovated in China'의 시대가 열렸음을 명확히 보여준다.

2025년 공중파를 통해 방송된 다큐멘터리 「인재 전쟁」이 화제다. 부제는 '공대에 미친 중국, 의대에 미친 한국'이다. 중국에는 과학·기술 인재를 양성하려는 국가 주도적 노력과 '공학 천재'를 동경하는 사회적 분위기가 있다. "과학자가 돼서 사람들에게 도움이 되고 싶다"는 중국 학생과 "의사가 돼서 롯데월드가 보이는 곳에서 살고 싶다"는 한국 학생의 인터뷰로 큰 충격을 받았다는 사람들이 많다.

중국 혁신기업의 성공에는 무엇보다 '국가 차원의 전폭적인 지원'이 가장 큰 역할을 했다. 그러나 공학에 미친 젊은 안트러프러너가 없다면 아무리 중국의 내수시장 규모가 크고 정부가 좋은 정책을 편다고 해도 지속적으로 세계적인 혁신기업들이 나타나기는 어려울 것이다. 위기의 한국 경제에 그 어느 때보다 국가 차원의 과감한 정책과 '공학에 미친 인재'가 절실하다.

4

바이오 빅뱅

: 생명 설계는 새로운 부의 파이프라인을 연다

"합성생물학은 생명체를 공학적으로 설계해 의약, 식품, 에너지, 소재 산업을 재편하는 기술로 미래 바이오 패권을 좌우할 핵심 전략기술이다."

'합성생물학 육성법' 제정안이 2025년 4월 초 국회 본회의에서 의결됐다. 탄핵정국 속에서도 여야 모두가 국가 미래를 위해 합성 생물학 육성에 사활을 걸어야 한다고 뜻을 모은 것이다. '합성생물학Synthetic Biology'은 삶의 질을 향상시키기 위해 공학적 방법으로 생물체를 재설계하는 생명공학의 핵심기술로 바이오 제조의 패러다임 전환을 주도하는 최첨단 무기로 평가받는다. 예를 들면 수많은 부품을 조립해 자동차를 만드는 것처럼 유전자, 단백질, 세포 등을 부품화·표준화해 신약, 신에너지, 식품 등을 만드는 기술이다. 그야말로 '바이오 금맥'으로 통하는 미래 먹거리 핵심기술이다.

글로벌 컨설팅 기업 맥킨지의 연구에 따르면 합성생물학은 400가지 이상의 잠재적 용도가 있으며, 특히 의료·건강, 농업·식품, 소비재·서비스, 소재·에너지 생산에 획기적인 성과가 기대된다고 했다. 10년 이내에 반도체 시장 규모의 3배 이상으로 성장할 것으로 예상하고 있다. 이미 일상생활을 변화시키는 결과도 많이 나와 있다.

코로나바이러스 백신은 합성생물학의 대표적 산물로 꼽힌다. 기존에는 백신 개발에 10년 이상 걸렸다. 그런데 코로나바이러스 백신은 불과 11개월밖에 걸리지 않았다. 바이오기업 모더나가 합성생물학 전문 회사인 징코바이오워크스를 통해 대량의 mRNA를 빠르게 확보할 수 있었기 때문이다. 당뇨병 치료에 쓰이는 인슐린도 합성생물학을 통해 대량생산이 이루어지고 있다. 의료·건강 부문에서는 2030~2040년까지 매년 1조 3,000억 달러(약 1,885조 원)의 경제적 파급력이 있을 것으로 전망된다.

또한 합성생물학을 통해 육류를 세포 단위에서 직접 제조해 환경을 보호하면서 소비자 가격도 낮추려는 기업들도 급증하고 있다. 이스라엘 슈퍼미트사는 닭고기, 미국 핀리스푸드사는 남획으로 멸종위기에 처한 참다랑어, 모사미트(네덜란드)와 업사이드푸드(미국)와 알레프팜스(이스라엘) 등은 스테이크 질감의 배양 소고기를 개발 생산하고 있다. 농업 분야의 시장 전망은 2030년까지 연간 1조 2,000억 달러(약 1,740조 원) 규모로 예상하고 있다.

이 밖에도 개인의 고유한 특성을 고려한 질병의 유전 가능성, 치료, 노화 관련 케어 분야에도 유용하게 적용되고 있다. 미생물이 방탄조끼보다 강도가 더 높은 합성 근섬유인 티틴titin을 생산하는 기술을 개발하기도 했다. 미세조류나 식물자원을 이용해 청정에너지와 바이오연료의 생산성을 획기적으로 증가시킬 수 있는 '바이오리파이너리biorefinery'에 대한 연구도 활발하게 진행되고 있다. 대장균과 효모 등을 이용해 플라스틱을 합성하는 등 다양한 분야에 빠르게 적용되고 있다. 엔비디아가 출시한 신약 개발용 생성형 인공지능 모델인 바이오네모는 합성생물학의 고도화를 이끌 플랫폼으로 평가받는다. 한편 미국에서는 합성생물학의 개념을 설명할 때 '세포를 프로그래밍한다'고 표현한다. 이는 DNA를 프로그래밍 언어로 생각하고 IT의 코딩 개념으로 접근한 것이다.

합성생물학의 핵심에는 바이오파운드리BioFoundry가 있다. 바이오파운드리는 인공지능과 로봇기술 등을 접목해 광범위한 바이오 연구개발 과정을 자동화·고속화하는 시스템으로 로봇과 분석장비와 같은 하드웨어와 연구개발에 필요한 인력과 데이터를 관리하는 소프트웨어 등이 포함된다. 합성생물학에 필요한 복잡한 과정을 빠른 순환 공정으로 구현하는 것이다. 반도체 위탁 생산을 뜻하는 파운드리처럼 빠르게 생명체 구성 요소를 만들어낼 수 있다. 그러나 엄청난 시간과 비용이 투입돼야 한다. 세계 각국은 정부가 주도해 육성하고 있으며, 선진국에서는 기업 차원에서도 적극적으로 뛰어드는 상황이다. 우리나라는 2029년 완공을 목표로 K-바이오 파운드리를 추진하고 있다.

모든 과학기술에 양면성이 있듯이 합성생물학에도 여러 위험 요소가 존재한다. 의도치 않은 결과로 생태계가 파괴되거나 사회적 양극화나 유전자 조작에 따른 심각한 도덕적 문제가 발생할 수도 있다. 또한 선진국과 개도국 간의 격차가 더 벌어지고 생화학적 무기의 범람으로 인류가 위험에 빠질 수도 있다. 이러한 위험성이 존재함에도 미국, 영국, 중국, 일본 등 주요 국가들은 앞다퉈 국가전략 기술로 채택하고 합성생물학의 패권을 차지하기 위해 대규모 투자를 진행하고 있다. 바이오산업의 빅뱅을 예상하는 것이다. 인터넷 등장 이후 세상이 빠르게 변했듯이 '바이오 분야의 인터넷'으로 불리는 합성생물학이 다양한 분야에서 급진적인 변화를 주도하며 인간의 생명과 직결된 우수한 제품들을 더 많이, 더 싸게, 그리고 지속가능하게 만들 방법을 제시할 거라 믿기 때문이다.

2025년 6월 국가과학기술자문회의 산하 글로벌 연구개발 특별위원회가 공개한 「글로벌 기술수준 지도」의 자료에 따르면 한국의 합성생물학 경쟁력은 세계 7위 수준이다. 그러나 2025년 1월 한국과학기술정보연구원이 발표한 보고서에 따르면 2000년부터 2024년까지 24년간 발표된 합성생물학 분야 논문 1만 4,437건을 분석한 결과 미국과 중국이 각각 4,760건과 2,932건으로 25%와 16%를 차지해 1, 2위에 올랐다. 이어 영국 9%, 독일 7%, 일본 4%의 순으로 집계됐으며 한국은 단지 2%에 불과해 13위를 기록했다.

논문 경쟁력뿐만 아니라 산업화 측면에서도 우리나라는 뒤처진다는 평가다. 미국은 이미 2020년 국방부 산하 국방고등연구계획국DARPA에 합성생물학제조연구기관을 신설해 2억 7,000만 달러를 투입했다. 2021년엔 미국혁신경쟁법을 통해 합성생물학을 10대 혁신 기술로 지정했다. 합성생물학을 '바이오 패권'을 위한 무기로 규정하고 법적 근거를 마련한 것이다. 빅테크 기업과 벤처캐피털이 들어오면서 현재 미국 내 합성생물학 관련 기업은 800여 개로 추정된다.

영국도 합성생물학을 국가의 명운을 좌우할 '소버린 테크Sovereign Tech'로 삼고 2012년에 장기 로드맵을 발표했다. 이에 따라 국립 합성생물학센터SynbiCITE를 비롯해 옥스퍼드대학교 바이오파운드리, 임피리얼칼리지런던의 합성생물학&혁신센터CSynBI가 삼각편대를 이뤄 상용화에 속도를 내고 있다. 세계 최고 권위자로 인정받는 이상엽 국가바이오위원회 위원장(KAIST 연구부총장)은 "앞으로 모든 바이오산업에서 합성생물학 없이 경쟁력을 쌓는 것은 불가능하다."고 강조했다.

이런 상황에서 과기부는 이번 육성법 제정을 계기로 우리나라의 기술력을 세계 최고 수준으로 끌어올리겠다는 계획이다. 그런 차원에서 이번 법률 제정은 단순한 제도 정비를 넘어 우리 사회가 합성생물학의 미래 가치에 대해 공감대를 형성하는 계기로 삼아야 한다. 바이오산업을 국가의 핵심 성장축으로 삼겠다는 의지와 글로벌 바이오 주도권 경쟁에서 한 걸음 앞서 나갈 수 있는 실질적 토대를 마련해야 한다. 합성생물학은 융합과 협업이 핵심이다. 생명공학, 정보기술, 인공지능, 나노기술 등이 유기적으로 결합해야 성과를 낼 수 있으며 소수 전문가의 노력만으로는 불가능하다. 따라서 학계, 산업계, 정부가 긴밀히 협력할 수 있는 생태계를 하루빨리 만들어야 한다. 또한 국가 차원의 연구개발 로드맵, 융합형 인재 양성, 민간투자 촉진, 규제 개혁, 기술의 안전성과 윤리의식까지 연결돼야 한다. 시민사회와의 소통을 통해 사회적 수용성 간 균형을 이루는 것도 중요하다.

반드시 가야 하지만 갈 길이 너무 멀어 보인다. 선진국과의 격차를 줄이려면 더욱 속도를 내야 한다. 그러나 빅뱅은 '공간의 파괴'가 아니라 '공간의 확장'이라는 것을 명심해야 한다. 승자독식이 불가능한 것이다. 우리만의 공간을 선점하면 우리에게도 기회는 있다. 오늘도 불철주야 우리의 공간을 찾기 위해 노력하는 과학자들을 응원한다.

5

여성 혁신

: 실리콘밸리의 선택이 바뀌고 있다

"미라 무라티의 등장은 실리콘밸리에서 드물었던 여성 기술 창업자가 인공지능 패권 경쟁의 중심에서 새로운 혁신 리더십을 보여주고 있음을 의미한다."

1998년 구글 창업 당시 자신의 차고를 사무실로 제공하고, 회사 설립에 커다란 도움을 주고, 회사에 합류해 놀라운 성장을 이끌며 '구글의 대모'로 불리던 수전 워치스키는 9년간 유튜브의 CEO를 역임하다가 건강상의 이유로 2023년 회사를 떠났다. 워치스키는 2006년 유튜브의 인수를 반대하던 구글의 경영진을 끈질기게 설득해 유튜브를 인수하는 데 결정적 역할을 했다. 2014년 CEO 자리에 오른 워치스키는 유튜브의 초고도 성장을 이끌며 16억 5,000만 달러로 인수한 유튜브의 기업가치를 무려 333배 오른 5,500억 달러로 키웠다. 그야말로 대박을 터트렸다. 그녀는 2022년 '더 기빙 플레지The Giving Pledge'에 전재산의 절반 이상을 기부하겠다고 서명했는데 2025년에 암으로 사망했다.

워치스키가 퇴임할 당시 『뉴욕타임스』와 『월스트리트저널』 등 수많은 언론이 이례적으로 "실리콘밸리에서 뛰어난 여성 리더가 사라지는 데 대한 우려가 높다.”고 논평을 내놨다. 남성이 압도적인 다수를 차지하고 있는 테크 산업에 강력하면서 조화로운 리더십으로 뛰어난 실적을 보여준 여성 CEO의 부재를 안타까워한 것이다. 지금까지 실리콘밸리에서 성공적인 리더로 찬사를 받았던 여성 최고경영자는 메타의 셰릴 샌드버그, 이베이의 멕 휘트먼, IBM의 지니 로메티, 야후의 마리사 메이어, 휴렛팩커드의 칼리 피오리나 등이 대표적이다. 이들은 모두 전문경영인 출신으로 지금은 현직에서 물러났다. 워치스키의 퇴장으로 이제 테크 기업의 여성 최고경영자는 오라클의 사프라 캐츠와 AMD의 리사 수만 남았다.

지금까지 테크 기업을 창업해 성공을 거둔 여성 CEO의 사례는 거의 없다. 그나마 대표적인 인물로 거론됐던 테라노스의 엘리자베스 홈스, 핀테크 업체 프랭크의 찰리 재비스는 사실상 실체 없이 거짓 이미지로 포장한 사기로 결론이 나면서 엄청난 충격을 주며 시장에서 사라졌다. 앤 워치스키가 설립한 유전자 분석 서비스 회사 23앤드미는 2006년 창업 후 꾸준히 성장해 2021년 나스닥에 상장까지 했으나 이후 급격한 내리막길을 걷게 됐다. 결국 2025년 3월 주가가 고점 대비 99% 이상 하락한 0.7달러를 기록한 상태에서 파산보호 신청을 하며 상장폐지됐다. 앤 워치스키는 수전 워치스키의 동생이다. 안타깝게도 이들 이외에는 특별히 언론의 주목을 끈 여성 안트러프러너는 없다.

이런 상황에서 실리콘밸리에 새롭게 떠오른 여성 CEO가 화제다. 그 주인공은 싱킹머신스랩의 CEO인 미라 무라티이다. 오픈AI의 CTO였던 그녀는 ‘챗GPT의 창조자’로 불리며 2023년 테크 전문 매체 패스트컴퍼니가 선정한 ‘세계에서 가장 혁신적인 인물’에 오르기도 했다. 싱킹머신스랩은 무라티가 2025년 2월 실리콘밸리에 설립한 신생 인공지능 스타트업이다. 인공지능이 단순한 코딩과 수학 문제 해결을 넘어 더 광범위한 분야에서 인간의 전문성을 보완하는 방향으로 진화돼야 한다는 기조하에 인공지능 모델의 안전성과 신뢰성을 높이는 연구를 하고 있다. 싱킹머신스랩은 창업 후 불과 4개월 만에 20억 달러라는 천문학적인 거금을 투자받으며 기업가치가 무려 140억 달러로 유니콘을 넘어 데카콘이 됐다. 투자 유치를 위한 IR 자료에도 제품이나 재무 계획에 대한 정보가 전혀 없었음에도 무라티의 명성과 평판만으로 실리콘밸리 최고의 벤처캐피털인 앤드리슨 호로비츠 등을 비롯해 수많은 투자자가 몰렸다. 오픈AI와 앤스로픽과 같은 세계 최고의 인공지능 회사나 구글과 메타 등 빅테크 기업들과도 충분히 경쟁할 수 있다는 믿음을 갖고 있기 때문이다. 무라티의 모국인 알바니아 정부도 국가 예산을 수정하면서까지 1,000만 달러를 투자했다.

이번 자금 유치는 '시드seed' 투자에 해당하지만 실리콘밸리 기준으로도 이례적인 초대형 투자라는 평가를 받는다. 시드 투자는 아직 제품 개발이 완료되지 않았거나 공개되지 않은 단계에서의 초기 투자를 뜻한다. 시드 투자로는 실리콘밸리 역사상 가장 큰 규모로 일반적인 스타트업의 생애 총투자 유치 금액을 능가하는 수준이다. 또한 투자자들은 무라티에게 100배의 복수의결권을 부여하며 엄청난 신뢰를 보였다. 회사의 모든 중요 안건에 대한 최종 결정을 일임한 것이다.

전체 직원은 50명에 불과하지만 대부분이 오픈AI, 구글, 메타AI, 미스트랄AI 등 세계 최고의 인공지능 회사에 근무하던 연구원과

엔지니어들이며 회사 출범과 동시에 합류했다. 오픈AI의 공동창업
자인 존 슐먼John Schulman도 참여했다.

무라티는 1988년 알바니아에서 태어나 16세에 캐나다로 이민
을 온 알바니아계 캐나다인이다. 아이비리그인 다트머스대학교에
서 기계공학 박사학위를 받았고 2013년 테슬라에 입사해 모델 X
개발 업무를 담당했다. 이후 2018년 오픈AI에 합류해 챗GPT 개발
을 총괄했다. 챗GPT, 달리, 음성 모드의 인공지능 제품 개발을 주
도했다. 오픈AI 이사회가 2023년 CEO인 샘 알트먼을 전격 해임했
을 때 잠시 CEO 대행을 맡기도 했다.

무라티가 인공지능에 관심을 가지게 된 것은 테슬라에 입사해
자율주행을 구현하는 오토파일럿과 공장자동화를 위한 인공지능
을 개발하면서다. 그녀는 모델X 개발을 총괄하면서 특정한 일을
잘하는 인공지능이 아닌 모든 일을 해내는 인공지능, 이른바 범용
인공지능AGI의 필요성을 느꼈다고 했다. 기존 인공지능은 한정된
분야에서 인간을 흉내 내거나 뛰어넘는 것을 목표로 하는 것이 일
반적이었다. 하지만 무라티의 생각은 달랐다. 그래서 오픈AI로 회
사를 옮겨 본격적으로 범용 인공지능AGI 구현에 나섰다. 오픈AI에
서 CTO로서 인공지능 기술개발을 총괄했다.

2019년에 오픈AI가 영리 기업으로 전환하는 과정도 무라티의
주도하에 이루어졌다. 그 과정에서 일론 머스크가 의견 충돌로 이
사회를 사임했다. 이 당시 무라티는 인공지능 관련 인력이 한정적
이라 최고의 인재를 영입하려면 확실한 인센티브를 제공해야 하고
기술개발에 필요한 막대한 클라우드 컴퓨팅 비용을 감당하려면 영
리 기업으로의 전환이 불가피하다고 주장했다.

일반적으로 구글이나 마이크로소프트 같은 빅테크 기업들은 기술이 상용화가 되기 전에는 철저히 개발과정을 숨긴다. 완전하지 않은 기술이 공개됐을 때 드러나는 여러 가지 약점이나 문제점에 대한 비난을 우려하기 때문이다. 챗GPT와 같은 생성형 인공지능이 수없이 많았지만 공개되지 않았던 이유다. 하지만 무라티는 "대중과 접점 없이도 기술 발전을 이룰 수 있다. 하지만 올바른 방향으로 인공지능을 개발하는지는 알 수 없다."며 전직원들을 설득해 전격적으로 개발과정을 대중에 공개했다. 그로 인해 수많은 기업이 오픈AI의 개발 방식을 따라 하게 된 것이다.

2025년 다보스 포럼에서 "가치가 없는 인공지능은 양심 없는 지능"이라고 강조한 무라티는 최근 메타 CEO인 마크 저커버그의 천문학적 금액의 인수 제안을 거절했다. 회사의 사명을 접근성, 사용자 정의, 투명성을 갖춘 인공지능 도구를 개발하고 실리콘밸리 '거대 기업'의 독점 시장을 무너뜨리는 것으로 삼고 있다. 최근 무라티는 루비 프로젝트를 진행하고 있다. 인공지능을 더욱 이해하기 쉽고 적응력이 뛰어나며 전반적으로 더욱 강력한 성능을 발휘하도록 만드는 데 전념하고 있다면서 첫 번째 제품이 조만간 출시될 것이라고 밝혔다. 창업 4개월 만에 데카콘이라는 기적을 만든 무라티의 역작이 기대된다.

6

창작 생태계

: 유튜브는 구글과의 결합으로 스케일업됐다

"유튜브의 진짜 혁신은 동영상 기술이 아니라 누구나 창작자이
자 수익자가 되는 플랫폼 생태계를 만든 데 있었다."

구글이 운영하는 세계 최대 동영상 공유 플랫폼 유튜브가 2025
년 20년을 맞았다. 19초짜리 영상 하나로 시작한 작은 스타트업이
20년 만에 무려 770조 원에 이르는 기업가치를 지닌 거대 플랫폼
기업으로 성장했다. 이러한 성공 스토리는 2005년에 설립된 유튜
브라는 스타트업이 창업 1년 반 만에 구글에 16억 5,000만 달러라
는 천문학적 금액으로 매각되면서 시작됐다.

시장조사기관 모펫네이선슨MoffettNathanson은 유튜브가 2025년
디즈니를 제치고 매출 기준으로 가장 큰 미디어 기업이 될 것으로
전망하며 기업가치를 5,500억 달러로 추정했다. 구글이 인수할 때
와 비교해 333배 이상 상승한 것이다. 유튜브는 지금까지 20조 개
가 넘는 영상이 업로드됐다고 밝혔다. 유튜브는 2024년에 542억
달러의 매출을 기록해 597억 달러의 디즈니를 바짝 추격했다. TV
에서 유튜브 콘텐츠를 보는 시간은 전체 시청 시간의 12%로 이미

디즈니, 폭스, 넷플릭스를 앞질렀다.

유튜브는 온라인 결제 서비스인 페이팔의 초기 멤버들이 만든 회사다. 페이팔이 이베이에 매각되면서 회사를 함께 나온 채드 헐리, 스티브 첸, 자베드 카림 3명은 누구나 쉽게 동영상을 올리고 편하게 감상할 수 있는 사이트를 만드는 데 의기투합하고 2005년 유튜브닷컴youtube.com 도메인을 사들이며 유튜브를 공동창업했다. '당신'을 뜻하는 'You'에 '텔레비전'을 가리키는 'Tube'를 결합해 모두가 시청자이자 제작자가 되게 하겠다는 정체성으로 시작한 것이다. 동영상을 간편하게 업로드하고 감상할 수 있는 플랫폼이 거의 없던 시절이다.

사실 초기 유튜브의 비즈니스 모델은 지금과는 달랐다. 당시 유튜브가 구현하려 했던 모습은 동영상 버전의 '핫한가, 별로인가Hot Or Not'였다. '핫한가, 별로인가Hot Or Not'는 누군가가 자신의 사진을 사이트에 올리면 다른 사람들이 1점에서 10점까지의 점수를 매기는 평가 사이트이다. 이를 동영상으로 구현해 남녀 데이트를 연결시켜 주는 매칭 서비스를 하려고 했던 것이다. 그러나 결과는 폭망이었다. 사이트를 오픈했지만 이용자가 전혀 없었다. 급기야 여성 고객이 영상을 올리면 20달러를 지급하겠다는 유인책까지 내놓지만 상황은 달라지지 않았다.

쓰디쓴 실패의 맛을 본 창업자 3인은 무엇이 잘못됐는지를 철저하게 분석한 '오답노트'를 작성했다. 그리고 비즈니스 모델을 피벗하기로 하고 '어떤 영상이든 유저가 원하는 대로 마음대로 올릴 수 있는 동영상 플랫폼'으로 방향을 선회했다. 그리고 마침내 첫 영상이 업로드됐다. 창업자 중 한 명인 자베드가 올린 「동물원에서me at the zoo」라는 19초짜리 아주 짧은 영상이다. 진짜 별거 없는 동영상이다. 제목처럼 동물원에 간 자베드가 뒤편의 코끼리들을 힐끗 바라보며 "지금 코끼리 앞에 서 있다. 코끼리 코는 진짜, 진짜, 진짜, 진짜 길다. 할 말은 이게 다다."라고 말하는 것이 전부다.

물론 유튜브의 성지와 같은 역사적 의미가 있기 때문이겠지만 20년이 지난 이 영상의 조회 수는 2025년 4월 말 기준 무려 3억 6,000만 회가 넘는다. '정말 누구나 아무거나 올릴 수 있다'는 유튜브의 정수를 보여주었다. 그러나 그 시절에는 별도의 변환 과정 없이 파일 전송만으로 동영상 공유 플랫폼을 만들었다는 것은 엄청난 혁신으로 평가됐다. 업로드 기술을 발전시킨 게 아니라 모두가 공유하도록 하는 비즈니스 모델이 신의 한 수가 된 것이다.

다행히 비즈니스 모델을 피벗한 후 유저 수는 기하급수적으로 증가했다. 그래서 회사 설립 후 불과 6개월 만에 세쿼이아 캐피털로부터 초기 스타트업치고는 매우 이례적으로 1,150만 달러라는 거액을 투자받을 수 있었다. 그제야 유튜브는 공동창업자인 채드의 차고에서 나와 정식 사무실을 열었다. 하지만 그때부터 진짜 '지옥의 문'이 열렸다. 유저 수가 감소해서가 아니고 오히려 너무 짧은 시간에 유저가 급격히 늘어나면서 해결하기 어려운 심각한 문제들이 연이어 터진 것이다. 당시 상황에서는 도저히 감당할 수 없는 숫자의 동영상이 업로드됐고 조회 수도 1억 건을 넘어섰다. 모든 직원이 1주일에 100시간 이상을 일해도 업무는 심각한 과부하에 걸리고 대부분 번아웃됐다. 무엇보다 심각한 것은 데이터와 서버 관리 문제였다. 엄청난 양의 서버는 물론 제대로 된 데이터 센터가 시급해졌다. 더이상 스타트업 수준에서 감당할 수 없게 된 것이다.

그래서 자금력과 기술력이 있으며 시너지가 날 것 같은 빅테크 기업에 회사를 매각하기로 했다. 제일 먼저 야후와 매각을 논의했다. 같은 미디어 분야였고 협상은 일사천리로 진행됐고 곧 계약이 체결될 듯 보였다. 그러나 구글과 미팅을 한 후 상황은 급반전됐다. 구글에 넘기기로 결정을 바꾼 것이다. 왜 구글을 선택했을까? 결정적인 것은 엔지니어 문화였다. 엔지니어는 구글에서 가장 환영받는 존재이며 천재 엔지니어들이 즐비했다. 직원의 80%가 엔지니어였던 유튜브에 이러한 조직문화는 숭배의 대상이었다. 더군다나 구글의 CEO인 에릭 슈미트는 유튜브의 가능성을 높게 평가하며 돈 버는 얘기보다는 함께 그려갈 미래에 집중했다. 그러나 야후의 CEO 테리 시멜은 전형적인 비즈니스맨이었다. 유튜브를 인수한다면 언제쯤 수익이 나올지를 가장 궁금해했다.

매각과 관련된 과정은 공동창업자 중 한 명인 스티브 첸이 쓴 『유튜브 이야기』에 상세히 나와 있다. '유튜브 이야기'는 유튜브 창업과 구글로의 매각 그리고 구글을 떠나 다시 창업의 길로 나서는 첸의 경험과 생각을 솔직하게 담았다. 그는 사람들에게 유튜브를 구글에 매각하지 않았다면 돈을 더 많이 벌었을 것 아니냐는 질문을 많이 받는다며 "회사를 팔고 직원들에게 물어봤다. 모두가 행복하다고 했다. 주말까지 밤새워 일하면서 지쳤던 거다. 하지만 진짜 행복해하는 이유는 앞으로 자신들이 하고 싶은 일을 마음껏 할 수 있다는 것이었다."라며 돈보다는 일이 주는 행복감을 강조했다.

유튜브는 2006년 10월 16억 5,000만 달러에 구글에 매각됐다. 창업자 3명은 총 7억 4,000만 달러를 받았으며 투자자와 직원들도 돈벼락을 맞았다. 세쿼이아 캐피털은 불과 1년 만에 4,200%라는 경이적인 수익을 올렸다. 직원들도 모두 최소한 수십억 원의 보상을 받았다. 구글은 거액으로 유튜브를 인수한 후에도 지속적인 투자를 통해 강력한 마케팅 전략, 플랫폼 강화, 다양한 기능 추가, 유튜버 지원 등으로 유튜브를 성공시켰다. 특히 콘텐츠 생태계를 활성화하고 시청자 중심의 플랫폼을 만들어 사용자들의 높은 참여도를 끌어냈다. 구글로 인수된 유튜브는 4년 차부터 흑자로 전환됐으며 이용자가 기하급수적으로 늘어나는 '스노우볼 효과'를 내기 시작했다. 구글은 이렇다 할 수익 모델이 없던 유튜브에 광고 수익 일부를 콘텐츠 제공자에게 분배하는 '유튜브 파트너 프로그램'을 도입했다. '인터넷에 영상을 올려 돈을 번다'는 개념을 처음 정립한 것이다. 현재 전 세계에서 하루 평균 유튜브에 업로드되는 동영상 수는 2,000만 개이며 35억 개의 '좋아요'와 1억 개의 댓글이 달린다.

유튜브의 비즈니스 모델은 크게 광고, 유튜브 프리미엄, 채널 멤버십, 스폰서십, 상품 판매, 후원 등 다양한 방식으로 수익을 창출한다. 특히 유튜브 파트너 프로그램을 통해 콘텐츠 제작자에게 보상을 제공하는 수익 공유 모델이 핵심이다. 유튜브 프리미엄과 음악의 유료 구독자는 약 1억 700만에 달하며 2027년 말까지 1억 4,500만 명에 이를 것으로 예상된다. 유튜브 TV는 2027년 말까지 약 1,150만 명의 구독자를 확보할 것으로 전망하고 있다.

"유튜브를 봐라. 공룡기업인 구글을 이겼다. 중요한 것은 도전이다. 다 준비해서 시작하겠다는 것은 하지 않겠다는 것이다. 너무 재지 말고 마음 가는 대로 한 번이라도 해봐라. 좀 틀리면 어때? 다시 도전하는 거지 뭐!" 스티브 첸이 한국의 젊은이들에게 꼭 해주고 싶다며 들려준 말이다.

7

공급망 딜레마
: 혁신의 아이콘 애플의 반전 스토리를 기다린다

"애플이 맞이한 진짜 위기는 인공지능 경쟁력이 아니라 미중 갈등과 '미국 제조' 압박 속에서 중국 중심 공급망이 흔들리고 있다는 구조적 딜레마다."

전 세계 시가총액 1위를 다투던 애플은 2025년 들어 주가가 큰 폭으로 하락하며 엔비디아와 마이크로소프트에 이어 3위로 추락했다. 2025년 7월 21일 기준 엔비디아 시가총액은 4조 2,000억 달러, 마이크로소프트 3조 8,000억 달러, 애플 3조 1,500억 달러를 기록하고 있다. 애플은 2025년 18.4% 하락한 반면 엔비디아는 25.3%, 마이크로소프트는 18.4% 상승하며 격차가 크게 벌어졌다.

2025년 캘리포니아주 쿠퍼티노에 위치한 애플 본사에서 열린 세계개발자회의WWDC에서는 이례적으로 매년 내놓았던 소비자들을 위한 애플의 '깜짝 발표'가 없었다. 자체 설계 반도체 이야기도 신형 아이폰이나 개발 중인 스마트 안경에 대한 언급도 없었다. 그러다 보니 애플의 혁신은 막을 내렸다는 지적이 이어졌다. 다른 빅테크 기업들에 비해 인공지능 경쟁력이 처진다는 비판도 제기됐다. 그러나 정작 애플이 위기에 처한 진짜 이유에 대해서는 함구하는 느낌이다. 전문가들이 지적하는 위기의 본질은 뒤처진 인공지능 기술이나 혁신이 사라진 조직문화가 아니라 트럼프 정부에서의 관세정책과 애플에 강요하는 '미국 제조Made in USA' 아이폰이다.

미국 저널리스트 패드릭 맥기의 저서 『애플 인 차이나』는 '중국이 애플을 키웠을까, 애플이 중국을 키웠을까'라는 주제를 다루고 있다. 결론적으로 맥기는 중국이 아니었다면 지금의 애플은 절대 존재할 수 없었다고 단언한다. 과거 파산 직전에 몰렸던 애플이 기사회생한 것은 대만의 팍스콘과 손잡고 중국에서 아이팟과 아이폰을 생산했기 때문이라는 것이다. 처음에는 단순한 위탁생산OEM 기지였던 중국이 애플의 세계 최대 시장이 되면서 고도성장을 할 수 있었다는 것이다. 그 과정에서 중국에 과도하게 의존하게 돼 스스로 위기를 자초했다고 평가했다. 그러나 이에 대해 메그 리스마이어Meg Rithmire 하버드대학교 MBA 교수는 "당시 애플에는 다른 선택지가 없었다."라고 강조했다.

결국 애플의 대규모 공장은 중국 내 전자산업 생태계를 키웠고 대규모 설비투자와 함께 제조 기술을 전수하는 계기가 됐다. 동시에 최대의 경쟁자로 떠오른 샤오미와 화웨이 등 중국 스마트폰 기업들을 탄생시킨 데도 커다란 역할을 했다. 현재는 중국의 도움 없이 최고 성능의 스마트폰을 최저가로 생산한다는 것은 사실상 불가능하게 됐다.

이런 상황에서 미중 갈등이 극에 달하며 관세 전쟁이 벌어지고 트럼프가 아이폰을 미국에서 생산하라고 압박하면서 진퇴양난에 빠지게 된 것이다. 애플은 중국 생산량을 줄이거나, 인도로 일부 공장을 이전하거나, 아예 미국에서 생산해야 한다. 그러나 어떤 선택을 하든 애플은 현재보다 좋지 않은 상황에 놓이게 된다. 중국 내 생산을 줄이면 애플에 대한 반감이 커질 수밖에 없고 결국 중국 시장점유율은 급격히 감소하게 될 것이다. 또한 중국 생산을 줄이고 공장을 인도나 베트남으로 이전하면 상당 기간 제품 경쟁력이 약해진다. 그러나 이전하지 않으면 중국산 제품에 부과되는 높은 관세로 애플의 가격은 급등하고 미국 내 판매가 급감하게 된다. 그렇다고 미국에서 생산하면 인건비, 공장 건설비용, 생산성을 고려하면 오히려 중국에서 생산하고 관세를 냈을 때보다 가격은 훨씬 더 오를 수 있다. 현실적으로 불가능한 시나리오다.

더군다나 2025년 1분기 글로벌 스마트폰 시장 성장률은 불과 0.2%를 기록하며 갈수록 성장이 급격히 둔화되고 있다. 경기침체의 영향도 있지만, 특별히 추가될 새로운 기능이 거의 없어지면서 평균 교체 주기가 1~2년에서 3~4년으로 늘어난 것이 결정적인 원인으로 분석되고 있다. 또한 2025년 5월 애플의 아이폰 디자인 설계 책임자였던 조니 아이브가 오픈AI에 합류해 '아이폰 이후'를 겨냥한 인공지능 기기를 개발하기 시작했다. 애플 내부는 '10년 뒤에는 아이폰이 필요 없을 수도 있다.'라는 위기감에 휩싸여 있다고 알려졌다.

블룸버그는 애플이 인공지능 기술을 빠르게 업그레이드하지 않으면 빅테크와의 경쟁에서 계속 뒤처지고 위기에서 벗어나기 어렵다는 기사를 내보냈다. 기존 사업을 인공지능 중심으로 전면 개편해야 한다. 하지만 현시점에서 애플 혼자 힘으로 인공지능 경쟁력을 확보하기는 어렵기 때문에 대형 인수합병을 적극적으로 추진해야 한다는 것이다. 실질적인 인공지능 역량 강화뿐만 아니라 변화하려는 의지가 있다는 시그널을 시장에 보내기 위해서라도 그래야 할 필요가 있다는 것이다. 퍼플렉시티의 인수합병을 검토한 것으로 알려졌다. 천문학적 돈을 쌓아만 놓고 있어서 주주들의 불만이 증폭되고 있다는 평가다. 심지어 팀 쿡 CEO의 교체 주장도 나오고 있다. 애플은 2025년 상반기 기준 180조 원의 현금을 보유하고 있다.

애플은 오랜 기간 '온디바이스 인공지능' 전략을 고수해왔다. 아이폰과 맥 등 자사 기기 내에서 데이터를 처리하는 방식으로 프라이버시 보호를 강점으로 내세웠다. 하지만 생성형 인공지능 시대에는 역부족으로 평가받는다. 구글이나 마이크로소프트는 클라우드 인프라로 실시간 고도화된 서비스를 제공하고 있다. 하지만 애플은 디바이스 성능에 의존해야 하기 때문에 모델의 크기와 속도에서 뒤처질 수밖에 없다.

애플은 관세 압박, 법적·정치적 도전, 인공지능 경쟁, 글로벌 공급망 재편 등 엄청난 위기에 놓였다. 주가는 폭락했고 투자자들은 팀 쿡의 리더십과 애플의 미래를 걱정할 수밖에 없는 상황이다. 쿡은 과거에도 장기 전략과 위기관리 능력으로 수많은 도전을 이겨냈지만 최근의 복합 위기는 그 어느 때보다 여러 요인이 얽혀 있고 해결이 쉽지 않아 보인다. 『월스트리트저널』도 애플이 '최악의 해'를 맞고 있다고 보도했다.

애플의 인공지능 경쟁력 저하는 신제품 개발에도 영향을 미치고 있다. 차세대 혁신 제품이 탄생하기 어렵다는 얘기다. 대표적인 것이 2024년 초 개발을 포기한 '애플 카'다. 또한 스마트워치 자체 디스플레이, 카메라가 달린 애플워치, 맥에 연결하는 증강현실 AR 스마트 안경 등의 프로젝트가 줄줄이 무산됐다. 그러나 구글은 물론이고 오픈AI가 인공지능 비서와 전용 기기를 개발하며 애플을 앞서 나가는 모양새다. 이런 맥락에서 '비전 프로'의 실패는 뼈아프다. 기대감이 컸으나 시장에서 1년도 안 돼 처참하게 실패했으며 이제 존재감도 거의 없다.

이런 와중에 설상가상으로 애플이 가장 높은 수익을 올리는 구글의 검색 수수료가 미국 정부의 소송으로 인해 사라질 위기에 처해 있다. 거기에 앱 스토어 사업도 각국 정부로부터 불공정 행위로 규정돼 모든 결제를 앱 스토어에서만 하게 되는 관행에 제동이 걸렸다. 앱 스토어가 아닌 웹이나 다른 앱에서도 결재할 수 있게 된 것이다. 연간 수백억 달러의 수익이 날아가게 된 것이다.

아이폰 17 시리즈 출시와 iOS 26의 인공지능 기능을 통해 반격을 시도할 예정이다. 하지만 '인공지능 후발주자'라는 딱지를 뗄 수 있을지는 미지수다. 이처럼 한 시대를 대표하는 테크 기업이 인공지능이라는 혁신 기술과 빠르게 변하는 국제 정세 속에서 점점 빛을 잃어가는 느낌이다. 그러나 아직 속단하긴 이르다. 현재의 위기가 극적으로 해결되면 언제라도 세계 최고 기업으로 다시 올라설 수도 있을 것이다. 세계 최고의 혁신 아이콘 애플의 반전 스토리가 궁금해진다.

8

리커머스 혁명

: 리커머스는 중고 시장을 글로벌 산업으로 바꾼다

"중고거래는 더 이상 '싸게 사고파는 시장'이 아니라 재화의 가치를 다시 순환시키는 리커머스 산업으로 진화하며 새로운 무역과 소비 생태계를 만들어가고 있다."

트럼프가 관세 전쟁을 알리며 미국 '해방의 날'을 선포한 직후 미국 최대 중고거래 플랫폼인 '스레드업'의 주가는 31%나 폭등했다. 향후 중고거래 시장이 반사이익을 얻을 거란 전망이 주를 이루고 있기 때문이다. 전문가들은 미국이 소비재에 대해서는 중국에 크게 의존하고 있기 때문에 앞으로 의류와 장난감 등 많은 소비재 가격이 급격히 상승할 수 있다고 경고했다. 그렇기 때문에 젊은 소비자들 사이에서 '사용하지 않는 물건을 현금화'하려는 사람들과 좋은 제품을 싸게 사려는 소비자가 늘어나고 있다.

사실 중고거래는 역사가 상당히 긴 비즈니스 모델이다. 그러나 오랫동안 사람들의 주목을 받지 못했지만 최근 들어 전문 플랫폼이 등장하고 거래 품목이나 형태가 다양해지면서 빠르게 성장하고 있다. 농기구, 육아용품, 중고차, 의류와 같은 일상 용품부터 명품, 보석, 고가구, 미술품, 공연 티켓 등에 이르기까지 다양한 영역으로 확대되고 있다. 쌓아둔 책을 중고 서점에 팔고, 안 입는 옷을 앱에 올려 판매하고, 희귀한 스니커즈나 콘서트 굿즈를 파는 일도 이제는 흔하다. 중고거래는 누군가에게는 짐이 돼버린 물건이 다른 누군가에게는 가치를 제공하며 어느새 '버리는 대신 팔고 싸게 사는 대신 잘 사는' 방식으로 우리의 소비문화를 바꿔놓고 있다.

단순히 물건 하나를 사고파는 행위가 아니라 검수, 정품 인증, 등급 분류, 글로벌 배송까지 해결하는 거대한 생태계로 거듭난 것이다. 소위 리커머스Recommerce 산업으로 진화한 것이다. 리커머스는 리버스 커머스Reverse Commerce의 줄임말로 새롭게 진화된 중고거래를 일컫는다. 개인 간의 거래였던 중고시장은 플랫폼 기반의 신유통 산업으로 재탄생했다. 이는 전 세계적인 흐름이다. 특히 Z세대와 밀레니얼 세대를 중심으로 확산된 가치 소비, 환경 의식, 희소성 중심의 소비 트렌드는 리커머스 산업의 성장을 더욱 가속화하고 있다.

현재 글로벌 중고 거래 플랫폼은 거의 모든 국가에서 활발하게 운영되고 있다. 대표적으로 리투아니아의 빈티드, 미국의 포쉬마크, 리얼리얼, 오퍼업, 프랑스의 베스티에르 콜렉티브, 영국의 디팝, 일본의 메루카리, 싱가포르의 캐러셀 등이 있다. 또한 한국의 번개장터는 국내와 해외에서 빠른 성장세를 보이고 있다. 국내에선 대형 유통업계까지도 중고시장 선점을 위한 경쟁에 뛰어들고 있다. 무신사, 코오롱FnC, 신세계사이먼, 현대백화점, 쿠팡, 11번가, 현대홈쇼핑 등이 앞다퉈 '중고·리퍼' 사업을 키우고 있다. 롯데쇼핑은 2021년 컨소시엄을 형성해 원조 중고거래 플랫폼 '중고나라'를 인수한 바 있다.

글로벌 시장 리서치 회사 맥시마이즈에 따르면 글로벌 리커머스 시장 성장세 또한 매우 가파르다. 미국 리커머스 시장은 2024년 기준 2,000억 달러를 돌파했으며 2029년에는 약 2,920억 달러 규모로 성장할 것으로 보인다. 2020년 대비 두 배 이상 증가한 수치다. 글로벌 전체 리커머스 시장은 2023년부터 2028년까지 연평균 20% 가까이 성장할 것으로 전망된다.

일본, 미국, 유럽 등은 이 같은 흐름에 발맞춰 리커머스를 전략 산업으로 키우고 있다. 일본 정부는 '순환형 소비사회'라는 목표 아래 재사용 촉진법, 디지털 세금 간소화, 스타트업 보조금 등 간접적 인센티브를 제공한다. 유럽연합은 2020년부터 순환경제 전략 Circular Economy Action Plan을 통해 중고 거래와 재사용 산업을 공식적인 성장 산업으로 규정했다. 미국은 주정부 차원에서 친환경 기업에 인증제도와 조달 우선권을 부여하고 있으며 연방 정부는 리커머스 기반 환경정책 입법을 추진하고 있다. 프랑스, 독일, 네덜란드 등은 리커머스 기업에 세제 감면, 투자 보조금, 디지털 제품 여권DPP 제도 도입 등을 통해 산업화를 촉진하고 있다. 유럽 리커머스 시장은 2023년 기준 510억 달러 규모로 성장했다. 이 역시 단순 소비를 넘은 정책적 접근의 결과다.

이처럼 리커머스는 단순한 경제활동을 넘어 지속가능성, 환경, 청년 일자리, 디지털 전환 등 다양한 정책 목표와 맞닿아 있다. 단기적 열풍이 아닌 구조적 산업 전환의 흐름이라는 점에서 한국 역시 더 전략적으로 접근할 필요가 있다. 이제는 '중고'라는 단어에 담긴 기존 인식을 새롭게 정의해야 한다. 리커머스는 더 이상 '싸게 사는 거래'가 아니라 새로운 수출 산업이자 디지털 기반의 무역 채

널이자 청년 세대의 새로운 기회로 자리 잡고 있기 때문이다.

특히 K-팝을 중심으로 한 콘텐츠 굿즈 시장은 그 가능성을 가장 뚜렷하게 보여주고 있다. 단종된 앨범이나 포토카드 하나가 해외에서 수십 달러에 거래되고 전 세계 팬덤이 온라인 플랫폼을 통해 한국의 중고 상품을 '직접 구매'하는 일이 일상이 됐다. 플랫폼은 이들을 연결하고 국경을 넘어 수요와 공급이 맞닿는 새로운 유통망이 됐다. K-팝 굿즈는 이 변화의 한 사례일 뿐이다. 콘텐츠 산업과 결합한 리커머스는 고부가가치 수출로 확장할 가능성을 지닌다. 하지만 이 가능성을 현실로 만들기 위해선 민간의 자율성과 플랫폼의 기술력만으로는 부족하다. 정부가 앞장서 제도적 기반을 만들고 '중고=저가' '리커머스=비공식'이라는 오래된 인식을 깨야 한다.

비즈니스를 떠나 리커머스의 중요성은 재화의 선순환 생태계가 만들어진다는 것이다. 누군가에겐 더 이상 필요 없는 물건이나 쓰지 않는 중고제품이 어떤 이에게는 반드시 필요하고 생활에 도움을 주는 선물이 될 수 있기 때문이다. 다시 말해 물건의 가치와 수명이 한 번의 거래로 끝나는 것이 아니라 N차 거래를 통해 시장에 다시 투입돼 순환되고 그 가치와 수명이 연장된 것이다. 너무 많이 만들어지고 너무 쉽게 버려지는 현대 사회에서 중고거래는 경제적 역할에 이어 환경적 역할까지도 수행한다. 리커머스라는 새로운 이름이 붙여진 이유다.

리커머스 산업은 내수시장만의 문제가 아니다. 글로벌 소비 트렌드, ESG 경영 확대, 무역 패러다임 변화와 맞물려 새로운 외화 창출의 수단이 될 수 있다. 단순히 중고거래라는 이름으로 치부하기엔 성장 가능성과 잠재력이 매우 크다. '한 번 쓰고 버리는 소비'에서 '한 번 더 쓰며 가치를 높이는 소비'로의 전환이라는 변화가 산업 구조에서 구현되고 있다.

'재활용'이 아니라 '재산업화'의 대상이 됐다. K-콘텐츠 기반 굿즈만이 아니라 한국의 중고 전자기기와 의류까지 리커머스를 통해 새로운 수출 카테고리로 확장할 수 있다. 실제로 한국무역협회에 따르면 2023년 K-팝 관련 중고 굿즈 수출은 전년 대비 약 46% 증가했다. 글로벌 리커머스 플랫폼에서는 K-팝 관련 검색량이 2년 만에 2배 이상 늘었고 포토카드 하나가 수십 달러 이상에 거래되는 사례도 적지 않다.

시작은 K-팝일 수 있지만 가능성은 무궁무진해 보인다. 중고라는 이름 뒤에 감춰진 새로운 가치를 다시 봐야 할 때다. 과거 '무역 강국'의 명성을 리커머스로 되찾아야 한다. 기업들은 이미 준비를 마쳤다. 이제 정부의 시간이다. 리커머스가 글로벌 시장을 선도할 수 있도록 관세문제 등 불합리한 걸림돌을 제거하고 지원을 아끼지 않아야 한다. 리커머스가 한국의 새로운 먹거리가 되기를 응원한다.

기준의 이동

: 유니콘을 좇던 시장은 다시 낙타를 주목한다

"투자 혹한기 속에서 스타트업 생태계는 폭발적 성장을 추구하는 유니콘 전략에서 생존과 수익성을 중시하는 카멜 전략으로 균형을 모색하는 전환기에 들어섰다."

요즘 스타트업들은 대혼란에 빠졌다. 주식시장의 활황과 풍부한 유동성으로 유니콘을 꿈꾸며 열심히 달려가고 있는데 갑자기 시장 상황이 급변한 것이다. 투자받기도 어렵고 규모가 큰 스타트업도 추가 투자는 물론 상장까지 힘들게 되자 갈 길을 잃고 헤매는 신세가 된 것이다. 불과 얼마 전까지 성장성이 중요하다고 강조하던 스타트업 투자자들이 이제는 수익성이 더 중요하다고 강조한다. 속도보다는 안정성이라는 것이다.

'카멜Camel'과 '유니콘Unicorn'은 스타트업 생태계에서 성장 전략을 상징하는 비유적 표현으로 회자된다. 유니콘은 폭발적인 성장과 높은 기업가치를 추구하고 카멜은 지속가능성과 내실 있는 성장을 추구한다. 유니콘은 기업가치가 10억 달러가 넘는 비상장 스타트업을 의미한다. 거액의 투자를 받아 단기간에 몸집을 불리는 성장 최우선 전략을 펼친다. 혁신적인 아이디어로 시장을 빠르게 장악하고 기업공개IPO나 대기업에 인수되는 것을 목표로 한다. 그러나 자본이 풍부할 때는 빠르게 성장하지만 시장 상황이 나빠지거나 투자금이 고갈되면 쉽게 무너질 수 있다.

이에 비해 카멜은 건조하고 척박한 환경을 견디는 낙타처럼 어려운 경제 상황에서도 생존할 수 있는 지속가능성에 의미를 두고 있다. 폭발적인 성장세를 보인 적은 없지만 꾸준히 실적을 올리며 결국 성공을 거둔 대기만성형의 스타트업을 일컫는다. 투자에 의존하기보다 효율적인 자원 운용을 통해 재무 건전성과 수익성을 중요하게 생각한다. 그러나 성장 속도가 느려 시장에서 주목받기까지 시간이 오래 걸린다.

세계적으로 투자 환경의 불확실성이 커지면서 단기적인 성과에 집중하는 유니콘보다 장기적인 안정성을 중시하는 카멜형 스타트업에 대한 관심이 높아지고 있다. 메일침프Mailchimp는 벤처캐피털 투자를 받지 않고 사업을 키워 120억 달러에 인수되며 성공적인 '카멜'의 표본이 됐다. 넛지헬스케어도 외부 투자를 받지 않고 성장했다. 퀄트릭스Qualtrics는 투자 제안을 거절하며 천천히 규모를 키워 결국 SAP에 80억 달러에 매각했다.

벤처캐피털은 얼마 전까지 블리츠스케일링 전략을 강조했지만 이제는 '비용 절감'을 요구한다. 스타트업들의 비즈니스 모델은 기본적으로 성장에 초점이 맞춰져 있다. 갑자기 비즈니스 모델을 바꾼다는 것은 불가능하다. 돈을 쓰지 않으면서 수익 모델을 강화한다는 것은 말장난에 불과하다. 투자를 줄이면 성장이 멈춘다. 성장이 멈추면 스타트업은 좀비기업이 된다. 그러면 결국 투자자와 스타트업은 모두 패자가 된다.

유니콘은 물론 데카콘이 되기 위해서는 블리츠스케일링 전략은 필수였다. 블리츠스케일링은 링크드인 창업자인 리드 호프먼이 제시한 개념으로 불확실한 환경에서 효율보다 속도를 우선시해 엄청나게 빠른 속도로 몸집을 키워 경쟁자를 따돌리는 초격차 전략을 말한다. 그래서 유니콘을 꿈꾸는 스타트업 모두가 "더 빨리, 더 빨리, 돌격 앞으로!"를 외치며 이 전략을 '스타트업 바이블'로 삼았다. 구글, 넷플릭스, 우아한형제들, 쿠팡, 링크드인 등도 이런 방식의 경영전략을 펼쳐왔다. 그러나 최근 불어닥친 스타트업 시장의 자금경색으로 블리츠스케일링에 대한 회의론이 확산되고 있다. 투자시장에 혹한기가 닥치며 적은 금액도 투자받기 어려운 상황에서 경쟁자보다 더 많은 돈을 계속해서 확보해야 하는 블리츠스케일링은 더 이상 의미 없는 전략이라는 것이다.

그러나 일각에서는 아직도 블리츠스케일링은 여전히 유니콘으로 가는 가장 확실한 전략이라고 강조한다. '승자 독식'은 스타트업계 불변의 진리이기 때문이라는 것이다. 독점적인 시장점유율을 확보하는 기업이 최종 승리자가 되는 플랫폼 경제와 디지털 생태계에서는 더더욱 그러하다. 시장점유율을 높이는 가장 확실한 방법은 블리츠스케일링이다. 하지만 극단적으로 높은 실패 위험성이 따른다.

벤처캐피털이나 사모펀드가 투자를 급격히 줄이고, 투자 심사도 이전보다 훨씬 깐깐하게 하더라도 시장 상황이 좋을 때 이미 조성된 펀드의 드라이파우더Dry Powder*가 아직 많이 남아 있어서 투자를 멈출 순 없다. 옥석을 철저하게 가려 '옥'에는 계속 투자해야 한다. 이런 상황일수록 시장점유율이 높은 선두기업이 투자받을 가

---

* 투자 가능 자금

능성이 커지고 그 돈은 다시 블리츠스케일링을 가속하는 데 쓰이게 될 것이다.

낙타는 가상이 아닌 실존하는 동물들이다. 힘든 환경에서도 꿋꿋이 살아남는다. 물이 없이도 장거리를 갈 수 있다. 뜨겁고 건조한 사막이라는 환경 속에서도 살아남는다. 결국 이와 같은 특징을 지닌 카멜 스타트업은 위기 상황에서도 끝까지 생존할 가능성이 더 크다. 그러나 고속도로에서도 낙타가 유리하진 않다. 경제 상황이 호전되면 스타트업은 사막이 아니라 속도 제한이 없는 아우토반에서 경쟁하게 된다.

파괴적 기술과 혁신적인 비즈니스 모델을 도입해 기존 시장을 뒤흔들고 새로운 시장을 창출하는 역할은 유니콘 기업들의 몫이다. 이들은 혁신적인 제품과 서비스를 통해 새로운 기술 표준과 비즈니스 모델을 제시한다. 아울러 아우토반과 같이 급격한 성장이 가능한 환경에서 수많은 일자리를 만들어내며 경제 성장에 크게 기여한다. 또한 스타트업 생태계의 성공 벤치마크 역할을 하며 기업가정신을 촉진해 생태계 전반을 활성화한다.

혁신 생태계에는 낙타와 유니콘 모두가 필요하며 각각의 역할이 다르기 때문에 상호 보완적인 관계를 이룬다. 유니콘이 시장 전체의 '꿈'을 키운다면 카멜은 그 꿈을 지탱하는 '현실'이자 '기반' 역할을 한다. 이들의 공존은 스타트업 생태계를 더욱 다양하고 탄력적으로 만들며 급격한 변화와 경제적 불확실성에 유연하게 대처할 수 있도록 돕는다.

적응력Adaptability이 기회를 포착하고 변화에 유연하게 대처하는 '공격'의 무기라면 회복탄력성Resilience은 실패를 극복하고 다시 일

어서는 '방어'의 방패 역할이다. 끊임없는 도전을 거듭하는 스타트
업에 이 두 가지 역량은 '생존과 성장'을 위한 핵심 성공 요인이다.
사막 한가운데 서서 힘든 싸움을 하는 모든 스타트업을 응원한다.

10

투자의 회수

: 조기 엑시트는 스타트업의 기본 전략이다

"스타트업 생태계에서 진짜 승부는 유니콘이 되는 것이 아니라 성공적인 엑시트를 통해 투자와 창업의 선순환을 완성하는 데 있다."

어느 날 돼지와 닭이 비즈니스 이야기를 하다가 서로의 장점을 충분히 활용해 '햄 앤 에그 샌드위치Ham and Egg Sandwich' 전문점을 함께 열기로 했다. 그래서 돼지는 햄을 제공하고 닭은 계란을 책임지기로 하고 대박을 기원하며 사업을 시작했다. 그러나 돼지가 햄을 만들기 위해서는 자기 자신을 완전히 갈아 넣어야 하지만 닭은 상대적으로 엄청난 희생을 필요로 하는 것은 아니다. 스타트업 게임에서 투자자와 창업자의 입장을 나타내는 우화다. 물론 돼지는 스타트업 창업자이고 닭은 투자자다.

벤처캐피털이 실패 가능성이 높은 스타트업에 투자하는 이유는 막대한 투자 수익을 내기 위함이다. 회사를 잘 성장시켜 성공적인 회수를 하겠다는 열망은 창업자나 투자자 모두에게 절실하다. 그러나 투자자와 창업자는 여러 가지 이유로 이해충돌 상황이 발생하게 된다. 창업자는 자신의 돈, 시간, 노력, 열망 등 자신이 가진 모든 것을 올인하는 반면 투자자는 다양한 포트폴리오를 구성한다. 그래서 투자자는 창업자보다 쉽게 발을 뺄 수도 있는 적당한 수준에서 엑시트를 원할 수도 있다. 만약 투자에 실패한다고 하더라도 다른 포트폴리오에서 만회한다는 전략을 세운다.

실리콘밸리의 투자자들은 오랫동안 축적된 데이터를 통해 의미 있는 패턴을 발견했다. 이들은 평균 400여 개 스타트업을 심사한 후 1개 회사에 투자를 결정한다. 하지만 이런 신중함이 무색하게도 투자 성공률은 그리 높지 않다. 대략 10개의 회사에 투자하면 그중 5개는 파산하고 4개는 좀비기업이 된다. 그리고 단 하나의 회사가 매우 성공적으로 엑시트한다. 이런 반복적 패턴을 '5:4:1의 법칙'이라고 한다. 결과적으로 성공한 회사는 최소한 10배 이상의 수익을 제공한다. 그래서 투자자들이 수익을 낼 수 있고 그 돈을 다시 투자하는 선순환이 일어나는 것이다.

벤처 투자자들은 왜 10개 중 1개의 투자만 성공인 게임을 하는 걸까? 확률로 보면 도저히 이해하기 어렵지만 벤처 투자의 속성을 알면 충분히 이해할 수 있다. 이들은 확률상 이기는 게임을 하는 것이 아니다. 한 개의 투자가 나머지 투자의 실패를 모두 합한 것보다 더 큰 수익을 내는, 이른바 '대박' 게임을 하는 것이다. 실패 가능성이 높아도 성공하면 그야말로 천문학적인 수익을 안기는 '드래곤Dragon' 찾기다.

그래서 벤처캐피털은 투자한 회사가 어려워졌다고 해서 그 회사를 살리기 위해 모든 것을 걸진 않는다. 손실을 최소화해 엑시트하고 투자회사 중에서 잘되는 회사에 더 집중한다. 또한 미래 전망이 어두워진 회사도 가급적 빨리 정리한다. 이것은 투자자 입장에서는 현명한 전략이자 당연한 행동이기 때문이다.

"유니콘은 쇼이고 드래곤이 돈이다." 벤처투자자들이 자주 하는 말이다. 이는 골프계의 유명한 격언 "드라이브는 쇼Drive for Show, 퍼트는 돈Putt for Dough"이라는 말을 차용한 것이다. 골프 경기에서 호쾌한 드라이브 샷은 사람들의 이목을 집중시킨다. 하지만 제아무리 멋진 샷을 날린 골퍼도 막상 퍼팅에 실패하면 경기를 잃는다. 드라이브 샷은 보기 좋은 쇼에 불과하고 경기에 이겨 상금을 거머쥐려면 결정적인 순간이 왔을 때 퍼트에 성공해야 한다.

유니콘은 골프의 드라이브 샷과 같다. 기업가치 수조 원의 유니콘이 새로 등장하면 스포트라이트가 쏟아진다. 유니콘의 미래에 대한 기대감이 더 높아지고 더 많은 자금을 제공하겠다는 투자자들도 나타난다. 유니콘은 성공의 트로피처럼 보인다. 하지만 실제로 승부를 결정하는 건 유니콘의 타이틀이 아니라 마지막 퍼트, 바로 엑시트다.

실리콘밸리의 통계자료를 보면 스타트업의 약 26%만이 엑시트에 성공하며 방법으로는 97%가 인수합병을 통하는 것으로 분석된다. 나머지 기업들은 파산하거나 좀비기업으로 전락한다. 투자받은 기업이 기업공개IPO에 성공할 확률은 불과 0.1% 정도이며 10년 이상 소요되는 것으로 나타났다.

엑시트를 육상경기에 비유하면 기업공개는 극히 일부 기업의 '마라톤' 경기에 해당한다. 그러나 모든 육상선수가 마라톤 경기에 참여하는 것이 아니듯 모든 스타트업이 기업공개로 엑시트를 할 수도 없을 뿐 아니라 바람직하지도 않다. 비즈니스 모델의 특징, 안드러프러러의 역량, 시장의 객관적 상황 등을 종합적으로 고려해서 '스타트업의 엔드게임' 전략이 필요한 것이다.

42.195킬로미터를 달려서 기업공개에 도달하는 스타트업이 있는가 하면 100미터, 200미터, 500미터 단거리 선수도 있고 중거리 선수도 있는 것이다. 절대다수의 스타트업은 기업공개의 게임이 아닌 자신에게 맞는 완전히 다른 게임을 해야 한다는 뜻이다. 창업 초기 단계에서 300만 달러 내외의 인수합병을 통한 엑시트가 대다수 스타트업이 택할 수 있고 실현이 가능한 '보편적이고 교과서적인 모델'로 인식되는 스타트업의 천국이라고 불리는 실리콘밸리의 경험을 진지하게 고민하고 수용해야 한다.

고위험·고성장 비즈니스 모델로 무장한 스타트업은 투자를 통해 성장하며 일정 기간 내에 재무적으로 이익을 실현하는 것을 전제로 이루어진다. 투자 대상 스타트업의 성공적인 엑시트를 통해 자금을 회수하고 이익을 거둔 재무적 투자자FI의 자금은 새로운 투자처를 찾게 된다. 마찬가지로 엑시트를 통해 성공 경험과 자산을 축적한 안트러프러너는 연쇄적인 창업에 도전하거나 스스로 투자자가 되는 비즈니스 엔젤로 거듭날 수 있다. 이러한 측면에서 스타트업의 성공적인 엑시트가 창업자나 투자자에게 이익을 줄 뿐만 아니라 경제 전반에 긍정적인 활력을 부여한다는 점에서 매우 중요하다.

만약 투자자들이 투자한 돈을 회수를 못 하면 스타트업 생태계에 투입될 수 있는 자금이 고갈된다. 이는 곧 생태계의 붕괴를 의미한다. 그러나 국내에서는 실리콘밸리와는 달리 엑시트의 의의나 중요성이 간과되고 있다. 거의 모든 스타트업이 자신의 신체 조건이나 장단점을 고려하지 않고 무조건 마라톤을 하겠다는 식이다. 또한 정부도 모태펀드를 비롯한 여러 가지 스타트업의 지원책은 세계 최고 수준으로 제공하고 있으나 정작 가장 중요한 엑시트에 대해서는 명확한 방향과 전략이 매우 부족한 상황이다. 엑시트는 스타트업 생태계의 선순환 구조를 완성하는 마지막 퍼즐이다. 엑시트에 대한 연구가 중요한 이유다.

11

성공의 재정의

: 스타트업의 엔드게임은 기업공개가 아니다

"스타트업 생태계에서 기업공개는 극소수만 통과하는 좁은 문이다. 현실적인 성공 전략은 상장에 집착하기보다 적절한 시점의 인수합병을 통한 얼리 엑시트에 있다."

미국 증시에서 2025년에 상장된 회사(시가총액 5,000만 달러 이상 기준)는 총 202개사이다. 2024년(150건) 대비 약 35% 증가한 수치다. 그중 테크 기업은 70개 정도로 전체의 33%를 차지하며 시장 회복을 견인했다. 2025년 코스닥 시장에 기술특례 상장으로 입성한 스타트업은 35개 회사다. 파두 사태 이후 강화된 기술 심사와 실적 전망 검증 등으로 인해 2024년 42개 대비 다소 감소했다. 바이오·헬스케어 분야가 21개로 가장 큰 비중을 차지했으며 반도체 9개, 인공지능 8개, 방산·우주항공 4개 순이다. 스팩, 즉 기업인수목적회사를 제외하면 84개 기업이 코스닥에 상장했다. 기술특례로 상장한 비율은 전체의 42%를 차지해 여전히 코스닥 시장의 핵심 공급원 역할을 하고 있다.

스타트업 생태계에서 기업공개 숫자는 '성공적인 엑시트'가 얼마나 좁은 문인지를 잘 보여준다. 미국에서 창업을 의미하는 신규 '비즈니스 신청Business Applications’은 최근 몇 년간 폭발적으로 증가해 연간 약 500만 건 이상을 기록하고 있다. 2023년에는 550만 건으로 역대 최고치를 기록했으며 2025년에도 520만 수준이었다. 이 수치에는 자영업자나 소상공인이 포함돼 있다. 벤처캐피털 유치를 목표로 하는 ‘진짜’ 기술 스타트업은 8만~10만 개로 추산된다.

2025년에 나스닥에 상장된 테크 기업 중 벤처캐피털의 투자를 받은 기술 스타트업의 기업공개 건수는 40개 내외였다. 2021년 호황기에는 120개를 넘기도 했지만 지난 20~30년간의 흐름을 보면 연평균 40~60개 수준이다. 이 데이터를 기반으로 단순히 계산해 보면 연간 500만 개의 신규 기업 중 50개 정도만이 성공하는 것이다. 확률은 전체 비즈니스 신청 건수 대비 0.001%에 불과하며 범위를 좁힌 테크 스타트업 기준(10만 개)으로도 0.05%에 그친다. 스타트업 천국이라고 불리는 미국에서도 기업공개는 ‘낙타가 바늘구멍 통과하기’보다 어렵다.

한국 스타트업 생태계 역시 미국과 마찬가지로 ‘창업은 많지만 기업공개는 극소수’인 깔때기형 구조다. 인구 대비 창업 열기는 매우 뜨겁지만 상장까지 가는 길은 미국보다 더 좁거나 비슷한 수준이다. 한국에서는 매년 110만에서 120만 개의 기업이 새로 생겨난다. 2024년 기준으로 118만 개였다. 이 중 소프트웨어, 바이오, IT 등 혁신 기술 기반 스타트업은 21만에서 23만 개 정도다. 코스닥에 신규 상장하는 기업은 연간 70~90개이며 그중 기술특례상장으로 입성하는 기술 스타트업은 30~35개다. 결국 한국에서도 기술 스타트업이 기업공개에 성공할 확률은 22만 개 테크 스타트업 중 30개 정도인 약 0.014% 수준이다.

스타트업 생태계에서 '성공'의 상징은 오랫동안 유니콘(기업가치 1조 원 이상의 비상장 스타트업) 등극과 화려한 기업공개로 통용돼왔다. 하지만 2026년 기준 데이터가 보여주는 현실은 냉혹하다. 스타트업이 기업공개라는 좁은 문에만 매몰되는 사이 생태계의 역동성은 오히려 떨어지고 있다. 미국 스타트업 엑시트의 약 90% 이상은 기업공개가 아니라 인수합병을 통해 이루어진다. 비현실적인 상장에만 연연하지 않고 적정 시점에 회사를 매각하는 얼리 엑시트Early Exit가 창업자와 투자자에게 가장 현실적이고 효율적인 성공 전략이기 때문이다.

얼리 엑시트 스타트업이 성숙하기 전, 즉 시리즈 A나 B 정도의 초기 단계에서 회사를 매각하거나 투자금을 회수하는 것을 의미한다. 보통 창업 후 2~5년 이내 제품-시장 적합성을 증명한 직후에 많이 이루어진다. 주로 더 큰 성장을 위해 대기업의 인프라가 필요하다고 판단될 때나 시장 상황이 나빠져 다음 단계 투자를 받기보다 매각이 유리할 때 진행한다. 대부분 인수합병이나 구주를 매각하는 방식이다. 주식 스왑SWAP을 하기도 한다.

얼리 엑시트 파트너는 대부분 전략적 투자자SI이다. 신규 사업 진출을 원하거나 첨단기술이나 우수 인력을 확보하려는 대기업이나 중견기업들이다. 다른 스타트업에 매각하거나 합병을 하는 경우도 있다. 얼리 엑시트는 단순히 '빨리 팔고 나가는 것'이 아니라 자본과 인재가 시장에 빠르게 재공급 되는 핵심 엔진이다. 이는 창업자에게는 경제적 자유와 재도전의 기회, 투자자에게는 수익 실현, 생태계에는 역동성을 제공한다. 빅테크 기업들은 모든 기술을 직접 개발하기보다 스타트업을 인수해 혁신 속도를 높일 수 있다.

결국 얼리 엑시트가 활발해지면 대기업과 스타트업 간의 기술 교류가 선순환된다.

스타트업의 성공 아이콘인 유니콘 기업의 엑시트 성공률은 놀랍게도 초기 스타트업보다 크게 낮다. 매년 전체 유니콘의 5~10% 정도만 기업공개나 인수합병에 성공한다. 대부분은 기업가치가 10억 달러 미만으로 하락해 유니콘에서 탈락하는 데드콘이 되거나 아예 회사가 파산해 사라지는 유니콥스Unicorpse가 된다. 비록 완전히 망하진 않았지만 근근이 연명하는 좀비콘Zombicorn으로 남아 있는 회사도 많다. 유니콘이나 기업가치가 높은 기업들이 초기 스타트업보다 엑시트하기가 어렵다. '높은 몸값'이 오히려 걸림돌이 되는 역설적인 상황 때문이다.

초기 스타트업은 기업가치가 수십억에서 수백억 원 수준이라 대기업이나 중견기업이 '전략적 인수'를 하기에 부담이 적다. 하지만 유니콘은 몸값이 최소 1조 원이다. 1조 원 이상의 현금을 동원해 기업을 인수할 수 있는 주체가 극소수의 글로벌 빅테크나 초대형 사모펀드PEF 등으로 극히 제한적이다. 그들은 덩치가 너무 큰 기업을 샀다가 치명타를 입게 되는 '승자의 저주' 우려 때문에 훨씬 보수적으로 접근한다. 유니콘 규모가 되면 비슷한 업종의 대기업이 인수하려 할 때 '독과점' 이슈로 정부가 제동을 하는 경우도 많고 종결까지 1~2년이 넘게 걸리기도 한다.

또한 초기 스타트업은 '아이디어'와 '성장 잠재력'만으로도 높은 점수를 받는다. 하지만 유니콘 반열에 올라서면 사실상 성숙기에 진입한 것으로 간주하기 때문에 확실한 수익성을 증명해야 한다. 그렇지 못하면 상장도 쉽지 않다. 이제 시장은 "얼마나 대단한 기술인가?"보다 "그 기술로 언제 실제 돈을 벌 것인가?"를 묻고 있기 때문이다. 더 이상 '수익성 없는 고성장'에 대한 높은 기업가치를 시장이 용인하지 않는 것이다. 설사 상장을 하더라도 투자 유치 시 최종 기업가치를 시장에서 인정받지 못하는 다운 라운드 상황이 발생하는 경우가 많다.

그렇기 때문에 사업 초기부터 '우리의 잠재적 인수자는 누구인가?' '그들 입장에서 우리를 인수하는 것이 도움이 될까?' '언제라도 매각이 가능한 지배구조인가?' 등의 질문에 명쾌한 해답을 준비해야 한다. 우리 서비스가 누구의 손에서 가장 큰 시너지를 낼 것인지 판단하는 것이 '돈'보다 중요하다. 또한 지배구조를 가볍게 유지해야 한다. 초기에 너무 많은 투자자를 유치하면 이해관계가 얽혀 신속한 매각 결정이 힘들어지기 때문이다. 이제 '상장이 아니면 실패'라는 낡은 관념을 버려야 한다.

결국 스타트업의 엔드게임은 '무조건적인 상장'이 돼서는 안 된다. 그렇다고 몸값을 높여 비싼 가격에 회사를 매각하겠다는 전략도 현실적이지 않다. 가장 현실적이고 영리한 선택은 시장 상황이 급변하기 전 적정한 가격에 회사를 매각해 보상받고 재도전의 기회를 얻는 것이다. 얼리 엑시트로 자본을 확보한 창업자는 그 경험과 자금을 바탕으로 더 큰 규모의 두 번째, 세 번째 창업에 도전할 수 있다. 연쇄 창업가가 되거나 성공한 창업자가 엔젤 투자자로 변신해 후배 스타트업을 양성하는 '페이 잇 포워드Pay it forward' 문화를 정착시키는 데 기여할 수 있다. 이는 개인의 커리어뿐 아니라 생태계 전체의 에너지를 높인다.

창업 후 기업공개까지 10~15년이 걸리는 고된 여정 속에서 유

니콘이라는 허상을 좇기보다는 작지만 확실한 승리를 통해 생태계
의 선순환을 이끄는 지혜가 필요한 시점이다.

부의 재편

AI 혁명과 기술 패권 시대 새로운 억만장자들이 탄생한다

초판 1쇄 인쇄 2026년 3월 13일
초판 1쇄 발행 2026년 3월 20일

지은이 유효상
펴낸이 안현주

기획 류재운 **편집** 안선영 김재훈 **브랜드마케팅** 이민규 **영업** 안현영
디자인 표지 정태성 본문 장덕종

펴낸 곳 클라우드나인 **출판등록** 2013년 12월 12일(제2013 – 101호)
주소 우) 03993 서울시 마포구 월드컵북로 4길 82(동교동) 신흥빌딩 3층
전화 02 – 332 – 8939 **팩스** 02 – 6008 – 8938
이메일 c9book@naver.com

값 22,000원
ISBN 979 – 11 – 94534 – 68 – 6 03320
